ちくま文庫

台所に敗戦はなかった

魚柄仁之助

筑摩書房

はじめに

玉子でからすみを作る、チーズも作る、庭の葡萄の実では当たり前のように葡萄酒を作る。昭和初期の料理本には、今日ではまず考えもしないような変わった料理の作り方がさも当然のように紹介されていたのでした。

一九八〇年代に東京・自由が丘で古道具屋をやっていた頃、戦前に建てられたお屋敷を取り壊す現場に道具の買い取りにおじゃまする際、骨董にもならない古い主婦雑誌の付録料理本に出合ってしまったんです。それ以降、関東大震災から敗戦後二十年間の料理本をかき集めて、昭和の料理の変遷、言い方を換えるならば日本人の食生活の変化を検証してみたんですが、この作業が実に面白い！「牛肉を食べない人は文明開化に乗り遅れるゾ」と言われて食べ始めた？ともいわれる牛鍋がすき焼きに変化していくかと思うと、そのすき焼きという料理自体があやふやだったりする。牛肉とトマトをバターで炒めたものをすき焼きと呼んだ林芙美子、ビール煮込みハンバーグをすき焼きと呼んだ山田耕筰……。この程度で驚いていてはいけまっせん。サンドイッチだって、昭和の日本人は掟破りとも言われかねないような和風サンドイッチを臆面もなく開発しておりました。今日われわれが和食として食べている料理の大半はこの時期に完成されていたんではないだろうか？　と考えたのは、自分が一九一八年（大正七年）創業の料理屋に生まれたからかもしれません。明治の末期から一九七〇年前後（昭和四十年頃）までの激動の時代に仕出し、懐石料理、精進料理、お節、祝言、不祝儀、外食券食堂、古典料理……と様々な形態の料理屋を営んでいた祖父や父はどのような料理文化のなかにいたんだろうか。そんな思いで昭和の古い料理本を集めてみたんでした。明治から七〇年前後までの料理本が約七百冊、婦人向け生活月刊誌が二千冊、料理関係をすべて取り出して整理してみたんですね。そのなかには当然先の戦争中のものもあるし、戦後食糧難の時代の料理もありました。昔の料理本の文章から当時の料理を読み取るのはまさに「鑑識課」の仕事みたいなもので、想像だけではどうにもなりませんから、すべて実際に再現してみました。

とは言っても、野菜や肉などの食材は品種改良などで当時のままとはいきませんが、熱源には炭火を使ったりしてできるかぎり時代に忠実に再現してみました。特に注目したのが一九三〇年代半ば（昭和十年頃）から敗戦後の五五年（昭和三十年）の間でした。三〇年代半ばというのは関東大震災後、東京の一般家庭にもガスが引かれるようになって家庭で和洋中の惣菜料理が広まっていく時代でした。これが四〇年（昭和十五年）頃からは戦争による食糧不足の時代になり、それが五五年頃まで尾を引きます。

この戦争による食糧難の時代というものをこれまでは「すいとんやサツマイモばかりで……」とひとくくりにして語られていたように思います。確かに食糧は不足していました。燃料も台所道具も思いどおりにはいかなかったでしょう。終戦後の闇市で雑炊が一杯ナンボだったとか、メチルアルコール入り焼酎で目がつぶれたとか、悲しい話は子どもの頃いやというほど聞いて育ちましたが、それらの話の「主」は男性だったんですね。男が敗戦に打ちひしがれているとき、家庭のかあさんたちは「この子に何とか食べさせなきゃ！」の一念で食事作りに立ち向かっていました。家庭の料理作りはほとんど女性が担っていましたから、彼女たちは立ち止まってなんぞいられなかった。日本が戦争に負けようがGHQ（連合国軍総司令部）が進駐してこようが、ご飯は作らにゃナラン。腹を減らせば赤子は泣く。食べなきゃ死ぬ。あれがない、これがないなどと言ってる場合じゃない、あるもの、手に入るものをいかにおいしく食べられるようにするかがかあさんたちの腕にかかっていたんです。

敗戦後七十年が過ぎ、昭和の料理もすでに忘れられて迷宮入りしつつありますが、明治維新以降輸入された洋食を日本の生活風土に取り込んで作り上げられた今日の和食文化は一九五〇年頃（昭和前半）には完成されていた。その鑑識結果を読んでみてくださいまし。

台所に敗戦はなかった*目次

第3章　うどんとマカロニ

第4章　ねぎま

本書に掲載されている画像・図版は、原資料の劣化等により、一部、不鮮明な場合があります。

第1章　すき焼き

明治四十一年十月一日發行
婦人世界
東京　實業之日本社發行
三巻
第十一號

肉料理
主婦の友社

毎日役立つ
お料理大全集
主婦と生活十二月号附録

一九二八年の「すき焼き」

すき焼きです。日本食を代表する料理の一つであります。割り下を使うの使わないの、しらたきは肉から離して入れろだの、まずは肉と砂糖と醬油だけで焼くのがすき焼きなんだとか……、まぁすき焼きを語り始めるとかまびすしいかぎりですな。すき焼きの名店とか老舗と呼ばれる店もたくさんありまして、それぞれ一家言あるようでございますね。

日本人が人目はばかることなく牛肉を食べるようになったのは明治に入ってからのことでしょうから、すき焼きという料理も明治以降に誕生したものだと思われます。明治維新から百五十年くらいたった今日、料理本なんぞで見るすき焼きは「浅めの鉄鍋に牛肉、ネギ、豆腐、しらたき、などがぎっしり詰め込まれたもの」といった感じですが、かつてのすき焼きとはどんなものだったんだろう。今日のすき焼きの形態が明治初年からとられていたとは思えない。きっと紆余曲折があっていまのようなすき焼きに落ち着いたんだと思うんですね。

そこで食の鑑識＝「鑑食家」は時代をさかのぼってすき焼き調査を試みたのでした。するとアナタ驚いたことにいまから四十年から五十年前までは、今日のようなすき焼きとは別に、まるで「焼き肉」みたいな肉の鉄板焼きもすき焼きと呼ばれていたんでした。

そこでこの資料です（図1）。これは一九二八年（昭和三年）発行の『日々活用お料理辞典』（桜井ちか子、文武書院）に載っていたすき焼きの作り方であります。

このレシピ、誰がどう見ても今日の食卓で見かける「すき焼き」とは大違いですな。その違いを細かく指摘するまでもないと思いますが、一九二八年のすき焼きのやり方を現代の言葉で確認しておきませう。

使う道具は「鍋」としか表記されておりませんが、作り方が「バタで炒り」とか「ざっと炒って」とありますから、今日言うところの「浅めの鉄鍋」や「フライパン」のようなものでしょう。そして使っている食材は牛肉とタマネギだけ。その食材を「炒る」ときに使うのが牛脂（ヘット）とバターであり、牛肉とタマネギは別々に炒めてからお皿に盛り付けています。今日のすき焼きのように「一つ鍋で」一緒に調理するのではないん

【牛肉《ぎうにく》のすき焼《やき》】

玉葱《たまねぎ》を輪切《わぎり》にし、ヘット及《およ》びバタで炒《い》り、火《ひ》が通《とほ》つたらば、取《と》り出《だ》しておきます。別《べつ》に少《すこ》し厚目《あつめ》に切《き》つた牛肉《ぎうにく》を、一枚並《まいなら》べに鍋《なべ》へ入《い》れ、ざつと炒《い》つて、前《まへ》の玉葱《たまねぎ》と盛《も》り合《あは》せ、醤油又《しやうゆまた》はソースをかけて、熱《あつ》いところを食《た》べます。

図1　桜井ちか子『日々活用お料理辞典』文武書院、1928年（昭和3年）

ですね。

味付けはと言いますと、下味は付けておらず、食べるときに「醤油又はソース」をかける……となっております。

ハテ？　これがすき焼きなんでしょか？　何かの間違いで「牛の鉄板焼き」の項に「すき焼き」と書いちゃったんではないかしらん。今日のすき焼きしか知らない人はそう思うのが当然でありましょうが、「すき焼き」の語源から察するとこれもまたすき焼きの一種であろうと言えるのでした。

鋤や鍬で本当にすき焼きができるのか

「すき焼き」という名前の語源はいろいろな説がある……ということは、現在ではもう常識ですね。鷹狩りをして獲った獲物を調理する鍋がなかったからお百姓さんの鋤を借りて鍋がわりとした、なんてことも言われておりますが、こりゃぁちょぃと無理がある。

鷹狩りに行くってことなら当然獲物が獲れるのが前提であってしかるべきでしょ。だったら鍋くらい用意してなきゃ「家来失格」ではありませんこと？　また、鋤を火にかけたりしたら金属に焼《やき》が回ってなまくらになっちまい農具として使えなくなりますわな。だからもし本当に鋤を使ったとするならば、その鋤は古くなってもう使わずに放っておいた鋤だったと考えるのが妥当でしょう。

ではなぜ農具である鋤を調理に使ったんでしょうか。

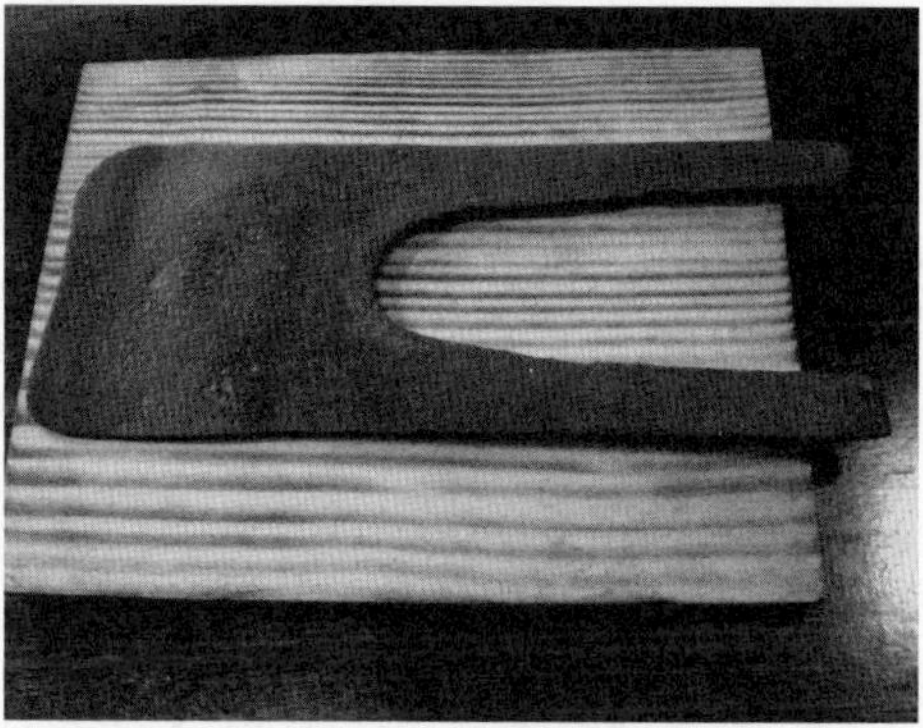

図2　農家の納屋で見つけた古い農具（著者所有）

類を焼いて食べたことにあるのだと思われます。イノシシやシカなどを獲るのはときに命がけですが、鳥類ならば網や仕掛け罠などで比較的獲りやすい。獲れたら毛をむしって焼いて食べる。焼くときは竹や木の枝などの串に刺して、たき火で焼くのが手っ取り早い方法ですが、肉汁や脂を逃がさずに調理するには直火でなく鍋や鉄板で焼くほうがうまくできます。そんなことから平べったい鉄板で焼いて食べよう！　としたものの、日本の調理道具には「鉄板」というものがなかったから、鉄板に近い形の「鋤」を使ったんではないでしょうか。

ではホントに鋤や鍬を使って「すき焼き」

ができるのかどうか、実験してみました。

古い農具の錆をやすりで落として火にかけ、脂をひいて肉を焼いてみましたが、初めは鉄に脂がなじんでないせいかやや焦げ付きぎみでした。しかし問題はそんなことではなく、平らな形をした鋤や鍬では割り下が使えないということです。これらは「小さな鉄板」であって「鍋」ではありませんから、「汁」はこぼれてしまいます。ま、当たり前ですが。となりますと農具である鋤や鍬を使っておこなう調理は今日のすき焼きとは異なり、これは鉄板焼きですね。

鋤や鍬を使って焼くという調理法は、焼けた石で豆腐やコンニャクを焼いていた「田楽」に近いと思われます。これなら焼けてきたところにタレや味噌などを塗るだけですから、煮汁や割り下などの心配はいりません。スキヤキという料理名の始まりは、今日のすき焼きとは異なった「鉄板焼き」の料理器具として鋤を使ったことだと考えられます。

すき焼きのプロトタイプ

今日われわれがよく食べているような浅鍋⇩牛脂⇩割り下⇩牛肉⇩砂糖醤油といったすき焼きの形態の源流は、明治維新以降にはやり始めた関東を中心とした「牛鍋」

と、関西でよく食べられていた魚を浅鍋で煮て食べていた「魚すき」だったと考えられるのです。

明治維新以降にはやった牛鍋は、獅子文六も語っているように「角切りの牛肉を味噌でぐつぐつ煮込んだ」鍋料理だったようです。この頃は一部の店を除いて「スキヤキ」という表現はしていなかった。あくまでも「牛鍋」だった。しかし一九二三年（大正十二年）の関東大震災の後、関西料理が関東になだれ込んできまして、関西の魚すきも紹介されるようになります。しかし関東の人には淡白な味の「魚のすき焼き」よりも、魚すきの手法だけをまねた牛肉のすき焼きのほうが好まれたようです。角切りのごろごろした牛肉を味噌や醬油でぐつぐつ煮た「牛鍋」よりも、薄切り牛肉を砂糖と醬油でサッと煮ただけの軟らかくて甘辛い「すき焼き」のほうがおいしかったんでしょうね。とはいえ、ここで「すき焼き」という名前を使うことはあながち間違いではないんです。「牛鍋」のほうは鍋の煮汁でしっかりと煮ておりますが、「すき焼き」のほうは鍋にひいた牛脂かバター、あるいは少量の割り下で牛肉をジュッ！と「焼いて」いるんですね。砂糖醬油などの汁は使うものの、これは「煮る」というよりは「付け焼き」でありましょう。だからこの料理をすき焼きと言っても変ではないんです。

このように関東大震災の後、今日のスタイルに近いすき焼きがはやり始めますが、社会では牛鍋とすき焼きとが共存状態でありました。ただこれまで牛鍋を看板にしてきた多くの店がことごとく「すき焼き屋」を名乗るようになっていったようです。

家庭百科事典の「すき焼き」

婦人向け生活雑誌「婦女界」を出していた婦女界社から、一九三二年（昭和七年）から三三年（昭和八年）にかけて出版された全六巻の百科事典『家庭百科重宝辞典』の「すきやき」の項を見てみましょ。どうやら昭和に入った頃には今日のすき焼きという名前の料理が完成されていたようです。①鋤焼鍋《すきやき》という名称が一般化されている、②牛肉のほかに鯨《クジラ》その他の肉類や、関西では魚の鋤焼もある、③一般には鋤焼と言えば牛肉のこと……、④スキヤキの名は外国にも知られている……。このような記載から見て取れることは、もうすでに文明開化の頃の「牛鍋」とは一線を画した別の料理として「すき焼き」という料理が認識されていたんですね。最初から割り下を入れる関東風と、一度牛肉を牛脂で炒めてから割り下を入れる関西風がすでに確立されていますが、どちらにしても割り下を入れる……ということがすき焼きの条件でありました。そしてここに示されている家庭用の割り下の作り方は醬油百八十CC、みりん二百二十CC、砂糖大匙二杯（五匁〔約十九グラム〕）となっていますから、かなりの甘の食膳《しよくぜん》に一味《み》の野趣《やしゆ》を添《そ》へる。又《また》梢頭《しようとう》の筆《ふで》の穂《ほ》先《さき》から出《で》る抱子《はうし》は、切瘡《きりきず》の血止《ちど》めに役立《やくだ》つ。すぎなも袴《はかま》によつて莖葉《くきは》が幾節《いくせつ》にも繋《つな》がつて居《ゐ》るが、子供達《こどもたち》はその節《ふし》を離《はな》して又《また》つなぎ、どこが離《はな》れるか、あてことをして遊《あそ》ぶ風《ふう》がある。

スキー・バイニティング 〔雜〕英語《えいご》――スキーの木部《もくぶ》と、靴《くつ》とを連絡《れんらく》する道具《だうぐ》。

スキーベンド 〔雜〕英語《えいご》――スキーの修理《しうり》小道具《だうぐ》をいふ。

スキーム 〔雜〕英語《えいご》――企圖《きと》。計畫《けいくわく》。設計《せつけい》。惡計《あくけい》。奸策《かんさく》。

すきや（透綾《すきや》） 〔衣〕透目《すきめ》のある薄《うす》い絹織物《きぬおりもの》。平織《ひらおり》と壁織《かべおり》とある。昔《むかし》は盛夏《せいか》の薄物《うすもの》として盛《さか》んに流行《りうかう》したが、今《いま》は明石《あかし》その他《た》の新製品《しんせいひん》に壓倒《あつたう》されて、殆《ほとん》ど見《み》うけなくなつた。

スキーヤー 〔雜〕英語《えいご》――スキーをする人《ひと》。

すきやき（鋤燒《すきやき》） 〔料〕牛肉《ぎうにく》を鋤燒鍋《すきやきなべ》で煮《に》ながら食《た》べる料理法《れうりはふ》。牛肉《ぎうにく》の外《ほか》に鯨《くじら》その他《た》の肉類《にくるゐ》や關西《くわんさい》では魚《さかな》の鋤燒《すきやき》もあるが、一般《ぱん》には鋤燒《すきやき》といへば牛肉《ぎうにく》のことを意味《いみ》し、スキヤキの名《な》は牛肉《ぎうにく》のおいしいたべ方《かた》として、外國《ぐわいこく》にも響《ひゞ》いてゐる。

○鋤燒鍋《すきやきなべ》――鐵鍋《てつなべ》のよく使《つか》ひこんだのが一番《ばん》よい。アルミ製《せい》のもあるが、火《ひ》の廻《まは》りが早《はや》すぎてよろしくない。電熱《でんねつ》を使《つか》ふ場合《ばあひ》は、足《あし》のない底《そこ》の平《たひ》らな鍋《なべ》を、選《えら》ぶことが必要《ひつえう》である。これまで鋤燒《すきやき》は備長《びんちやう》（堅炭の上等なもの）の火《ひ》に限《かぎ》ると、いはれてゐたが、近頃《ちかごろ》は電熱《でんねつ》も便利《べんり》なのでよく使《つか》はれる。

○割下《わりした》の拵《こしら》へ方《かた》――鋤燒《すきやき》の割下《わりした》は東京風《とうきやうふう》と關西風《くわんさいふう》とで多少《たせう》ちがひ、同《おな》じ東京《とうきやう》でも有名《いうめい》な家《いへ》は皆《みな》それ〳〵の特色《とくしよく》のあるものを用《もち》ひてゐる。家《か》庭料理《ていれうり》としては醬油《しやうゆ》一合《がふ》、味醂《みりん》一合《がふ》二勺《しやく》、白砂《しろざ》糖《たう》五匁《もんめ》をまぜて、一度《ど》沸騰《ふつとう》させたものがよい。併《しか》しこれも嗜好《しかう》により分量《ぶんりやう》の加減《かげん》は適宜《てきぎ》に工夫《くふう》して差支《さしつかへ》ない。

又《また》煮《に》つまつた時《とき》にさすスープは、鷄《とり》の骨《ほね》と牛《うし》の脛《すね》の骨《ほね》を煮出《にだ》して取《と》つたのがよい。店《みせ》によつては薄割《うすわり》といつて、割下《わりした》を更《さら》に薄《うす》めて、これをさすのもある。

○鋤燒肉《すきやきにく》と附合《つけあは》せ――肉《にく》は近江《あふみ》、但馬《たじま》産《さん》の所《いは》謂《ゆる》神戸《かうべ》肉《にく》といふのが、一番《ばん》よい。普通《ふつう》はロースの霜降《しもふり》で、好《この》みによりヒレも用《もち》ひる。附合《つけあは》せの野菜《やさい》は日本葱《にほんねぎ》を第一《だい》とし、松茸《まつたけ》、白瀧《しらたき》、燒豆腐《やきどうふ》三つ葉《ば》がよい。生《なま》ゆば、生椎茸《なましひたけ》なども好《この》みで入《い》れる。又《また》あまりいろ〳〵のものを入《い》れると、肉《にく》の味《あぢ》が落《お》ちるといつて、葱《ねぎ》だけにする流儀《りうぎ》もある。

○東京風《とうきやうふう》の鋤燒《すきやき》――鍋《なべ》に割下《わりした》を入《い》れ、煮立《にた》つたところへ、葱《ねぎ》や白瀧《しらたき》を入《い》れて、次《つぎ》に肉《にく》を少《すこ》しづゝ入《い》れ、手《て》まめに裏返《うらがへ》して、煮過《にす》ぎないやうに色《いろ》の變《かは》つた程度《ていど》のところをたべる。スープは煮《に》つまつた時《とき》入《い》れゝばよい。

○關西風《くわんさいふう》の鋤燒《すきやき》――鍋《なべ》が熱《あつ》くなつたならば脂《あぶ》肪《ら》を一片《きれ》入《い》れて、鍋全體《なべぜんたい》に引《ひ》き、脂肪《あぶら》がすつかりとけたところへ葱《ねぎ》を入《い》れていためて、次《つぎ》に肉《にく》をいれ、後《あと》から割下《わりした》をつぎ入《い》れる。

○鋤燒《すきやき》のたべ方《かた》――銘々《めいめい》に小鉢《こばち》を用意《ようい》して生《なま》卵《たまご》をわり入《い》れておき、鍋《なべ》から一度《ど》鉢《はち》にとつて、卵《たまご》をつけてからたべる方《はう》が、熱過《あつす》ぎなくてよい。

スキャップ 〔雜〕英語《えいご》――ストライキ破《やぶ》り。罷業《ストライキ》の際《さい》、工場主《こうぢやうしゆ》に買收《ばいしう》されて就業《しうげふ》する者《もの》。

スキャンダル 〔雜〕英語《えいご》――恥辱《ちじよく》。侮辱《ぶじよく》。醜《しう》聞《ぶん》。疑獄《ぎごく》。

図3　婦女界編『家庭百科重宝辞典』第3巻、婦女界社、1932年（昭和7年）

口でありました。ちょいと余談になりますが、明治の終わり頃から始まった家庭料理講習会などのテキストを見ますと日本食に使う砂糖の量の多さに驚かされます。まるで砂糖をたくさん使うことがおいしい料理を作るコツであると言わんばかりの使い方だったようですね。そのあま〜い割り下を鉄鍋に入れて薄切り牛肉をサッと煮て溶き卵をくぐらせて食べるんですな。この『重宝辞典』に記載されている「電熱を使ふ場合は、足のない底の平らな鍋を」というのが現代人には「?」でしょう。昔の鉄鍋の底には半球型の丸ぽっち脚が三つ付いていて、鍋を火から下ろしたときに熱い鍋底が台や床板に直接触れないようにできていました（台を焦がさないためです）。しかしその丸ぽっちが電熱器のニクロム線に触れますと、鉄鍋は金属ですから当然電気が通る→ショートしてしまう！　丸ぽっちがない平らな底の鍋なら、ニクロム線の上にある素焼きの部分に触れるのでショートしないんですね。ま、「電熱」と言っても今日の「IH」とは違ってむき出しのニクロム線なんですの。

この『重宝辞典』が出版された一九三二年（昭和七年）と言えば柳条湖事件の翌年であり、「満州国」建国宣言なんぞで極東アジアはまさに煮え立った鍋。その頃今日のすき焼きの原型が確立されていたようですね。

すき焼きとはなんだ?

いくらなんでもこれはやりすぎでしょう……と言わんばかりの写真は一九五五年(昭和三十年)の雑誌「主婦の友」(主婦の友社)付録「冬の家庭料理」に載っていたものであります。炭火のコンロの上に取って付けたように「鋤」を載せ、そこでイノシシの肉を焼いているのです。

図4　「冬の家庭料理」「主婦の友」1955年(昭和30年)12月号付録、主婦の友社

これは「鍋」ではないんですから、割り下とか醤油とかは使えませんね。今日われわれがよく食べている「割り下、醤油、砂糖」といったすき焼き必須アイテムとは縁がない料理ということになります。なかには「この方法こそが正しいすき焼きである」と主張する方もおられるようですが、まぁ、「これもすき焼きの一つの形である」と言ったほうがいいようですね。というのも、料理本を調べてみますとまるで鉄板焼きのよ

うなこの手の「スキヤキ」が結構たくさん紹介されているんですの。

西野みよし『家庭実用献立と料理法』（東華堂、一九一五年〔大正四年〕）によりますと、ネギは普通のすき焼きのような長ネギではなく、タマネギを使っております。熱した鍋でヘットを溶かし、その脂で四つ切りタマネギを炒める。次に牛肉を入れ、味噌、砂糖、醤油、酒で味を付け、豆腐を入れて煮詰める。

この「味噌を入れる」というのが明治時代に始まった「牛鍋」のやり方を踏襲しているように思えます。

一方、桜井ちか子『日々活用お料理辞典』に載っていた「牛肉のすき焼」はこうなっております。熱した鍋でヘットとバターを溶かし、輪切りのタマネギを炒めて鍋から取り出す。その後、鍋にやや厚切りの牛肉を並べてレア程度に焼き、取り出して先の炒めたタマネギと盛り合わせる。醤油かウスターソースをかけて食べる。

桜井ちか子さんと言えば昭和初期にお惣菜料理を普及させた料理の先生ですが、桜井さんはこの料理を「牛肉のすき焼」と表記しておりました。ということはその当時、「このような料理がすき焼きである」と思っていた人もたくさんいたはずなんですね。このすき焼きとほぼ同じ作り方の料理を当時の映画スターだった高峰三枝子さんが紹介している雑誌記事（「主婦之友」一九三八年〔昭和十三年〕一月号付録「冬の和洋料理千種の作方」、主婦之友社）がありました。

「フライパンを熱してバターを溶かし、牛肉とタマネギを一緒に炒め、最後に塩、コショウで味付けをする」と書いてありまして、「タマネギ、バター焼き」ってところなんざ先の桜井レシピによく似ております。高峰さんのインタビュー記事には「すき焼き」とは表記されておらず、「私の好きなお菜《かず》」とだけ書かれておりますが、「牛肉はすき焼きのやうに切っておき……」とありますから、やはりこれは「すき焼き」を意識したお惣菜であったと推測できますね。

名《めい》士《し》と人《にん》氣《き》者《もの》の千人《ん》料《れう》理《り》

松竹　高《たか》峯《みね》三《み》枝《え》子《こ》

撮影の都合で夜どんなに遅《おそ》くなるやうなことがあつても、母がちやんと待《ま》つてゐてくれて、温い御飯《ごはん》に、私の好きな牛《ぎう》肉と玉葱のバタ炒めのお菜《かず》を作つてくれます。これが何よりの嬉しい御馳走《ごちそう》なんです。一日たまつた話《はなし》を、あれやこれやとおしやべりしながら頂いてると疲れなどどこかへ吹《ふ》つ飛《と》んでしまふほど。

牛《ぎう》肉と玉葱のバタ炒めの作り方《かた》ですつて？　お料理《れうり》の話は、恥《はつか》しいんですけど——牛《ぎう》肉はすき燒のやうに切《き》つておき、玉葱は二つに切り、更に小口《こぐち》から、きく／＼と切つておきます。

フライ鍋《パン》を火にかけ、熱《あつ》くなつたところへバタを引いて、牛肉と玉葱《たまねぎ》を一緒にしてジュッと炒《いた》め、火から下《おろ》す前に、鹽、胡椒をぱら／＼と振つて味《あぢ》を調《ととの》へます。私は、玉葱《たまねぎ》は少し固いくらゐなのが好《す》きです。

図5　高峰三枝子が紹介している雑誌記事
（出典：「冬の和洋料理千種の作方」「主婦之友」1938年〔昭和13年〕1月号付録、主婦之友社）

この高峰三枝子さんのインタビューは一九三八年（昭和十三年）の記事ですが、それ以前の「スキヤキ」について著名人が語っている記事が見つかりました。五

郷土料理百人集（横浜）

太田《おゝた》のスキヤキ

作家　獅《し》子《し》文《ぶん》六《ろく》

横浜には特に家庭の郷土料理はないが、料亭《りようてい》料理としては、インゴウ屋のビフテキと太田の牛肉屋のスキヤキがあつた。インゴウ屋のビフテキは、肉を焼く時に醤油《しようゆ》を入れるのが特色《とくしよく》であつた。太田の牛肉屋は、明治文化史に出てくる通り、日本のスキヤキ屋の元祖《がんそ》であるが、私は幼年《ようねん》の頃に連れていかれたことがある。肉を七八分《ぶ》の角切《かくぎり》にし、味噌を加えて煮るのである。それだけのことであるが、現在のスキヤキとは、まつたく味を異《こと》にしていた。戦後も同名の店が、横浜日の出町にあるようだが、同じものを食わせるや否《いな》やは知らない。

図６　獅子文六の「スキヤキ」
（出典：「冬のお惣菜千種」「主婦之友」1952年〔昭和27年〕12月号付録、主婦之友社）

二年（昭和二十七年）の「主婦之友」付録「冬のお惣菜千種」に載っていた作家獅子文六さんの「スキヤキ」であります。

獅子文六さんは一八九三年（明治二十六年）生まれ。その彼が「幼年の頃に連れていかれた……」と語っているところから、時代は一九〇〇年前後（明治三十年代前半）あたりと思われます。

牛肉を二センチから二・五センチ角に切って味噌煮にしたもの……。これを当時の「太田」という牛肉屋では「スキヤキ」と称していたようです。ここまでできますとこれは明治維新、文明開化と同時に食べ始められた「牛鍋」の作り方とほぼ同じなんでして、巷ではこれを牛鍋と呼んでいたはずであります。

このように明治の終わり頃から昭和の初期までのすき焼き記事を見てまいりますと「すきやき」という料理の定義がはっきりしていないことに気がつくんです。そこいらへんに疑問を持つ方もいらっしゃったんでしょう、次のレシピはこれまで紹介した牛肉をバターをひいた鉄板で焼く……ところまではほぼ同じでも、名前は「牛肉のバタ焼」となっております。

薄切りの牛赤身に塩コショウをし、はす切りにした長ネギの白身と一緒にバター炒めにして、おろし大根と醬油で食べる（「婦人倶楽部」一九三四年〔昭和九年〕十二月号付録「温くて美味しい冬の家庭料理」、大日本雄弁会講談社）。

ここではタマネギではなく長ネギを使っていますから、いくぶん今日のすき焼きに近づいたようではありますが、砂糖は使わず、醬油とおろし大根だけで食べていますので、現代風に言うならば「エバラおろしポン酢焼き肉のたれ」ってとこでしょうか。

大阪からやってきたすき焼き

一九〇七年（明治四十年）に東京の上野池之端に支店を出したのは大阪のすき焼き

の名店、丸萬であります。この丸萬支店長松村萬吉氏が言うところの「すき焼き」とは何かと言いますと――「すき焼き」は①大阪の名物料理である、②会席料理のように面倒な調理をしない、③片隅に凹みがある鍋を使う、④魚の切り身を煮て食べる、⑤鍋の凹みは汁を掬い取るためのもの、ということになります。

すき焼きに使う材料は、松村氏によりますとなんといってもいちばんは鱧《はも》であるそうだ。しかしこの鱧が東京では入手しがたく、「五日に一本、半月に一本も来るか来ないかと云ったやうに、極めて払底ですから……」といったあんばいだったもんで、鯛、鰆《さわら》、赤貝なども使っていたようです。

九月頃になると松茸が出盛りになり、「鱧と松茸のすき焼き」が出せるようになりますが、これこそが「すき焼きの本当の味」であると書いてあります。

では食べ方はと言いますと、「東京ではまだ慣れませんから、すき焼を煮ますのに、鍋一ぱいに煮て居られます（略）一体すき焼を食べますには、少しずつ煮ては食べ、煮ては食べるといふ工夫にしますので、赤貝などは、七分どおり火が通ったくらいの、十分に煮えきらないところがうまいのです」。

これがまさに「煮物」と「鍋物」との違いでありまして、鍋のなかで煮て完成させたものを器によそって食べるのが「煮物」で、鍋で調理しながら食べるのが「鍋物」ってことなんですね。「東京ではまだ慣れませんから……」と言われた東京の食べ方

『大阪《おほさか》の料理《れうり》と東京《とうきやう》の料理《れうり》』

大阪《おほさか》の料理《れうり》、東京《とうきやう》の料理《れうり》と申《まを》しますと、其間《そのあひだ》に何《なに》か大層違《たいそうちが》つたやり方《かた》でもあるかのやうに思《おも》はれますけれども、會席料理《くわいせきれうり》ならば、何處《どこ》へ參《まゐ》りましても大《たい》した相違《さうゐ》は無《な》い筈《はず》です。併《しか》し味《あぢ》の上《うへ》から申《まを》しますと一體東京料理《たいとうきやうれうり》の味《あぢ》はあま口《くち》の方《はう》で、大阪《おほさか》は東京《とうきやう》に比《くら》べますと餘程《よほど》から口《くち》の方《はう》です。尤《もつと》もそれも鐵道《てつだう》が開《ひら》けまして、往來《ゆきき》が便利《べんり》になりましてから、交通《かうつう》が頻繁《ひんぱん》になりましたためか、大阪《おほさか》のから口《くち》もだんだんとあまくなり、東京《とうきやう》の方《はう》も、幾《いく》らかからくなつたかのやうに思《おも》はれます

つまり大阪《おほさか》の風《ふう》が東京《とうきやう》にうつり、東京《とうきやう》の風《ふう》はまた大阪《おほさか》の方《はう》へうつりまして、雙方共《さうはうとも》に中間《ちうかん》になつたのです。尤《もつと》も物《もの》によりましては、東京《とうきやう》のよりからく拵《こしら》へるのもないではありません。

『大阪《おほさか》のすき燒《やき》』

すき燒《やき》は、大阪《おほさか》の名物料理《めいぶつれうり》で、私共《わたくしども》が專門《せんもん》に致《いた》して居《を》るのです。是《これ》は會席《くわいせき》とは違《ちが》ひまして輕便《けいべん》を專《もつぱ》らに致《いた》したやり方《かた》で、まだ東京《とうきやう》にはありませんから、それを廣《ひろ》めますために、昨年《さくねん》から東京《こちら》へ支店《してん》を開《ひら》くやうなことになりました。

すき燒《やき》は會席料理《くわいせきれうり》のやうに面倒《めんだう》な調理《てうり》をするので無《な》く、御覽《ごらん》の如《ごと》く、この片隅《かたすみ》に凹《くぼ》みのある鍋《なべ》で、魚《うを》の切身《きりみ》を煮《に》て食《た》べるだけです。此鍋《このなべ》の凹《くぼ》みですか、是《これ》は散蓮華《ちりれんげ》で漿《したじ》を汲《く》む便利《べんり》の爲《ため》に凹《くぼ》ましたのです。

『すき燒《やき》の原料《げんれう》』

すき燒《やき》の原料《たね》は、成《な》るべく大阪《おほさか》で常《つね》に用《もち》ゐて居《を》りますものを用《もち》ゐて、それで東京《こちら》の人《ひと》の口《くち》にも合《あ》ひますやうにと致《いた》して居《を》りますが、只今《ただいま》では先《ま》づ鯛《たひ》、鯖《さば》、その外《ほか》いろいろの品《しな》を適宜《てきぎ》に用《もち》ゐて居《を》ります。併《しか》しすき燒《やき》の原料《たね》としては鱧《はも》が一番好《ばんい》いのですから、成《な》るべく鱧《はも》を差上《さしあ》げたいと心掛《こころが》けて居《を》りますけれども、何分品《なにぶんしな》が不足《ふそく》なので、なかなか思《おも》ふやうにまゐりません。

図7　「婦人世界」1908年（明治41年）10月号（実業之日本社）

は、明治初期からおこなわれていた、牛肉の角切りを鍋でぐつぐつ煮たものを食べる「牛鍋」の食べ方だったんでしょう。魚を使った大阪のすき焼きでそのようにぐつぐつ煮ていましたら魚の身が硬く煮締まったり身がこわれたりしますから、このように書かれたのでしょう。

大阪からやってきた「魚を使った」すき焼きは関東ではあまりはやらず、やがて薄切りにした牛肉を魚の代わりに使ったものが「すき焼き」と認識されるようになっていくのでした。

すき焼きを語る人々

すき焼きに関しては食通と呼ばれた方々、食文化の研究者の方々がいろいろと蘊蓄を述べています。北大路魯山人は一九二六年（大正十五年）の「婦人画報」誌（婦人画報社）で「捕まえた小鳥の肉を焚火にかけた鋤に乗せて焼いて食べたこと」が始まりであると述べています。また、本山荻舟《もとやまてきしゅう》は五三年（昭和二十八年）の『荻舟食談』（住吉書店）のなかで「家庭で行うすき焼きでは野菜をたくさんにして肉を少なくするから栄養的且つ経済的であり、調理法も簡単であるという理想的な料理」であると書いていました。

たべもの名作展

森鷗外作「牛鍋」より

青野季吉

鍋はぐつ〳〵煮《に》える。

牛肉の紅《くれない》は男のすばしこい箸で反《かえ》される白くなった方が上になる。

斜に薄く切られた、ざくといふ名の葱《ねぎ》は白い処が段々に黄いろくなって、褐色の汁の中へ沈む。

箸のすばしこい男は、三十前後であらう。晴着らしい印半纏《しるしばんてん》を着てゐる。傍に折《おり》鞄《かばん》が置いてある。

酒をのんでは肉を反《かへ》す。肉を反して酒を飲む。

酒を注いで遣《や》る女がある。

男と同年位であらう。黒繻子《くろしゅす》の半衿《はんえり》の掛った、縞《しま》の綿入に餘所行の前掛をしてゐる。

女の目は断えず男の顔に注がれてゐる。永遠に渇《かつ》してゐるやうな目である。目の渇《かわき》は口の渇を忘れさせる。女は酒を飲まないのである。

「箸のすばしこい男は、二三度反《かえ》した肉の一切れを口に入れた。

丈夫な白い歯で旨《うま》さうに噬《か》んだ。

永遠に渇してゐる目は動く腭《はぐき》に注がれてゐる。

併し此腭《はぐき》に注がれてゐるのは、この二つの目ばかりではない。目が今二つある。

今二つの目の主は七つか八つ位の娘である。無理に上げたやうなお煙草盆に、小さい花簪《かんざし》を挿してゐる。

白い手拭を畳んで膝《ひざ》の上に置いて、割箸を割って手に持って待ってゐるのである。

男が肉を三切四切食った頃に娘が箸をもった手を伸《の》べて、一切れの肉を挾《はさ》まうとした。男に遠慮がないのではない。そんならと云って男に憚《はばか》るとも見えない。

「待ちねえ。そりゃまだ煮えてゐねえ。」

娘はおとなしく箸を持つた手を引っ込めて待ってゐる。

永遠に渇してゐる目には娘の箸の空しく退いたのを見る程の余裕がない。

暫くすると、男の箸は一切れの肉を自分の口に運んだ。それはさっき娘の箸の挟《はさ》まうとした肉であった。

娘の目は又男の顔に注がれた。その目の中には怨も怒もない。只驚きがある。

永遠に渇してゐる目には、四本の箸の悲しい競争を見る程の余裕がなかった。

女は最初自分の箸を割って、盃洗《はいせん》の中の猪《ちょ》口《くち》を挟んで男に遣《や》った。箸はその儘膳《ぜん》の縁に寄せ掛けてある。永遠に渇してゐる目には、又此箸を顧る程の余裕はない。

娘は驚の目をいつ迄男の顔に注いでゐても、食べろとは云って貰はれない。もう好い頃だと思って箸を出すと、その度毎に「そりゃあ煮えてゐねえ」と繰り返される。……

同名の短篇（明治四十三年一月）の一節。簡潔な、詩のような文章である。人間の「一つの本能は他の本能を犠牲にする」という言葉が、この短篇の最後に見えている。

「たべもの名作展」は、古今東西の名作のなかから、特にたべものに関係のあるシーン、興味ある食卓の描写などをぬき出して、青野先生の解説を連載して行くページです。ご期待下さい。
尚、青野先生は、最近芸術院会員に決定されました。

図8　森鷗外の牛鍋（出典：「食生活」1956年〔昭和31年〕3月号、国民栄養協会）

魯山人はさすがに美食家らしく「そもそもスキヤキなる料理とは……」的な蘊蓄でありましたが、荻舟言うところのすき焼き論は「食養」にも通じるすき焼き論でして、実際にすき焼きは荻舟が言ったように発展していくのでした。

前頁の図8は森鷗外作「牛鍋」の一節でありまして、一九一〇年（明治四十三年）の作品ですから、この舞台はそれ以前、つまり一九〇〇年代から一〇年代（明治三十年代から四十年代）、大阪から丸萬が上京してきて東京に支店を開いた頃とほぼ重なります。この頃の東京の牛鍋はすでに、①牛肉の薄切りを使い、②鍋には割り下を入れ、③ざく（ネギ）と牛肉だけ、といういわゆる牛肉すき焼きの形になっていたようです。

すき焼きとはなんだ！——別所毅彦投手（巨人）

巨人の投手だった別所毅彦さんが「我が家のお惣菜」で自慢していたのがこのすき焼きでした。出典は一九五四年（昭和二十九年）の雑誌「婦人倶楽部」付録「家庭料理の作り方」です。戦中からプロ野球で活躍していた別所投手の最盛期をちょっと過ぎた頃になると思いますが、食べっぷりのほうは絶好調のようでありますね。なにせ「僕は百匁から百五十匁はぺろりですよ」ですもん。牛肉ロース三百八十グラムから五百六十グラムをぺろりと食べちゃう別所毅彦三十一歳でありました。さて、その別

我が家のお惣菜

すき焼《やき》とビールの突《つき》出《だ》し

巨人軍　別所毅彦

うちのすき焼《やき》は僕《ぼく》が考案《こうあん》した独特《どくとく》のものでね。大切《おおぎり》にした牛肉《ぎゅうにく》のロースとキャベツのざく切《ぎり》をバターをひいたフライパンで、じゅっと炒《いた》めたところへ普通《ふつう》は割下《わりした》を入《い》れますが、うちのはお砂糖《さとう》だけ入《い》れるんです。

別《べつ》にたっぷりの大根《だいこん》おろしを小鉢《こばち》にとり、玉子《たまご》の黄身《きみ》だけ割《わ》り込《こ》み、ポン酢《ず》を加《くわ》えてかきまわした中《なか》に炒《いた》めた肉《にく》とキャベツをつけ〳〵食《た》べるんですが、これなら僕《ぼく》は百匁《め》から百五十匁《め》はぺろりですよ。ポン酢《ず》は酢《す》の方《ほう》をぐっと利《き》かせて、好《この》みで七色唐辛《なないろとうがらし》をふりかけてもいいんです。

冬《ふゆ》でも汗《あせ》がふき出《で》るくらいで、オドール監督《かんとく》に御馳《ごち》走《そう》したら一度《ど》で大好《だいす》きになっちゃってね。もう一つは天《てん》一のおやじに教《おし》えて喜《よろこ》ばれたビールの突出《つきだ》し。これはセロリと玉葱《たまねぎ》を薄《うす》くそぎ切《ぎり》にしたのに鰹節《かつおぶし》をたっぷりかけ、味《あじ》の素《もと》と醤油《しょうゆ》で食《た》べる簡単《かんたん》なもの。

この別所家《べっしょけ》独特《どくとく》の料理《りょうり》が、試《し》合《あい》で消耗《しょうもう》した僕《ぼく》の体力《たいりょく》を一ぺんに回復《かいふく》させてくれるんですよ。

別所さん御一家

図9　「婦人倶楽部」1954年（昭和29年）8月号付録「家庭料理の作り方」、大日本雄弁会講談社

所さん言うところの「僕が考案した独特のものでね」というすき焼きは確かに変わっておりまして、現代人にしてみれば「これ、鉄板焼きでしょ」なんですね。

大切りにした牛肉ロースとキャベツのざく切りをバターをひいたフライパンで炒め、砂糖だけで味付けをする。焼けたのをおろし大根、卵黄、ポン酢につけて食べるというものですから、どうもすき焼きとは言いがたいものがありますね。すき焼きを構成する条件って「砂糖と醬油」が必須であるように思ってしまうのが今日の日本人です。その醬油は使わず、バターの塩味とポン酢に含まれる醬油味で食べるんですから、これはあっさり系の鉄板焼きでしょう。別所さんは一九二二年（大正十一年）生まれですから、当時の人はこのような料理も「スキヤキ」と呼んでいた……ということなんでしょう。

すき焼きとはなんだっ！——山田耕筰

現代人が「スキヤキ」を語るときによく問題にするのが「割り下を使う？　使わない？」「関東風？　関西風？」などでありますが、明治・大正・昭和に活躍した芸術家となりますとちょいと違うようですね。しかも国際的音楽家ともなりますと、すき焼き一つとってみても「スケール」が違う。割り下だの関東風だの小さい小さい。まさにインターナショナルなスキヤキを食べていらしたのでありました。

「からたちぃの～花がさいたよ～」の作曲者、山田耕筰先生ご自慢のすき焼きはその名もなんと「スキヤキ・アラ・バタフライ」だそうな。「舌の上の美を創り出す」と言い切る山田先生の自信に満ちあふれたレシピが掲載されていたのは雑誌「主婦之友」一九五一年（昭和二十六年）八月号付録「夏の西洋料理」であります。本人自ら

「日本料理と思う人もあるようだが……」と断っているように、狭い日本にゃ住み飽きた的なスキヤキなのであります。

掲載されたレシピ（図10）は編集者が聞き書きしたもののようでいまひとつわかりにくいので、少し解説を入れておきます。

合い挽き肉とみじん切りタマネギと卵黄をよくすり混ぜて……とありますね。これは牛と豚の挽き肉ですが、この「よくすり混ぜて」がポイントですね。これはすり鉢でパテ状になるまでしっかりとすらなければなりません。普通のメンチカツ程度に「よくこねる」レベルでは、鍋で焼くときにボロボロと崩れてしまいます。小麦粉やコーンスターチなどの「つなぎ」を入れてないから「すり鉢でする」ということが大切なんですね。

こうしてパテ状になった挽き肉を浅めのすき焼き用鍋で焼きますが、この合い挽きパテの上にまず砂糖をふりかけてから、あらかじめバターで炒めておいたキャベツ、タマネギなどをかぶせるようにたっぷりと乗せます。レシピによりますとここで「肉の色が変つたら……」とありますが、この当時の炭火やガスの弱火で考えますとだいたい七、八分くらいたった頃だと思われます。一応これだけ火を通していれば「肉と野菜を上下に混ぜて」も肉は崩れません。

そしてここで「ビールをひた〳〵に注ぎ」とあります。これは常温にしておいたビールを「少しばかり」注げばいいので、あまり入れすぎるとせっかく固まった挽き肉が崩れるおそれがあります。その後で入れるのは醬油一対砂糖二、これはビールの分量によって左右されますので味を見ながら入れてくださいまし。この段階ですでにこってり味になっておりますが、山田先生は生卵とおろし大根まで持ち出してきております。「外人の間に大好評」とおっしゃっていますが、「生卵」に関しては外国人は使わなかったんじゃないか？　と思うんですけどね。

この「山田式」スキヤキ、たぶん山田先生がドイツ留学していた頃（一九一〇年から三年間）の食体験から編み出されたものだと思われます。合い挽き肉とみじん切りタマネギと卵黄をすり合わせるというのは、いわゆるハンブルグステーキ（ハンバーグ）の作り方ですね。ビールやワインは肉料理のときによく使われますから、山田先生は何のためらいもなくハンブルグステーキにビールを加えたのでしょう。ただ焼くだけよりもワインやビールなどの液体を加えたほうが熱の通りがよくなりますし、ウマミのもとであるアミノ酸も加えられます。このようなドイツの肉料理法と、日本でやっていた砂糖と醬油の味付けとを取り入れたのが「山田式」だったんですね。

このような日独合作型スキヤキを山田先生は大正から昭和初期の頃におこなっていたんですね～。これは二十一世紀に暮らす私たちにしてみますとすき焼きではありません。しいて言うならば「ドイツ風煮込みハンバーグ」といったところでしょう。似

名士と人氣者の御自慢洋食

スキヤキ・アラ・バタフライ

藝術院会員、作曲家　山《やま》田《だ》耕《こう》筰《さく》

料理も作曲《さつきよく》と同じですね。美味という言葉があるが、舌の上の美《び》を創《つく》り出す、つまり美の創造《そうぞう》ですよ。むろん理屈《りくつ》は大切《たいせつ》だが、後は何といつても勘《かん》一つ……僕は料理が好《す》きでよくやるが、家内も傍《はた》で見ていて敬服《けいふく》していますよ。

　では一つ誰にでもできるスキヤキを御紹介《ごしようかい》しましようか。スキヤキといえば、日本料理と思う人もあるようだが、僕のはバタとビールをたつぷり使つた山田式でね。外人の間に大好評《だいこうひよう》。

　まず肉は合挽《あいびき》肉を求めて玉葱《たまねぎ》のみじん切とつなぎに卵黄《きみ》を加え、よくすり混《ま》ぜて皿に平《たいら》にのばし、とりやすいよう筋目《すじめ》を入れる。これを、たつぷりのバタで炒めた野菜の下に敷き、砂糖を加えてちようど野菜で蓋《ふた》をしたようにして煮る。肉の色が変つたら、肉と野菜を上下に混《ま》ぜて、こゝでビールをひた〳〵に注《つ》ぎ、煮立つたら醤油《しようゆ》を加えて、煮える端《ばし》から熱いところを食べるのだが、肉の甘味と野菜の味が溶《と》け合つて実《じつ》にうまい。玉子と大根おろしをつけてもよいし、胡椒《こしよう》も風味《ふうみ》がよいが、途中鍋《なべ》を絶対に動かさずに煮ることが最も大切なこつ。肉の下拵《したごしら》えが長崎風なので、お蝶《ちよう》夫人になぞらえて、スキヤキ・アラ・バタフライと紹介するのだが、一度食べるとその味が忘れられないらしく、会うたびに、またあのバタフライを……と頻繁《ひんぱん》な御注文なんですよ。

図10　「夏の西洋料理」「主婦之友」1951年（昭和26年）８月号付録、主婦之友社

ているると言えば名古屋の「味噌煮カツ」みたいな、「味噌煮ハンバーグ」みたいなものであります。たっぷりのバターで炒めたキャベツやタマネギのトローリとした甘さと砂糖の甘さに、醤油のしょっぱさとウマミが合体した味は和食でも洋食でもない「国境なき贅沢味」とでも言うべき味でしょう。

明治維新で始まった東京の「牛鍋文化」が「スキヤキ文化」に変わっていくのが関東大震災の後、つまり大正末から昭和初期のことだと考えられます。しかし山田先生はその頃すでにドイツ風煮込みハンバーグの領域を開発していた！　ということなんですねー。

「肉の下拵えが長崎風なので……」というのは挽き肉と卵黄などをすり合わせて油で揚げる卓袱《しっぽく》料理の手法に似ているから？　なんでしょうか。ま、ジャコモ・プッチーニ作曲の『マダム・バタフライ』を持ってくるところはさすが音楽家ですね。

変わりすき焼きのいろいろ

文明開化頃から始まった牛鍋は角切りにした硬い牛肉を鍋でぐつぐつ煮て、味噌や醤油で味付けをしていたものでしたが、その牛鍋に関西料理である魚すきの要素が加わった。硬い牛肉でも薄く切ってぐつぐつではなくサッと火を通せば軟らかく食べられるようになった。それが関東大震災以降のことですから、すき焼き文化は昭和の始まりとともにあったとも言えるでしょう。大正から昭和の初期と言えば、様々な分野で欧米の文化が一般社会に取り入れられた時代です。欧米の調理方法や栄養学に日本古来からの食文化を自由に織り交ぜながらすき焼きは大発展していきました。そもそもすき焼きとはこうでなければナランのだっ！　というような定義がない料理です。牛鍋やステーキ、鉄板焼き、魚すきなどを好き勝手に織り交ぜて創作した料理をそのヒトが「すき焼きです」と言ってるんだから、どこの誰が本家、家元、元祖なのか、答えはないんです。だからすき焼きの「すき」は鋤と鍬からきた「鋤焼き」でも間違いではないし、「好き勝手」の「好き焼き」でもあるのでしょう。そんなわけでその後のすき焼きのバリエーションは果てしなく広がっていきます。江戸時代から日本の食文化として愛されてきた柳川鍋だって、鮪汁とかどぜう鍋、柳川鍋などの呼び方でよかったのに、なぜか「どじょうすき」などとも呼ばれ始めています。ジンギスカン鍋はジンギスカンでよいではないか？　と思いますが、ジンギスカン鍋ではなくすき焼き鍋を使ってすき焼き風に食べさせたほうが客が喜んだんでしょう、そんなすき焼きも出現してきました。昭和初期から戦後しばらくの間料理本によく紹介されていたのが「薄切り牛肉＋砂糖＋醬油⇒浅い鍋でさっと火を通し溶き卵を付けて食べる」正統派のすき焼きとは違う「変わりすき焼き」でした。ここでいま一度「すき焼き」の

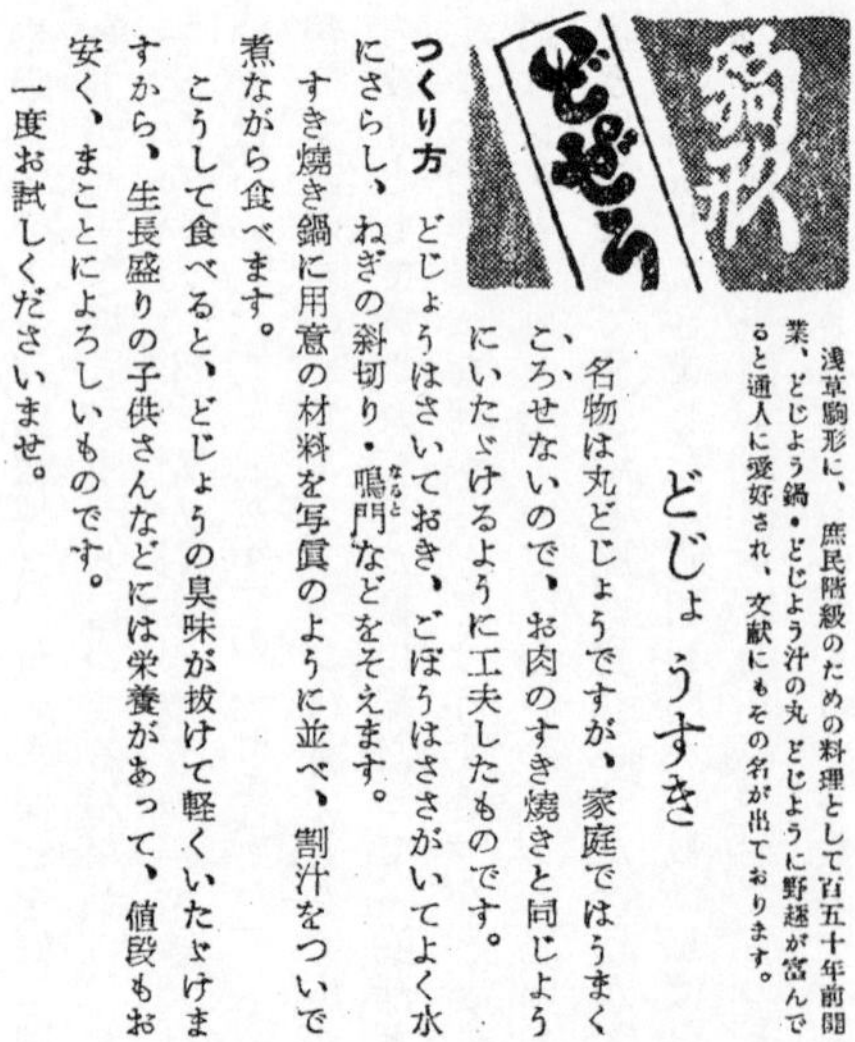

浅草駒形に、庶民階級のための料理として百五十年前開業、どじよう鍋・どじよう汁の丸 どじように野趣が富んでると通人に愛好され、文献にもその名が出ております。

どじょうすき
名物は丸どじょうですが、家庭ではうまくころせないので、お肉のすき焼きと同じようにいたゞけるように工夫したものです。

つくり方　どじょうはさいておき、ごぼうはささがいてよく水にさらし、ねぎの斜切り・鳴門《なると》などをそえます。すき焼き鍋に用意の材料を写眞のように並べ、割汁をついで煮ながら食べます。

こうして食べると、どじょうの臭味が抜けて軽くいたゞけますから、生長盛りの子供さんなどには栄養があって、値段もお安く、まことによろしいものです。

一度お試しくださいませ。


図11　どじょうの……

（出典：「毎日役立つお料理大全集」「主婦と生活」1951年〔昭和26年〕12月号付録、主婦と生活社）

鰹節の出汁に醤油とみりんで味付けをした八方汁（八宝汁とも）で骨を取り除いた開きドジョウとささがきゴボウ、ネギなどを煮ながら食べるのですから、いわゆる柳川鍋の卵抜きみたいなものでしょう。


定義を整理しますと、「タンパク質食材に糖分と塩分を加えて最小限の加熱をしたものを溶き卵を絡ませて食べる」料理と言えるのではないでしょか。この条件を満たした変わりすき焼きが次々と出てまいりまして、これらを見ていきますと時代や社会状況がわかるんですな。日中戦争や太平洋戦争が激しくなっていきますと牛肉不足になり、挽き肉を使ったすき焼きや魚のすき焼きが多くなる。魚のすき焼きといっても関西流の魚すきではなく魚のすり身でハンバーグのような魚肉パテを作っていました。その魚でさえ不足してくると、油揚げや豆腐、茹で大豆を加工し

牛肉《ぎう》の變《かは》りすき燒《やき》

ジンギスカンを日本風《にほんふう》にしたもので、肉《にく》そのものを賞味《しやうみ》する料理《れうり》です。これこそ鍋《なべ》を圍《かこ》んで、ゆつくり頂《いただ》く冬《ふゆ》の御馳走《ごちそう》です。

材料《ざいれう》は五人前《にんまへ》として、牛肉《ぎう》のロース二百五十匁《もんめ》、葱《ねぎ》、生椎茸《なまじひたけ》(なければ葱《ねぎ》だけで結構《けつこう》)適宜《てきぎ》、藥味《やくみ》としてにんにくと七味《み》たうがらし少々《せうせう》。

〔九圖〕牛肉の變りすき燒

肉《にく》はビフテキよりも薄《うす》く大《おほ》きく切《き》り、葱《ねぎ》は斜《はす》切《ぎり》にしておきます。

次《つぎ》に味醂《みりん》と醤油《しやうゆ》半々《はんはん》を合《あは》せ、にんにくを少《すこ》しすりこみ、たうがらしをふり、葡萄酒《ぶだうしゆ》があれば少々《せうせう》加《くは》へて、肉《にく》の浸《ひた》し汁《じる》を作《つく》つておきます。

ほかに鍋《なべ》と焜爐《こんろ》を用意《ようい》します。鍋《なべ》はすき燒用《やきよう》ので結構《けつこう》ですが、底《そこ》の平《たひら》なものゝ方《はう》がよろしいのです。

食卓《しよくたく》に、各自《めいめい》の取皿《とりざら》と、美味《おい》しい香《かう》の物《もの》、お飲物《のみもの》のコップなどを用意《ようい》しておきます。

用意《ようい》がとゝのひましたら、焜爐《こんろ》に鍋《なべ》をかけ、よく燒《や》けたところで、鍋《なべ》に脂肪《あぶら》を入《い》れてとかし、肉《にく》は浸《ひた》し汁《じる》に暫《しば》く(二三分)浸《ひた》しておいたのを、一枚《まい》づゝとつて、ジュッと燒《や》きつけ、手早《てばや》く裏《うら》返《がへ》して、兩面《りやうめん》とも同《おな》じやうに色《いろ》の變《かは》る程度《ていど》に燒《や》き、すぐお皿《さら》に受《う》けて、熱《あつ》いところを召上《めしあが》つて頂《いただ》きます。

次々《つぎつぎ》にかうして、燒《や》きながら頂《いただ》くのですが、普通《ふつう》のすき燒《やき》よりずつとあつさりして、お話《はなし》しながら頂《いただ》いてゐると、いくらでも頂《いただ》けます。若《わか》い方々《かたがた》でしたら、肉《にく》も、お一人《ひとり》百匁《もんめ》くらゐは、用意《ようい》しておきませんと、不足《ふそく》します。

肉《にく》の間々で、お葱《ねぎ》や生椎茸《なまじひたけ》を炒《いた》め燒《や》きして頂《いただ》き、最後《さいご》には普通《ふつう》のすき燒《やき》のやうに煮《に》て、御飯《ごはん》にいたしませう。

図12　ジンギスカン風
(出典:「お客料理全集」「主婦之友」1936年〔昭和11年〕新年号付録、主婦之友社)
ジンギスカン鍋ではなくすき焼き用の鍋でおこなっています。一般的なすき焼きとの違いは、砂糖の代わりにみりんを使うということでしょう。また、みりんに加えてニンニクやトウガラシ、葡萄酒などで肉に下味を付けるところがジンギスカンなのです。

しのだすき焼

すき焼《やき》といえば大体《だいたい》大《おお》きな肉《にく》で頂《いただ》くことが多《おお》いが、細切《こまぎれ》やまた挽肉《ひきにく》でもこんな工夫《くふう》で、充分《じゅうぶん》楽《たの》しいすき焼《やき》ができるものです。

一人前《にんまえ》が四十円《えん》という値段《ねだん》も、家庭《かてい》では経済《けいざい》変《かわ》りすき焼《やき》として、大歓迎《だいかんげい》されましよう。

(三人前)　合挽肉《あいびきにく》三十匁《もんめ》　小油揚《こあぶらげ》六枚《まい》
椎茸《しいたけ》六枚《まい》　葱《ねぎ》一本《ぽん》　しらたき一把《わ》

挽肉《ひきにく》は塩《しお》、胡椒《こしょう》しておく。

油揚《あぶらげ》は斜《ななめ》に庖丁《ほうちょう》して二枚《まい》に切《き》り分《わ》け、ざつと熱湯《ねっとう》を通《とお》して油抜《あぶらぬ》きしたら、この中《なか》へ挽肉《ひきにく》を十二に分《わ》けてその一《ひと》つを詰《つ》め、片栗《かたくり》粉《こ》の水溶《みずど》きでちよつと口《くち》を止《と》めておく。

椎茸《しいたけ》は水《みず》にもどし、しらたきはほぐして水洗《みずあら》いし、葱《ねぎ》は四センチ長《なが》さに切《き》り、更《さら》に縦二《たてふた》つ割《わり》にする。

これらの材料《ざいりょう》を形《かたち》よくすき焼鍋《やきなべ》に盛《も》り、別《べつ》に用意《ようい》のわりしたをたつぷり注《つ》いだら、全部《ぜんぶ》一緒《しょ》に、味《あじ》がよくしみこむまで煮《に》て、とき玉子《たまご》をつけながら食《た》べる。

油揚《あぶらげ》のこくのあるうま味《み》が、肉《にく》とよく合《あ》つて大変《たいへん》おいしい。

▲小油揚のないときは、大きいのを真中から二つに切り、それを更に斜に庖丁して、三角に切る。(図参照)真中の二枚は、二方が開いてしまうから、図の㋑の切口のところだけ、五ミリほどつけたまゝ、少し控えめに口を開いて、肉を詰めればよい。それでもはがれるなら、片栗粉の水溶きでつけておく。(藤本《ふじもと》)

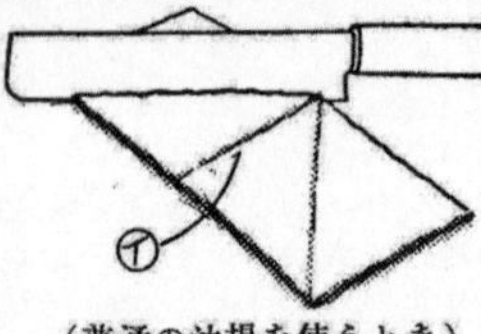

(普通の油揚を使うとき)

図13　経済すき焼き「しのだすき焼」
(出典:『肉料理』〔料理文庫〕、主婦の友社、1955年〔昭和30年〕)
肉が少ないとき、もしくはその肉に油っ気が少ない場合に頼りになるのが油揚げでした。このレシピでは油揚げのなかに挽き肉を入れていますが、挽き肉なしバージョンもありました。そのときは細切りにした油揚げを肉に見立てていたんでした。

小説家　林《はやし》 芙《ふ》美《み》子《こ》

★トマトのすき焼《やき》

初夏のすき焼には格《かく》べつおいしいものです。

もぎたてのトマトを皮のまま二分くらいの輪《わ》切りにし、フライパンにラードかバターをとかして一面にならべ、煮《に》えたところへ牛肉をのせ、火が通つたらショウユと甘味《あまみ》を入れます。

お味《あじ》はいつでも最後につけませんと、せつかくの肉が固くなります。

図14　林芙美子のすき焼き「トマトのすき焼」
（出典：「主婦と生活」1948年〔昭和23年〕６月号、主婦と生活社）
林芙美子が亡くなる３年前の雑誌インタビューにありました。
「６ミリくらいの輪切りにしたもぎたてトマトをバターかラードを溶かしたフライパンで焼き、煮えたところで牛肉を乗せ、火が通ったら醤油と甘味を入れる」
これだけのものでして使うのはトマトと牛肉だけ。甘味と表記してあるのは戦後３年しかたっていないので砂糖は配給制だったから、ズルチンやサッカリンなどの甘味料まで含めてのことと思われます。この当時のトマトの品種ですと今日のトマトのようには甘くありませんから甘味を加えるのもわかる気がしますが、いまどきのフルーツトマトでしたら甘味は控えめで十分でしょう。薄切りの牛肉でやってみますとこれがなかなかうまいんですな。トマトの酸味がギュッと味を引き締めています。今日でも居酒屋メニューにすれば低価格でできて間違いなく売れるでしょう。

て作った肉もどきなどを牛肉がわりに使っていたんです。しまいにゃ肉のようなタンパク質の代わりにそば粉で作った蕎麦団子や芋などを使ったすき焼きまで出てくる始末です。戦後はトマトと牛肉をバター焼きにして溶き卵を絡めて食べて「好き焼きです」とまで言っておりました。きっと日本人にはこの甘辛い味と溶き卵というのが好みだったんでしょう。そう考えるとすき焼きの「すき」は好き嫌いのすきを使うのがいちばんしっくりくるようであ

◆そばすき焼《やき》

そばでもうどんでもお好《す》き〳〵で、これをすき焼風《やきふう》に煮《に》ながら頂《いただ》くのは、家《うち》の者《もの》の大好物《だいかうぶつ》です。肉《にく》はだいに少《すこ》しあれば申分《まをしぶん》なく、鶏骨《とりがら》で美味《おい》しく取《と》つたスープにしてもよく、取合《とりあは》せの里芋《さといも》は輪切《わぎり》にしてさつと茹《ゆ》でておき、その他《た》の野菜《やさい》は煮《に》え易《やす》いものなら小《ちい》さく切《き》つておくだけ。

鍋《なべ》に煮出汁《だし》を取《と》り、野菜《やさい》を入《い》れて煮立《にた》つたら醤油《しやうゆ》で味《あぢ》をつけ、そば玉《だま》を食《た》べるだけづゝほぐし入《い》れて、熱《あつ》いところを各自《めいめい》の皿《さら》に取《と》つて頂《いただ》きませう。（岡崎道子《をかざきみちこ》）

（冬の夜の楽しみのそばすき焼）

図15　そばすき焼き
（出典：「節米料理と栄養パンの作方八十種」「主婦之友」1940年〔昭和15年〕2月号付録、主婦之友社）

ります。

そばすき焼きという最終形態

普通「うどんすき」とか「そばすき」ってすき焼きをやった最後の締めとして食べるものですが、いきなりそばがメインで登場するところが一九四〇年（昭和十五年）、日米開戦前夜らしいところです。牛肉はおろか鶏肉さえままならぬといったところでしょうが、それを補うものとして鶏がらスープを使っていますね。御国は日中戦争で疲れ、食糧は不足しているのにこのうえアメリカと一戦を交えようとしてるんだからタマランです。すき焼きなどと言っておきながらレシピには醤油もなければ砂糖もない……もはや料理本の体をなしておりません。

鶏肉《とりにく》のミンチすき

こゝでは鶏挽肉《とりひきにく》を使《つか》つて、あつさりしたお味《あじ》にしましたが、牛挽肉《ぎうひきにく》で具沢山《ぐだくさん》にしてもよろしいです。

材料（五人前《にんまえ》）　鶏挽肉《とりひきにく》百匁《もんめ》、玉子《たまご》六個《こ》、白菜半株《はくさいはんかぶ》、葱《ねぎ》三本《ぼん》、焼豆腐《やきどうふ》二丁《ちょう》。

作り方　白菜《はくさい》はざく〳〵切《ぎり》、葱《ねぎ》は一寸《すん》三分《ぶ》（四《センチ》）長《なが》さの斜切《ななめぎり》、焼豆腐《やきどうふ》は三分《ぶ》厚《あつ》みに切《き》つておきます。挽肉《ひきにく》に玉子《たまご》一個《こ》（小麦粉《こむぎこ》大《おお》さじ二杯《はい》でもよい）を混《ま》ぜ合《あわ》せて薄《うす》く伸《のば》し、取《と》りやすいように庖丁《ほうちょう》で切目《きりめ》をつけて、野菜《やさい》と一緒《しょ》に大皿《おおざら》に盛《も》り合《あわ》せます。すき焼鍋《やきなべ》に、塩《しお》、醤油《しょうゆ》少々《しょうしょう》で淡味《うすあじ》にした鶏骨《がら》のスープを入《い》れて火《ひ》にかけ、煮立《にた》つたところへ鶏《とり》肉《にく》と具《ぐ》を少《すこ》しずつ入《い》れて煮《に》こみます。

食べ方　煮《に》えたのから取《と》つて、大根《だいこん》おろしへ生玉子《なまたまご》を割《わ》り落《おと》したものにくゞらせていたゞきます。好《この》みでは、大根《だいこん》おろしにも醤油《しょうゆ》を入《い》れておいて結構《けっこう》です。

（鶏肉のミンチすき）

図16　鶏肉のミンチすき
（出典：「冬の家庭料理」「主婦の友」1956年〔昭和31年〕12月号付録、主婦の友社）
珍しく甘くないすき焼きです。鶏ガラスープに塩と醤油で味を付け、鶏の挽き肉団子を入れて煮て食べていますね。味としては博多名物の「鶏の水炊き」に似ていますが、ぶつ切り肉ではなく挽き肉を使うことで安くでき、しかも小麦粉なんぞで増量することもできたんでしょう。

すき焼きという料理が文明開化の「牛鍋」と関西料理である「魚すき」から誕生したものであるとするならば、明治維新の一八六八年からの七十年間で今日の形ができあがったということになります。名前こそ「すき焼き」ではあるが材料や調理法、味付けなどはまちまちであります。言うなればすき焼きというピラミッドの頂点に「サシの入った牛薄切り肉とネギを砂糖と醤油と割り下でサッと煮て食べる」ものがあり、その下には鶏の挽き肉だったり油揚げだったり、砂糖を使わないやり方や鶏がらスープで煮るやり方も存在する。ピラミッドの底辺あたりに行きますと肉なしうどんそばをすき焼き用の鍋で食べることで「そばすき」と言い切っちゃう。言い換えれば、金持ちでもビンボー人でもその人な

◈腎臓《ケンネ》のすき焼《やき》

五人前《にんまへ》で豆《まめ》もやし十錢《せん》、大根《だいこん》半本《はんぼん》、牛《うし》の腎臓《ケンネ》百匁《もんめ》（二十錢《せん》くらゐ）もあれば充分《じうぶん》で、汗《あせ》の出《で》るほど温《あたゝ》まる經濟的《けいざいてき》なすき燒《やき》です。

腎臓《ケンネ》は、よく水《みづ》に晒《さら》してから、鹽《しほ》で揉《も》んであくを脫《ぬ》きをし、なほ水洗《みづあら》ひして、固《かた》く布巾《ふきん》で搾《しぼ》り、刻《きざ》み葱《ねぎ》、白胡麻《しろごま》を炒《い》つて半擂《はんずり》にしたもの、胡麻《ごま》油《あぶら》、これに酒少々《さけせうせう》混《ま》ぜたものをからませ、胡椒《こせう》を振《ふ》りかけておきます。大根《だいこん》は縱《たて》にせん切《ぎり》にして、砂糖大匙山《さたうおほさじやま》一杯《はい》に醬油少々《しやうゆせうせう》振《ふ》りかけておき、なほ刻《きざ》み葱《ねぎ》をたつぷり用意《ようい》します。

鍋《なべ》にまづ大根《だいこん》を平《ひら》に並《なら》べ、その上《うへ》にもやしを並《なら》べ、腎臓《ケンネ》を漬汁《つけじる》ごと平《ひら》にひろげ、刻《きざ》み葱《ねぎ》を振《ふ》りかけて火《ひ》にかけます。ごと〳〵煮《に》えてくるうちに、それ〴〵の味《あぢ》が程《ほど》よく融《と》け合《あ》ひます。

箸《はし》をつけずに靜《しづ》かに煮込《にこ》み、大根《だいこん》が軟《やはらか》くなつたなら、自分《じぶん》の頂《いたゞ》く分《ぶん》だけ引《ひ》つくり返《かへ》して、腎臓《ケンネ》にもよく火《ひ》を通《とほ》し、野菜《やさい》と一緒《しよ》に頂《いたゞ》くのです。（成田玉純）

図17　腎臓のすき焼

（出典：「冬の温かい経済料理の作方五百種」「主婦之友」1939年〔昭和14年〕1月号付録、主婦之友社）

腎臓→ケンネ→一般的にはマメと呼ばれておりました。このレシピにはケンネを切る……ということが書かれていませんが、当然薄く切っておきます。それでも結構硬いので「ごとごと煮え」てこないと食べられませんから、一般的なすき焼きのようにサッと煮て……とはいかない。だからもやしは最初から入れるより後から入れたほうがいいと思います。すき焼きというよりはどちらかというと「モツ煮」に近いですね。

りの「すき焼き」というものを食べていたんです。すき焼きという料理が持つ豊かさとはどんな状況下であっても「それもすき焼きですよ?」と包み込む包容力にあったのです。

「おまえんちのほうじゃ割り下、先に入れる?……えっ! 肉じゃなくって魚ですき焼きやんの? へ〜っ、ビンボー……な、なにーっ! フグのすき焼き? スンゲーっ、フグすきでも卵使って食べるの?」

どんなときでも日本人はすき焼き談義に盛り上がり、

それぞれのすき焼きを自慢しながら食べていくのでしょう。

お客向《きやくむき》・お惣菜向《そうざいむき》 変《かわ》りすき焼《やき》のいろ〳〵

附焼風《つけやきふう》の香《こう》ばしい肉《にく》すき

医学博士山田啓氏夫人 山田《やまだ》安紀《あき》

この変《かわ》りすき焼は家中大好物《だいこうぶつ》なので、寒いときは毎晩《まいばん》のようにいたします。このまゝお客様にも御一緒に入《はい》つていたゞけますし、また一人や二人不意《ふい》に人数が増しても何とか融通《ゆうずう》がつきますから、大へん重宝しております。

ちよつとお狩場焼《かりばやき》(狩の獲物《えもの》をその場で料理したことから名《な》がついたもので、野鳥獣肉などをたれに浸けておいて、直火《じかび》で焼きながらいたゞく方法。煙がもう〳〵と立つて室内《しつない》ですするには向きませんから、普通縁《えん》先《さき》とか庭に蓆《むしろ》を敷いてしまいますが、また趣《おもむ》きが変つてよいものです)と似ておりますが、最初に肉もざく(取合《とりあわ》せの野菜その他)も生姜《しょうが》醤油に浸しておいて、鉄鍋でジュッ〳〵と焼きますので、醤油が焦《こ》げてその香ばしいこと、たまらなく食欲《しょくよく》をそゝります。

まず生姜醤油から作りましょう。鍋《なべ》に醤油2/3合、水1/3合、酒盃《さかずき》四杯、砂糖《さとう》小さじ山五杯の割に入れて火にかけ、砂糖が煮溶《にと》けたら下して冷《さ》めるのを待ち、生姜をすりおろし、汁をしぼつて加えます。生姜は口に合せて入れますが、以上の分量に対し拇指大《おやゆび》のもの一箇くらいが頃合《ころあい》でしよう。

『肉すき』肉もざくも一たん生姜醤油に浸して焼くので、その香ばしい匂いはたまらなく食欲をそゝります。

肉は牛《ぎゅう》、豚、鶏《とり》は勿論何でも一たん生姜醤油に浸《つ》けますから、いわゆる特殊《とくしゅ》の臭味を持つ鯨《くじら》や野鳥獣肉類でもおいしくいたゞけましょう。すべて普通のすき焼と同じように、小口《こぐち》から薄切にしておきます。ざくはどこの御家庭でもなさるように葱《ねぎ》または玉葱、キャベツ、白菜《はくさい》、しらたき、焼豆腐《やきどうふ》などに色どりとして人参の花形切をあしらつたりしますが、その他に茸類《きのこるい》や茹筍なども取り合せることがあります。またときには、それこそ有合《ありあわ》せで間に合せることもあつて、贅沢《ぜいたく》にも経済的にもできます。野菜の切り方は普通でよろしいのですが、火の通りにくいものは必ず薄切《うすぎり》にすることが大切です。

鍋は、すき焼とはもと〳〵鋤《すき》で焼いたことから始まつたとかで、いわゆる汁で煮込む鍋物ではありませんから、なるべくなら鉄製《てつせい》の浅い底の分厚《ぶあつ》なものが理想的です。こんろと共に食卓へ運び、充分温《あたた》めておいてから、肉の生脂《なまあぶら》をジュッ〳〵と引いて、生姜醤油に浸しておいた肉を入れて両面をさつと焼き、次に野菜を加えて炒《い》りつけるようにして焼き上げます。生姜醤油に浸《つ》ける時間はあまり長くなくてよろしいので、これも思い〳〵にいたします。

おいしそうに焼けたそばからとつていたゞき始めますが、好き〳〵で粉山椒《こなざんしょう》や七味など薬味《やくみ》をかけたり、また生玉子《なまたまご》にとつぷりつけたりしていたゞきます。

食べきつたらあとを足《た》しますが、前の汁が残つていると次のが香《こう》ばしく焼けませんから、ちりれんげでその都度汁をすつかり掬《すく》いとることが肝腎《かんじん》で、その汁は御飯にかけて食べてもおいしいですし、また器《うつわ》に溜めておいて、一番終りに茹《ゆで》だしうどんや切餅《きりもち》を煮込むようにすると、あとを引くほどおいしくいたゞけます。

手軽《てがる》でさつぱりした味《あじ》の鯨《くじら》すきと野菜《やさい》すき

レストランコンマース 北川《きたがわ》敬三《けいぞう》

紺屋《こうや》の白袴で、家庭で食事をするときは、すき焼を一つしても、大抵次に御紹介《ごしょうかい》しますような鯨肉とか野菜などのごくさつぱりとした、経済的なものばかりいたゞきます。

鯨《くじら》すき

鯨の赤肉《あかにく》を薄切にして、そのまゝすき焼鍋で焼き、ウスターソースに溶《と》き辛子《がらし》をぴりつとするくらい混ぜ合せた辛子ソースをつけていたゞくだけの、全く簡単《かんたん》な変りすき焼です。焼き方ですが、鍋をよく熱《ねつ》しておいてから火を弱め、肉を並べ入れてしずかに焼けば、鍋に特別油《あぶら》を引かなくても焦げつく心《しん》配《ぱい》はまずありません。

『野菜すき』
手軽にできて経済的で、さつぱりした味が喜ばれます。

取合《とりあわ》せは、玉葱の薄切を肉のあとで焼いてもよろしいし、またキャベツや白菜のせん切を生のまま、肉と同じく辛子ソースで食べても大へん結構《けつこう》です。ともかく野菜は、肉よりもずつと多くとるようにしております。

野菜《やさい》すき キャベツのざく〱切を主《しゆ》とし、これに人参《にんじん》のせん切や玉葱の薄切その他何でも有合《ありあわ》せのものをいろ〱取り合せますが、大根の青葉《あおば》など結構使えます。これへ適当《てきとう》に豚の生脂を細かく刻《きざ》んで合せ、一緒に少々大きめの鍋へとつて、強火でジャー〱と炒り上げ、焼けたところからめい〱の小皿にとつて、塩をふりかけていたゞきます。塩味《しおあじ》だけではさつぱりしすぎるようでしたら、ソースとかケチャップをかけるとよろしいでしょう。甘味《あまみ》は入れなくても、野菜の持《もち》味《あじ》でおいしくいたゞけます。

郷土《きようど》（山陰地方）風《ふう》 小《こ》赤《あか》貝《がい》のすき焼《やき》

天野《あまの》てるの

島根縣の中海《なかうみ》では、赤貝の養殖《ようしよく》が盛んですが、まだ小粒《こつぶ》のものを殻から出し、むきたての血《ち》のついているのをそのまゝ洗わないで、すぐすき焼にします。そのおいしいこと血赤貝独特《どくとく》の味ですが、赤貝の手に入らないところでは、あさりや小蛤《こはまぐり》のむき身でなさつてもよろしいでしょう。何しろ眞新《まあたら》しいことが一番大切な條件《じようけん》なのです。

ざくは必ず牛蒡《ごぼう》のさゝがきと芹《せり》のざく〱切を取り合せますが、あとは何でもよろしいのです。よく用いられるのは、色どりとして人参のささがき、その他は葱の斜切《はすぎり》や糸ごんにやく、焼豆腐《やきどうふ》などです。

鍋を火にかけ、胡麻油《ごまのあぶら》（植物性油なら何でもよろしい）を少し煮《に》立て、そこへまず貝を入れてさつと炒めたら端《はし》へよせておいて、次にざくを加えて更に炒《いた》め、砂糖、醤油と少量の酒でやゝ甘からく味をつけます。

これを小皿にとつてふう〱吹《ふ》きながらいたゞきますが、どんな寒《さむ》い晩でも、汗《あせ》がびつしより出るくらい体の心《しん》から温まつてまいります。

挽肉《ひきにく》利用《りよう》の経済的《けいざいてき》な 玉子《たまご》入《い》り美味《びみ》すき焼《やき》

安《やす》岡《おか》素《もと》代《よ》

一番安價《あんか》な挽肉で、殆んどロースや上肉《じようにく》と同じように軟かくておいしいすき焼がいたゞけるので、こんな経済的なものはないでしょう。

しかも見た目がわるくないので、立派《りつぱ》にお客用としても使えます。

（挽肉利用の経済的なすき焼の作り方）

挽肉は牛豚いずれでもお好みのものでなざればよろしいのですが、牛豚半々の混挽《まぜびき》も捨てがたいお味です。まず肉を擂鉢《すりばち》にとつてよく〱すりつぶし、そこへ玉子を肉百匁につき一箇の割《わり》で加えてすり混ぜ、これを皿の上に図のように四角く分厚《ぶあつ》にならして、縱横《たてよこ》に粗《あら》く庖丁目を入れておきます。

こうすると箸でも樂《らく》にちぎれますから、一箸ずつちぎつて、あとは普通に、生脂《なまあぶら》を引いた鍋にとつて焼き、ざくをあしらい、おいしく味《あじ》つけして召上ればよろしいのです。

（前頁）図18　お客向・お惣菜向変りすき焼のいろいろ
（出典：「主婦之友」1950年〔昭和25年〕12月号、主婦之友社）
ひと口にすき焼きと言っていますが、先の『家庭百科重宝辞典』に載っていたような今日的なすき焼きもあれば、いまで言うところの「鉄板焼き」的なすき焼きもあります。すき焼きの主たる材料は肉類、魚類ですが、なかには油揚げや野菜が主たる材料となっていても「すき焼き」と名乗るものもありました。また調理法にもいろいろありまして、あらかじめ材料に下味を付けておいてから鍋で炒めるようなもの、まるで牛鍋のようにぐつぐつ煮込むもの、これらもやはりすき焼きと呼ばれていたようです。
「牛肉の變りすき焼」や「附焼風の香ばしい肉すき」などは今日のジンギスカンや鉄板焼き肉に近い料理ですし、「鯨すき」「野菜すき」なんかは鯨のソース焼きとかキャベツの油炒めではないでしょうか。

第2章　サンドイッチ

サンドイッチが和食になった頃

サンドイッチのレシピ自体は明治時代に出版されたいわゆる「西洋料理」の本にたくさん紹介されておりましたが、それらは欧米で食べられていたサンドイッチをそっくりそのまま紹介したような、まさに「直訳料理」とでもいうものでありました。ハム、卵、アスパラガス、アンチョビなどをバターを塗ったパンに挟む……といった、当時の日本人にはなじみが薄い具材が中心だったようです。それが昭和に入ってきますと、日本人になじみがある食材を使ったり、家庭の調理道具でできるような作り方を紹介するようになってくるんですね。

サンドイッチの形態も、オープンサンドやカナッペ風のものも現れてくるし、マフィンのつもりなんだろうけどどう見ても「どら焼き」みたいなものまで出てきます。明治・大正期のサンドイッチレシピと昭和以降のレシピとの違いは「西洋料理を学ぶ人のためのレシピ」と「家庭料理のためのレシピ」の違いでありましょう。ここに紹介しました一九三二年（昭和七年）のレシピは、明らかに家庭の主婦に向けた「家庭料理としてのサンドイッチ」ですね。

しかしながらこの写真を見ますとかなりハイカラな家庭のように思えます。ウィンザーチェアが似合いそうな洋テーブルにアールデコまがいの電気スタンドがあり、ロ

図19　「主婦之友」1932年（昭和７年）４月号、主婦之友社

イヤルコペンハーゲンみたいなティーセットとサンドイッチ……、家庭で西洋料理を食べるということが珍しかった時代に、「御家庭でサンドヰッチを」ですから、そのレシピとて苦労をしております。

1、パン切りは焼きたてよりも一日たったパンのほうがよろしい。

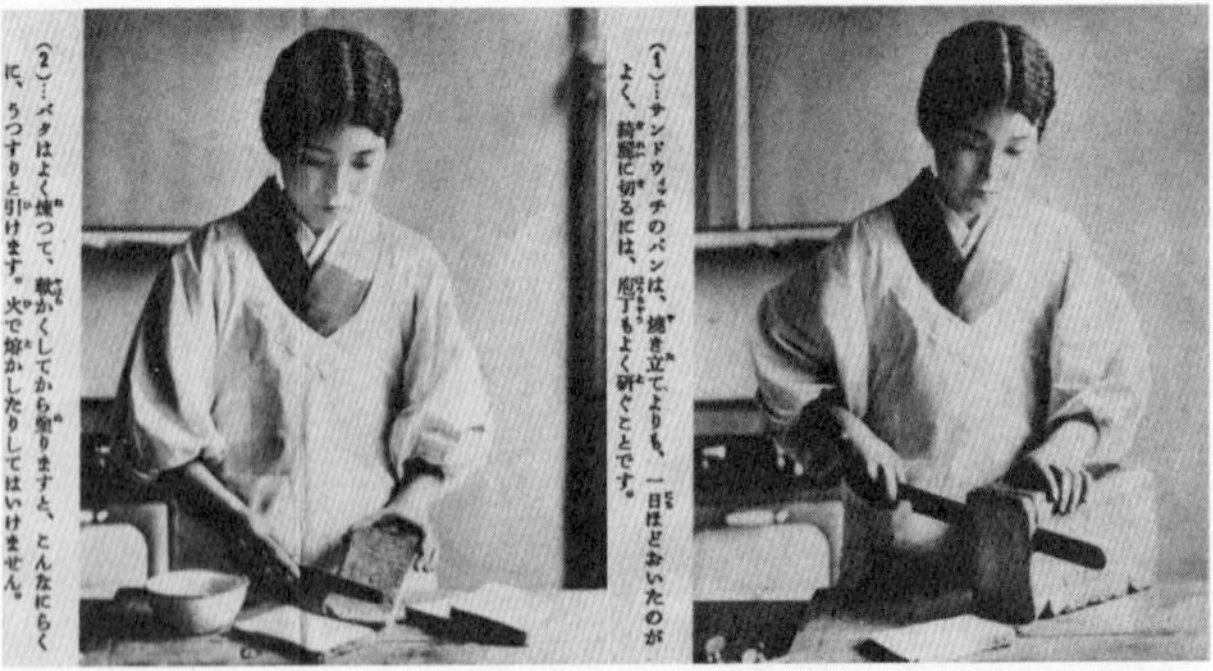

図20 「主婦之友」1932年（昭和７年）４月号、主婦之友社
すでに和食的「かまえ」をしております。刃渡り30センチ以上もの包丁は、巻き寿司を切ったりするものでしょう。

一日たちますと水分が抜けてやや硬くなりますので、包丁で切るときに切りやすかったようです。写真では一枚の厚さが七ミリくらいで、今日の十六枚切り食パンと同じくらいでしょう。当時のパンに使っていた小麦粉は今日ほど粘りがなかったらしく、焼きたてをこの薄さに切っていたらポロポロとパンが崩れてパンくずだらけになるのでしょう。まだ「パン食」に慣れていない日本の主婦向けにはこのような「御注意」も必要だったんでしょうね。

2、バターはよく練って軟らかくしてから塗る。

これは西洋料理でお菓子作りのときの常識ですが、日本人には「ワカラン」ことだったのでしょう。バターを軟らかくする↓湯煎にかけて溶かす……と考えがちなのが日本人。しかしバターは練って「空気を混ぜる」ことで滑らかな舌触りとふんわりとした甘みやうまみが生じてくる、ということを言っているのでしょう。

3、江戸前寿司と大阪寿司のイメージを利用した。

サンプルとして紹介しているサンドイッチは一応西洋料理にあるサンドイッチと名前は同じようなものですが、感覚としましては日本の「寿司」ですね。パンを三段重ねにした「リボンサンドウィッチ」なんざ関西方面の箱寿司、重ね寿司みたいだし、「ハットチーズ」「ロールドサンドウィッチ」は巻き寿司、「オープンサンド」は握り寿司でしょう。

サンドイッチってトランプゲームに熱中した人が「メシなんか喰ってられるかっ！」てことで切ったパンにハムを挟ませたのが始まり、という説があるようです。始まりはそうであるかもしれませんが、それがだんだん料理として洗練されてきたんでしょう。バターがマヨネーズになったりレバーパテになったり、アスパラガスがトマトやキューカンバー（きゅうり）になったり、地方によっては鮭の卵（スジコ）やアンチョビ、キャビアなども使うようになりました。ヨーロッパ内でもいろいろバリエーションがあったのですから、極東の地日本まできてしまいますとそりゃぁサンドイッチとて変化もいたしましょう。この写真を見ても、家庭の主婦が子どもの運動会に持っていく「お寿司」を作っているのとそう違いはありませんね。割烹着を着て刃の長〜い薄刃包丁で巻き寿司を切っている写真と言われてもおかしくはありません。

巻き寿司はともかく、江戸前の握り寿司はきっぷのいい職人が「へいっ、おまちっ！」ってな感じで威勢よく握っていましたから、ご家庭の主婦には手が出せない世界でした。つまり家庭料理として取り入れがたかったと考えられますが、こちらのサンドイッチのほうはおままごと的に簡単にできて、ハイカラな奥様♡を気取れる料理だった。これならばとっつきやすいし、主婦も憧れを持つだろうから雑誌としても特集を組みやすい。こうして日本での「サンドイッチ」は「寿司文化」と融合しながら発展していくのでありました。これが一九三二年（昭和七年）のサンドイッチですが、この先サンドイッチは戦中・戦後の食糧難、米不足の時代を乗り越えながらすくすくと成長し、しまいにゃ「寿司」と「サンドイッチ」の違いがワカランくらいになっていきます。

「さあ、としちゃん、今日《けふ》はサンドウィッチのお弁当《べんたう》ですよ。有り合わせの玉子とハムとレタスですけど、美味しいから、もう少しいかゞ？」なーんてサンドイッチの未来を予言するような言葉がきこえてくるようですね。

「有り合わせの」材料でサンドイッチを作る——これがサンドイッチを和食化した原

動力でありました。「これこれこの材料でこのように作るのがサンドイッチというものである」という固定観念にとらわれず、身近にある材料で主食⇓副食⇓主食の順に重ねれば、「それすなわちサンドイッチなり」という「方程式」をご先祖様は読み取ったんでしょうな。

こうしてニッポンのサンドイッチは和食化していくのでした。

和製サンドイッチは米不足が生みの親

最初は欧米のコピーだったサンドイッチも一九四〇年前後（昭和十年代）になると「和食化」が加速されてきます。この和食化の波は敗戦の一九四五年（昭和二十年）で止まるどころか「敗戦なんかなかった！」と言わんばかりの勢いでニッポンサンドを生み出し続けてきました。

一応サンドイッチは西洋料理ですから、スタンダードな「ハムサンド」や「エッグサンド」などは定番として登場しておりましたが、西洋料理の領域を超えたサンドイッチもたくさん紹介されていたのです（図21）。

パラフィン紙の上に置かれたサンドイッチのパン、薄く切ってますね。そのパンに塗っているのは手作りのマヨネーズソースですが、このマヨネーズの作り方もこの時

図21 「挽肉と白菜のサンドウィッチの作り方」
（出典：「主婦之友」1935年〔昭和10年〕2月号、主婦之友社）

代には「玉子いらずマヨネーズ」とか「油なしマヨネーズ」などがありました。

そしてパンに挟むのはバターで炒めたタマネギ、ニンジン、挽き肉ですが、炒めた後水溶き小麦粉でとろみをつけております。こうすればみじん切りの野菜がパンの間からポロポロ落ちないようになると思いますが、たぶんホワイトソース的なものを考えていたのでしょう。ただ、ホワイトソースと違っているのはバターが「軽くバタを引いて……」程度であるため、本物のホワイトソースみたいにクリーミーではありません。やや粉っぽい感じの「白い餡とぢ」とでもいうものでありました。また、白菜には塩を振っただけで切ってはおりませんから、白菜の白い部分ではなく青い葉っぱの部分でないとバリバリに硬いです。

◆鹽辛《しほから》サンドウィッチ＝お子様向《こさまむき》ではありませんが、さつぱりしたのを好《す》きな方《かた》には、いゝ、うに、烏賊《いか》、鰹《かつを》の鹽辛《しほから》などを挾《はさ》んだのが、取合《とりあは》せとして喜《よろこ》ばれます。

これはお酒《さけ》のつまみ物《もの》としてもいゝものです。お辨當《べんたう》のほか、不意《ふい》のお客様《きやくさま》などにもぜひお試《ため》しください。（中林雪枝《なかばやしゆきえ》）

◆漬物《つけもの》のサンドウィッチ

これは子供達《こどもたち》が各自勝手《めい〱かつて》に好《す》きなものを挾《はさ》んで、自分《じぶん》で拵《こしら》へて學校《がくかう》へ持《も》つて行《ゆ》くので、たまにはそれが大《たい》そう樂《たの》しみらしうございます。

薄《うす》く切《き》つた澤庵《たくあん》に奈良漬《ならづけ》、サーディンなどあるときはそんなものも、切《き》つたパンと一緒《いつしよ》に出《だ》しておきますと、朝《あさ》のお膳《ぜん》についてゐる玉子《たまご》を殘《のこ》して入《い》れるのもあり、なかなか賑《にぎや》かでございます。

ちよつと考《かんが》へるとパンには合《あ》ひさうもない澤庵《たくあん》や奈良漬《ならづけ》が、却《かへつ》て美味《おい》しいのださうでございます。（原田《はらだ》ゆか子《こ》）

図22 「冬のお弁当とおやつの作方百種」「主婦之友」1939年（昭和14年）12月号付録、主婦之友社

実際に作って食べてみた感想はこのようなものですが、しかしながらこのサンドイッチはまだまだ西洋料理の領域内に踏みとどまっていると思われました。これが一九三五年（昭和十年）であります。

ハテ、これをサンドイッチと呼んでいいのでしょうか。図22右の「塩辛（鹽辛）サンド」……。「さっぱりしたのを好きな方」であったとして、ウニ（瓶詰の塩ウニか練りウニのこと）ならまだわかりますが、イカやカツオの塩辛をパンに挟むというのはまさにサンドイッチが寿司の領域に入ったという証しでしょう。

この段階になると、パンとご飯とを主食というくくりで同一視しているようであります。最初に「お子様向ではありませんが」と断っておりますが、ではお子様向きにはどうするんだ？ という問いに対して次の「漬物サンド」が用意されてい

◆味《み》噌《そ》サンド

どら焼《やき》の皮《かは》のやうなものを作《つく》つて、熱《あつ》いうちに、胡麻味噌《ごまみそ》や柚子味噌《ゆずみそ》を挾《はさ》んだ簡單《かんたん》なもの。

メリケン粉《こ》コップ二杯《はい》に重曹《ぢゆうさう》を茶匙半杯《ちやさじはんばい》ほど混《ま》ぜ、ふつくりさせるには二度《ど》ほど篩《ふるひ》にかけて、コップ半杯《はんばい》ほどの水《みづ》でどろりと溶《と》きますが、しやもじで混《ま》ぜながら左手《ひだりて》で器《うつは》も廻《まは》すやうにすると、粉《こな》が煉《ね》れないで早《はや》く混《ま》ります。

これを、油《あぶら》を引《ひ》いたフライ鍋《パン》でホットケーキのやうに薄《うす》く焼《や》き、甘味噌《あまみそ》に胡麻《ごま》や柚《ゆ》子《ず》の卸《おろ》したのを煉《ね》り混《ま》ぜた、香《かを》りのよい味《み》噌《そ》を用意《ようい》しておいて、熱《あつ》いうちに二枚《まい》の間《あひだ》に挾《はさ》みます。（杉本《すぎもと》ヨシ）

図23　味噌サンド
（出典：「節米料理と栄養パンの作方八十種」「主婦之友」1940年〔昭和15年〕２月号付録、主婦之友社、〔左ページの図も同じ〕）

るんですね。

「各自勝手に好きなものを挟んで、自分で拵《こしら》へて学校へ持って行く」と言えば自主性尊重みたいですが、この頃になると食糧事情も悪くなってきて「好きなものを挟む」というよりは「あるものを挟む」状態だったのでしょう。保存食であるたくあんや奈良漬けなどの薄切りを挟んでいたのでしょう……。実際にやってみると、奈良漬けサンドは嘘偽りなしにうまかった！　です。イメージとしてはピクルスとチーズを挟んだサンドイッチと思ってくださいまし。酒粕に漬けることで発酵臭がつき、酸味も出てまいります。酒粕ごと挟みますとまるでクリームチーズを挟んだサンドイッチみたいな味になるんですね。奈良漬けを挟んだ段階でサンドイッチは完全に日本食としての地位を獲得いたしました。

◆肝臓《かんぞう》のそぼろサンドヰッチ

淡紅色《うすべにいろ》の林檎《りんご》ジャムと肝臓《かんぞう》を挟《はさ》んだ、美味《おい》しくて栄《えい》養《よう》たつぷりのサンドヰッチです。

肝臓とわさび入りのサンドヰッチ

上のは肝臓のそぼろを挟んだもの、下のはわさび漬を塗りつけたさつぱりしたものです。

まづ牛《うし》の肝臓《かんぞう》を茹《ゆ》でて裏漉《うらごし》にし、それへ少《せう》量《りやう》の玉葱《たまねぎ》と生姜《しやうが》のみぢん切《ぎり》とを混《ま》ぜ合《あは》せ、肝《かん》臓《ぞう》二十五匁《もんめ》について、玉子《たまご》の白身《しろみ》一箇分《こぶん》と、醤油《しやうゆ》一勺《しやく》の割合《わりあひ》に注《さ》してよく炒《い》りつけ、ぱらつとしたそぼろを作《つく》ります。

二分厚《ぶあつ》みに切《き》つたパンに、林檎《りんご》を皮《かは》のまゝ卸《おろ》して、砂糖《さたう》を少々混ぜたものを塗り、このい、い、そぼろを間に挟《はさ》みます。（増田美智子《ますだみちこ》氏）

図24　肝臓のそぼろサンドヰッチ

「味噌サンド」。これはパンというよりはマフィンやどら焼きと呼んだほうがピッタリときますね。しかし、イースト菌で発酵させたわけではなく、所詮重曹の力で膨らましているだけですから、冷めますとペシャッとしぼんじゃうのは仕方がない。レシピどおり「熱いうちに」が花でしょう。

サンドイッチを作るにあたり酪農が盛んではなかった日本では、バターに代わるものとして「味噌」を多用しておりました。味噌にトマト、水飴、酢、砂糖などを練り込んだものはパンによく合うペーストと言えましょう。ミカンの皮を練り込んだ味噌も和風マーマレードみたいなものでしたから、これらをサンドイッチに使ったというのはごく自然な流れだったんでしょう。

「肝臓のそぼろサンドヰッチ」。牛レバーを茹でて裏ごししたら普通は「レバーペースト」になるようなものですが、そぼろにしていますからポロポロしてパンに挟みづらい。そこですりおろしリンゴ+砂糖をパンに塗るわけなんでしょうが、醬油味のレバーそぼろと昔の病人食みたいな「すりおろしリンゴ」が一緒に挟んであるサンドイッチって、不思議な味がする、としか言いようがありませんでした。

牛や豚の臓物を料理するという文化がなかったせいか、戦前の家庭料理の本には「レバーペースト」があまり出てきません。戦後になりますと、グリーンピースのペーストなどと一緒にレバーペーストも紹介されることが多くなるのですが……。

「わさび漬けのサンドヰッチ」は奈良漬けサンド同様「クリームチーズサンド」もどきでありまして、「わさび漬けに同量のバタ」と塩少々を塗ったサンドイッチは今日でも結構受けるものです。以前レギュラー出演していたラジオ番組で紹介したこともありますが、アナウンサーも「クリーミーっすね〜」とパクパクしておりました。

一九三三年（昭和八年）の「ツナサンド」は鰹節

この「変りサンドヰッチ三十種」が載っていた「春の料理集」は婦女界社から出版

断然おいしい 変りサンドヰッチ三十種

春《はる》のピクニックに、お茶《ちや》の會《くわい》に
サンドヰッチを御利用《ごりよう》下《くだ》さい

サンドウヰッチも拵《こしら》へ方《かた》に依《よ》つて、立派《りつぱ》な一品料理《ぴんれうり》の一つになります。一般《ぱん》にサンドウヰッチと申《まを》しますのは、二枚《まい》のパンの間《あひだ》に、いろ〳〵な材料《ざいれう》を挾《はさ》んだものなのですが、お客様《きやくさま》に一品料理《ぴんれうり》として出《だ》す時《とき》には、一枚《まい》のパンの上《うへ》に、材料《ざいれう》をのせて、側《そば》にサラダなどを添《そ》へますと、見《み》た目《め》にも綺麗《きれい》ですし、又《また》それだけでおなかも、十分《ぶん》一杯《いつぱい》になるものです。ピクニックにお使《つか》ひになるには、やはりパンの間《あひだ》に挾《はさ》んだものの方《はう》が適《てき》しますが、お客様《きやくさま》に差上《さしあ》げるやうな場合《ばあひ》には、色刷口繪《いろずりくちゑ》のやうに、四色程《いろほど》を盛《も》り合《あは》せますと、とても氣《き》が利《き》いてゐます。普通《ふつう》の同《おな》じハムサンドウヰッチのやうなものでも、以下《いか》お話《はなし》するやうになさいますと、體裁《ていさい》も大變《たいへん》よろしくなります。

▲食《しよく》パン又《また》はフランスパン、コッペー、どれでもお好《この》みのパンを、多少厚《たせうあつ》めに切《き》り、バターを塗《ぬ》り、西洋辛子《せいやうからし》を少《すこ》しつけて、その上《うへ》にハムをのせ、食《た》べ易《やす》いやうに、二つ位《くらゐ》に切《き》つて、西洋皿《せいやうざら》の眞中《まんなか》におきます。野菜《やさい》サラダ、又《また》はトマトなどを、その側《わき》に添《そ》へるのです。この方法《はうはふ》で

図25 「春の料理集——日本料理・西洋料理・支那料理」「婦女界」1933年（昭和8年）4月号付録、婦女界社

されております。雑誌「婦女界」は「主婦之友」より前の一九一〇年（明治四十三年）創刊で、婦人雑誌の老舗でした。前項で紹介しました「主婦之友」のサンドイッチ特集とほぼ同じ頃に出版されていますから、最初の三ページくらいは「サンドイッチとはこのようなものですよー」的な基本講座みたいになっています。

ただし、具体的な作り方になってくると「婦女界」版は大胆な内容になってまいります。例えば「肉類を使ったサンドウヰッチ」の場合、ハムサンドから始まり、ビーフ、ハンバーグ、チキン……と順当に展開している、と思わせておいて、最後に「スキヤキサンドウヰッチ」で締めくくってきます。

「鰹節サンドウヰッチ」と書いてありますね、見間違いじゃないですよね。そうなんです、これ、本当にあったんです。あの鰹節を挟んだサンドイッチが……。

原文は一九三三年（昭和八年）の「婦女界」付録「春の料理集」に載っていたものであります。レシピに少し補足しておきますと、この頃のパンは今日の食パンのようにフワフワではなく、みっしりずっしりとしたものだったようです。当時のレシピによるとサンドイッチに使うパンの厚さはだいたい六ミリから八ミリくらいの薄いものでした。この薄くてみっしりした食パンにバターを塗り、そのうえに醬油をまぶした削りたての鰹節を乗せ、またまたバターを塗った食パンを乗せるんですね。

これ、欧米人が見たらどう思うんでしょう。どう考えても削り節をご飯に乗せた

「猫まんま」的発想ではないでしょか。この「乾きもの」を薄く削ってパンに挟むというやり方は、欧米のサンドイッチで硬いサラミソーセージを薄切りにして使うのと似ておりますね。当時の日本人がサラミサンドイッチをまねしたのか参考にしたのか、それともそんなこと知りもせず、身近にあった鰹節をサンドイッチの「具」にしたのか。いまとなってはわかりませんが、「サンドイッチ」という欧米の料理に純和風、それも日本にしかない「鰹節」を削ってご丁寧に「醤油」までまぶしてからバター付きのパンに挟んでしまい「鰹節サンドウヰッチ」と名付けて本に載せるなんてのは、「食の欧米化」どころか「欧米食の和食化」と言えるのでは？

これ、実際に作ってみました。

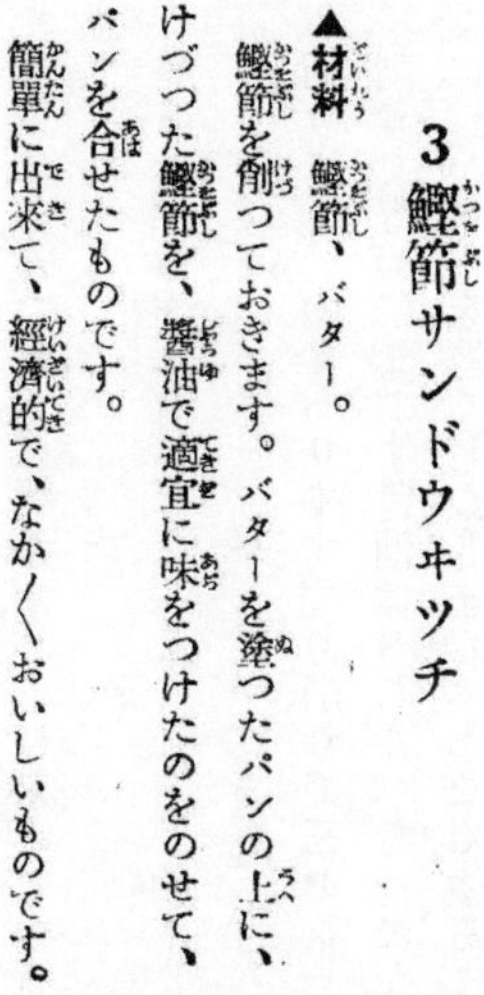

3 鰹節《かつをぶし》サンドウヰッチ

▲材料《ざいれう》　鰹節《かつをぶし》、バター。

鰹節《かつをぶし》を削《けづ》つておきます。バターを塗《ぬ》つたパンの上《うへ》に、けづつた鰹節《かつをぶし》を、醤油《しやうゆ》で適宜《てきぎ》に味《あぢ》をつけたのをのせて、パンを合《あは》せたものです。

簡單《かんたん》に出来《でき》て、經濟的《けいざいてき》で、なかなかおいしいものです。

図26　「春の料理集――日本料理・西洋料理・支那料理」「婦女界」1933年（昭和８年）４月号付録、婦女界社

まずはパンですな。八枚切りの食パンを布巾で包み、重しをかけて一晩おいておきますと厚さが六ミリくらいでみっしりとした昔風の食パンに変身します。今日の分厚くてフワフワした食パンですと、醤油をまぶし

た鰹節を挟んだときに醬油がパンに染みていき、パンがべちゃ〜となりますのでご注意！

鰹節はやっぱり削りたてでないと味も香りもよろしくありません。削るときには「厚くしないこと」と「長くしないこと」が大切です。厚くて長いとお口のなかで嚙み切りにくいのであります。薄削りで三センチくらいがよろしいかと。

削った鰹節にまぶす醬油はべちゃべちゃにならない程度に抑え、パンに挟む前にパンにはバターを薄くしかしまんべんなく塗ることです。

鰹節削り器がない場合には、鰹節の代わりに「なまり節」の薄切りを使うのも一つの手であります。ただし、なまり節だと鰹節のような「スモーク臭」がありませんのでやや生臭いのが玉にきずですね〜。

ちゃ〜んと黴付けを施した本物の枯れ節を削って使いますとスモークサーモンサンドみたいなスモーキーフレーバーがするし、ごく薄削りの鰹節は口中で溶けてそのウマミ（イノシン酸）が広がってきます。薄切りのキュウリなんぞを挟むと、これは立派な「昭和ツナサンド」と言えるでしょう。バターを塗ったパン⇓醬油まぶし削り節⇓バターを塗ったパン、これ、すこぶるウマイです。

まさに「ユーロ・キャット・ライス」西洋風猫まんまバター味。ただし削り方が問題でして、あまり幅広ではイケナイ。薄く細くの「糸搔《いとが》き」でないと口中ごわごわして食べにくいし搔きたての鰹節でないと生臭い。そんな点でハードルは高いサンドイッチですが、これはいいところに目をつけたと思います。欧米風に言うならば「スモークツナサンド」ではないでしょうか。鰹節の製造過程でつく燻製臭がスモークチーズサンドやスモークハムサンドによく似ていて、これなら欧米人にも受けそうな味でした。

しかしこのレシピを見て、実際に自宅で鰹節を削ってサンドイッチにできる家は少なかったと思います。現代人は「昔の日本人の家ではみんな鰹節を削っていた」と思う人が多いようですが、鰹節削り器を自宅に持っていた人っていたって少なかったんです。鰹節削り器が最も普及したのは一九七〇年前後（昭和四十年代）だったようで、この雑誌が出版された三三年（昭和八年）頃では、鰹節削り器を持っていたのは都会に住むそこそこお金持ちのお宅だけだったようです。

しかも鰹節だって毎日使ったりはせず、正月料理などの祝いごとの料理を作るときにだけ引っ張り出して削るのが普通だったようですから、この「鰹節サンドウヰッチ」は言うなれば「幻の和風サンドウヰッチ」でありまして、これこそ「世界文化遺産」に登録できる日本の食べ物でありましょう。

テリヤキバーガーの先祖はもしかして

う〜む。「読み」が難しい。どう判断すればいいのでしょうか、このレシピ。「スキヤキに使った牛肉が余りましたら、ソースに一晩つけておきます」。ここなんですよう、ココ。「使った牛肉」と言ってるところから察すると、すき焼き鍋で一度加熱したものの食べ切れずに「余った」という見方もできますが、鍋に入れる前の「余った牛肉」ともとれますね。しかしこの先を読むと、「ソースに一晩つけておき、パンに挟む」とあります。ってことは一晩漬けておいた後で加熱することはないってことですから、これはやっぱりすき焼きの食べ残りと考えるのが妥当ではないでしょうか。

今日では世界に知られている「すき焼き」もこのレシピが書かれた一九三三年（昭和八年）段階ではほとんど知られていなかったでしょうから、当時このレシピを見た外国人は「イッタイドンナサンドイッチナンデスカァ?」だったでしょうね。

第1章に書きましたが、ここで使うすき焼きは野菜がたくさん入った煮汁が多いすき焼きではなく、ヘット（牛脂）＋牛肉＋砂糖＋醤油でジュッと焼くようにしたすき焼きのことでしょう。こうして甘辛く味を付けた牛肉を引き上げてウスターソースに一晩浸しておけば、「やや酸味の付いた甘辛い牛肉」になるのです。これをかたやバター塗りのパン、かたや練りがらし塗りのパンで挟むんですから、今日のニッポンで見かける「テリヤキバーガー」の牛肉版つゆだくバージョンってとこでしょう。で、実際に作ってみました。

メインとなる「牛肉」はできるだけ薄く切ることをおすすめいたします。また、適度に脂身があることも重要な点ですね。なにせ一晩中ウスターソースに漬け込んでおくわけですから肉がしまって、分厚いと硬くてかないませんし、赤身ばかりだとやはり硬いので「牛ばら肉」のような脂身の多いところがおすすめです。そしてソースから引き上げたら十分くらいはザルで汁切りをしてくださいまし。それでも、パンに挟むと肉から染み出てくるつゆやソースで勝手に「つゆだくサンド」になるんですから。

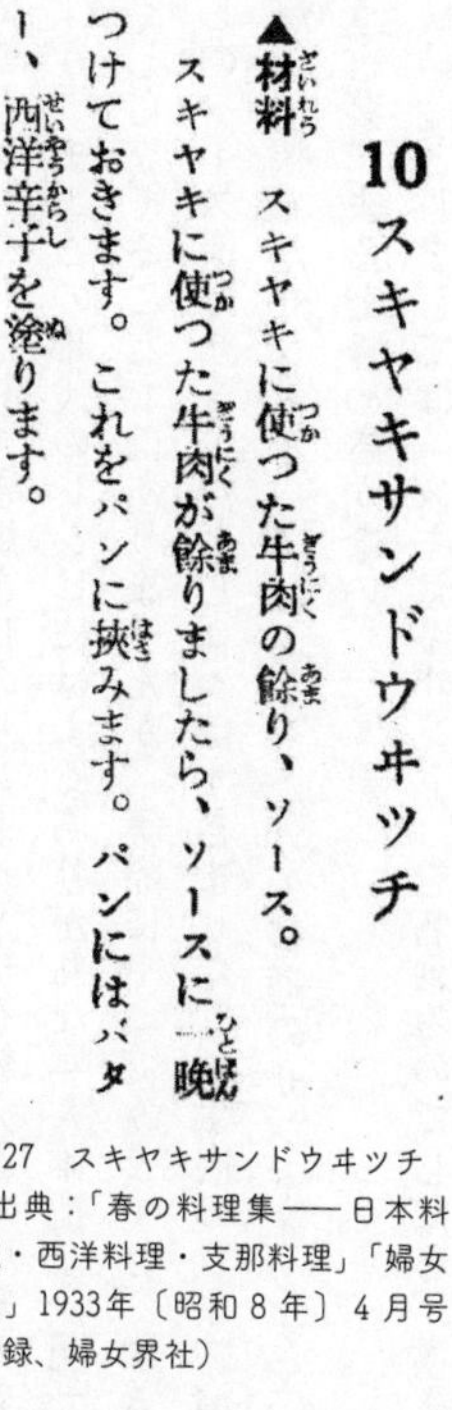
10 スキヤキサンドウヰッチ

▲材料《ざいれう》　スキヤキに使《つか》つた牛肉《ぎうにく》の餘《あま》り、ソース。

スキヤキに使《つか》つた牛肉《ぎうにく》が餘《あま》りましたら、ソースに一晩《ひとばん》つけておきます。これをパンに挟《はさ》みます。パンにはバター、西洋辛子《せいやうからし》を塗《ぬ》ります。

図27　スキヤキサンドウヰッチ
（出典：「春の料理集――日本料理・西洋料理・支那料理」「婦女界」1933年〔昭和8年〕4月号付録、婦女界社）

しかし何も「スキヤキサンド」と言わず、「ビーフサンド」でよかったんじゃないでしょか。わざわざ「スキヤキサンド」と表記するってことは、やっぱりすき焼き味のサンドイッチを紹介していると考えるのが普通でしょう。まぁこの時代のレシピにはよくありがちな「大雑把な表記」でありますから目くじら立てることではありませんが、実際にやってみますと、すき焼きにした食べ残しのソース漬けサンドだとしょっぱすぎましたし、生肉のソース漬けをフライパンで焼いて挟んだサンドイッチはありきたりの普通のサンドイッチで、「スキヤキ」という言葉によるときめきがない。

結論としましては「スキヤキサンド」を名乗るのでしたら、すき焼きの食べ残りを翌日いま一度温め直してパンに挟むのが最も「ときめく味」だったということです。

穴子サンド

これはどうでしょ。一九三四年(昭和九年)、大阪の評判の料理屋で人気だったサンドイッチです。穴子の照り焼き(ほぼ蒲焼きと同じ)をパンに挟み、そのネーミングも寿司から取って「博多おし」であります。自ら「日本料理四季の変わったサンド……」と悪びれもせずに言っておられるところを見ますと、「サンドイッチやらハイカラゆうても、あんさん、重ね寿司となんぼも違いはおまへんっ！　浪速の名物、穴子挟んだサンドはどないだっ」みたいなノリで作ったんでしょう。

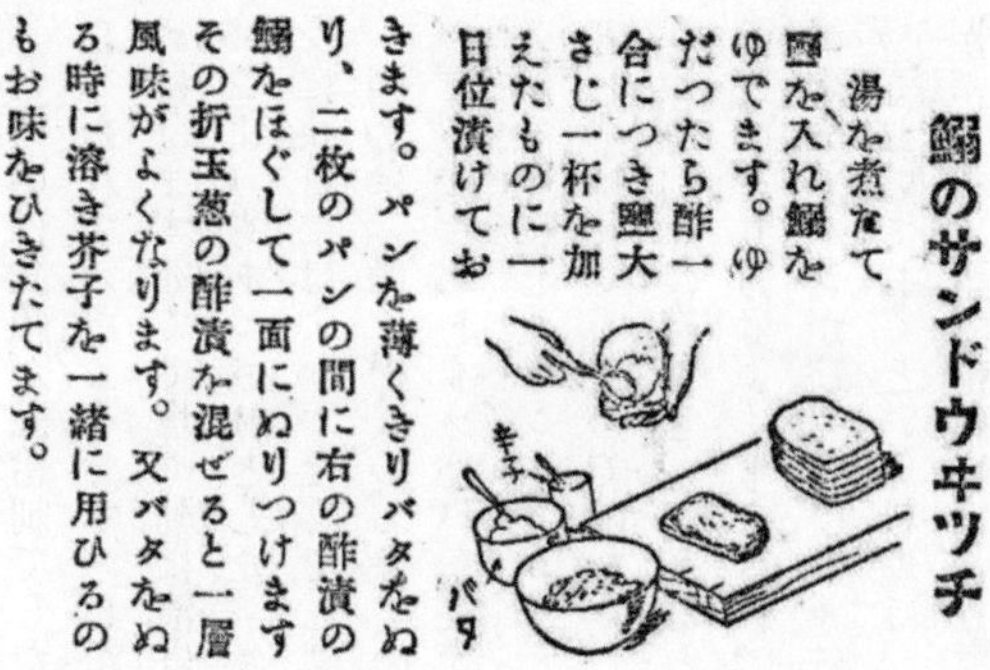
鰯のサンドウヰッチ

湯を煮たて塩を入れ鰯をゆでます。ゆだつたら酢一合につき塩大さじ一杯を加えたものに一日位漬けておきます。パンを薄くきりバタをぬり、二枚のパンの間に右の酢漬の鰯をほぐして一面にぬりつけますその折玉葱の酢漬を混ぜると一層風味がよくなります。又バタをぬる時に溶き芥子を一緒に用ひるのもお味をひきたてます。

図28　鰯のサンドウヰッチ
（出典：「家庭生活」1948年〔昭和23年〕10月号、太陽書院）

和風オープンサンドは海苔トースト

バターを塗ったパンの上に醤油を付けた焼き海苔を乗せたオープンサンドは戦前の東京では屋台などで売られていたようです。似たところでは薄切り牛肉に衣をまぶして油焼きにしたカツレツをパンに乗せるオープンサンドも売られていた模様ですが、これは高級品でありまして、庶民的なのは海苔トーストだったようです。ちなみにこの海苔トースト、いまでも都内で出している喫茶店があります。

このレシピ（図28）はサンドイッチというよりは、鰯料理のレシピの一部として掲載されておりました。塩茹でにした鰯を塩と酢に漬けておき、これをほぐしてタマネギの酢漬け、バターと一緒にパンに挟むサンドイッチです。

この頃は食糧が配給制でしたから、冷凍タラなどに交じって近海で獲れた鰯もよく食べられていたようです。しかし冷蔵庫なんざないもんですから、鰯を腐らせないためにはまず茹でて塩や酢に漬けておくのが一般的だったんです。これはオイルサーディンよりもあっさりとした「サーディンペースト」になりまして、生臭くないからパンに挟むにはよかったんでしょう。

図29は「働く婦人のお弁当の工夫」という特集ページでした。

ここにサンドイッチが三点ほど紹介されていましたが、そのなかの一つが「大根と人参を主にしたサンドイッチ」であります。これは完成させたサンドイッチをお弁当として持っていくのではなく、バターを塗ったパンと塩をまぶした薄切り大根やニンジンを別々に持参し、食べるときに挟むといったものだったようです。

このやり方はよく考えられておりますね。最初からパンに挟んでおきますと、野菜の水分でパンがびちゃびちゃになってしまいますもんね。この大根の薄切りに塩を振っておいておくという料理は、ドイツ料理「泪大根」そのものずばりではありませんか。ドイツ語で正確にはどう言うのか知りませんが、日本的に言うならば「浅漬けサンド」でしょね。

味噌に砂糖を混ぜ、胡麻や柚子を加えたものをかつては「味噌バター」と呼んでい

大根と人参を主にしたサンドイッチ

大根と人参は、よく洗つてから、できるだけうすくたんざくに切つて塩をばらつとふつておきます。パンは一センチくらいの厚みに切り、好きなだけの量。（サンドイッチのパンは、普通、ごくうす切りにしますが、あまりうすく切るのは、パンの味わいをなくしてしまいます）切つたパンは片面にバターをぬり、チーズのかたくなつた部分をおろし金で粉にし、バターをぬつた上にふりかけるようにまぶしておきます。チーズがやわらかければ、ごくうす切にしてそのままのせます。バターのついている面を合せ、ちよつとチーズサンドイッチのようにみえますが、これで、ふちをおとして好みの形に切り、紙に包みます。大根と人参は、軽く水気を切り、水気のでないようにそのままセロハン紙か、ビニールで別につつみ、チーズをはさんだパンといつしよにもつてゆきます。おひるにこの大根と人参を、パンの間に、たつぷりとはさんで食べます。

エッグサンドイッチ

パンの切り方は前と同様です。卵はかたゆでにして皮をむき、ボールかお茶碗の中でスプーンでつぶします。バターはパンにぬらず、卵が熱いうちに、卵といつしよにまぜ合せます。量は卵二コならバター小さじ一杯くらい。これに、びんづめのマヨネーズがあつたら大さじ一杯、粉にしたチーズも入れるとなおおいしくなります。マヨネーズで味がつくので、塩をかげんして味つけします。コショウも好みで入れます。これをパンにはさみ形よく切りそろえてつつみます。このサンドイッチは、澱粉、蛋白質、脂肪の栄養分が多いので、ぜひ、野菜かくだものを合せてたべて下さい。レタスでも上にのせてたべれば結構ですが、さもなければ、リンゴかミカンを一コ、包みの中に入れておきましよう。ちよつとピクニックのおべんとうのようで、たのしいものです。

チーズサンドイッチ

これはパンとチーズだけ。オフィスで電熱器でも使える方は、ぜひためしてみて下さい。チーズを少し厚めに切つてパンにはさみ、食べるとき、サンドイッチの両面をこんがりと焼くのです。はさんだチーズが、熱でとけて、やわらかくなり、香ばしいにおいが食慾をそそります。これは、ふちもそのままで結構です。

あるいは、ママレードと、刻みチーズをまぜてはさんだサンドイッチも、なかなかおいしいものです。ただしこの二種類のチーズサンドイッチも、何か野菜かくだものを、つけ合せに入れることを忘れないように。

以上、ここにあげたサンドイッチは、少しぜいたくなものですが、栄養の点でも、味の点でも確信をもつていいものです。殊に、おべんとうにパンは、ぱさぱさするので嫌いな人が多いようですが、これならば、舌ざわりもたいへん結構です。芝居や音楽会の幕間で、恋人やお友達にすすめても、きつと好評を得るでしょう。

図29　「婦人画報」1952年（昭和27年）11月号、婦人画報社

農村向サンド
森本喜代

ごく手近にある材料で、いろいろ工夫して栄養豊富なペーストを作り、おいしいサンドイッチを作りましょう。保存がきくので、農繁期などには最適。

柚子味噌ペースト

④甘味噌三十五匁に砂糖大さじ三杯と少量の水を加え、前と同様に練り、おろしてから柚子（夏蜜柑、レモンでもよい）の皮のおろしたのを適宜混ぜ合せます。

胡麻味噌ペースト

⑤味噌五十匁に、大さじ五杯ずつの擂胡麻と砂糖と少量の水を加えて弱火にかけ、ねっとり練り上げます。

梅干ジャム

①②梅干は裏漉にかけるか、擂鉢ですり、同分量ずつのおろし人参と砂糖を加えて火にかけ、水気がなくなるまで練り混ぜます。甘酸っぱい味がまた格別。

（100）

（出典：「お寿司とサンドイッチ」「主婦の友」1955年〔昭和30年〕５月号付録、主婦の友社）

ましたが、戦後十年たった一九五五年（昭和三十年）になると「味噌ペースト」と呼ぶようになるんですね。今日でも梅の産地に行きますと「梅ジャム」が必ずありますが、それは梅干しにする前の梅で作ったジャムでして、ここ（図30）に掲載されているような梅干しで作ったジャムではありません。

　また、レバーや卵でペーストを作るのは今日では珍しくありませんが、「煮干し粉」とか「沢庵」でペースト……っていうのはなかなか見られるものではありません。納豆ペーストは今日でも健康志向の方がよくや

図30　農村向サンド
バターがなければ味噌を使う……これが日本人の普通の考え方だったんだ。大豆タンパク？　低脂肪？　現代日本人御用達サンドイッチみたいですね。

っているようですね。

このように和食の食材をサンドイッチの具材としてパンに挟むニッポン人ですから、次のようなサンドイッチも登場するのです（図31、32）。

はんぺんを茹でて練りウニをバターがわりに塗ったパンに挟むサンドイッチは、今日の外国人にも好まれるような食感と味だと思います。フンワリしているし、練りウニはそう生臭くもなくて食べやすいのです。

しかしっ！　マグロサンドとなると、ちょいとビックリしようではありませんかっ。サンドイッチの常道であるマスタード

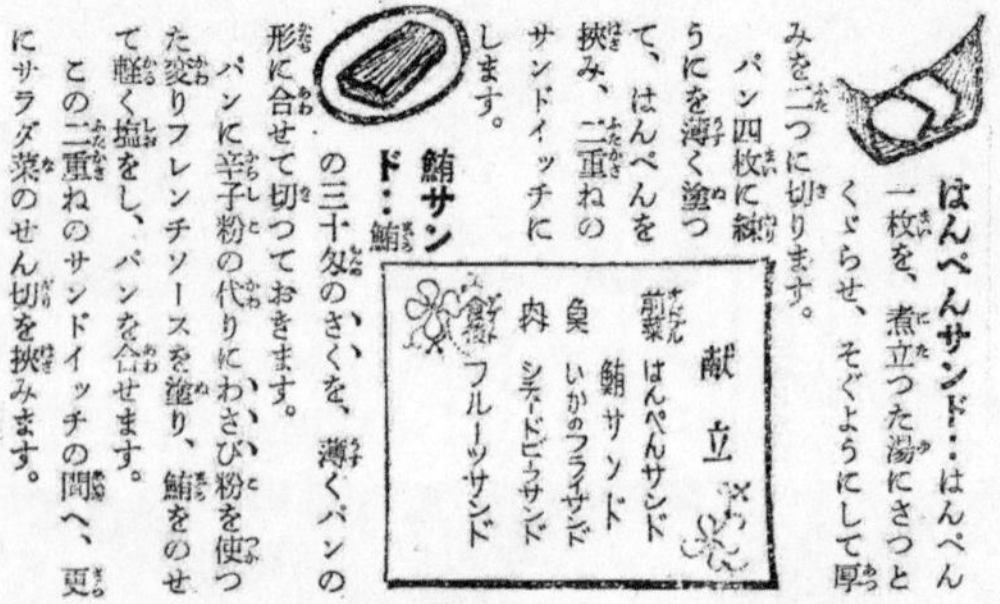

はんぺんサンド‥はんぺん一枚《まい》を、煮《に》立《た》つた湯《ゆ》にさつとくゞらせ、そぐようにして厚《あつ》みを二《ふた》つに切《き》ります。

パン四枚《まい》に練《ね》りうにを薄《うす》く塗《ぬ》つて、はんぺんを挾《はさ》み、二重《ふたかさ》ねのサンドイッチにします。

献立

前菜《オードブル》　はんぺんサンド
魚　鮪サンド
肉　いかのフライサンド
　　シチュードビーフサンド
食後《デザート》　フルーツサンド

鮪サンド‥鮪《まぐろ》の三十匁《もんめ》のさくを、薄《うす》くパンの形《かたち》に合《あわ》せて切《き》つておきます。

パンに辛子《からし》粉《こ》の代《かわ》りにわさび粉《こ》を使《つか》つた変《かわ》りフレンチソースを塗《ぬ》り、鮪《まぐろ》をのせて軽《かる》く塩《しお》をし、パンを合《あわ》せます。

この二重《ふたかさ》ねのサンドイッチの間《あいだ》へ、更《さら》にサラダ菜《な》のせん切《ぎり》を挾《はさ》みます。

図31　はんぺんサンド
（出典：「お寿司とサンドイッチ」「主婦の友」1955年〔昭和30年〕5月号付録、主婦の友社）

わさびペーストサンド

わさびペーストサンド

わさびペーストサンド
ウインナのクラッカー揚げ
せん切りキャベツ
トマト

ひき肉とわさび漬けの名コンビ？で、日ものよいペーストを作りました。ごはん党のだんなさまにも受けそうな味です。

わさびペーストサンド　豚ひき肉50gを油でよくいため、そこにわさび漬け25g（ひき肉の1/2量）を入れてさらによく火を通す。味をみて、不足なら塩で補う。バターロールに横に包丁を入れてバターをぬり、わさびペーストをぬる。

ウインナのクラッカー揚げ　ウインナソーセージ五本に切り目を入れ、小麦粉、とき卵の順にまぶし、クラッカー二、三枚をこまかく砕いたものをつけて揚げる。

（以上　森山喜恵子）

図32　わさびペーストサンド
（出典：「毎日役立つ材料別おかず百科」「主婦の友」1968年〔昭和43年〕6月号付録、主婦の友社）

これがわさび漬けでなくわさびと挽き肉を使うのでしたら「挽き肉のホースラディッシュ炒め」サンドですが、わさび漬けを使うところが和風ですね。似たようなところでは「奈良漬サンド」というのもありまして、こちらはカナッペによく合います。

（辛子）の代わりに粉わさびを使った「わさびフレンチソース」を使うなんざ、もうサンドイッチなのか握り寿司なのかワカリマセン。「和食とは何ぞや」「日本食の定義って……?」みたいな食文化論をせせら笑っているようではありませんかぁ。

このような寿司ともサンドイッチともわかりかねるようなサンドイッチを紹介していたのは、主婦向け雑誌だけだと思っていてはイケマセン。戦後の生活雑誌をリードしてきた硬派の雑誌「暮しの手帖」（暮しの手帖社）でもこのような和風サンドイッチを特集していたのでした。

「暮しの手帖」は一九五九年（昭和三十四年）の第四十九号でドーンと特集を組んでいたのです。タイトルは「さかなのサンドイッチ」となっておりました。

ここで紹介されているサンドイッチは、「イカのサンドイッチ」「イカとキュウリのマヨネーズあえ」「イカのウニあえ」「しめサバとキュウリ」「のりマグロ」など。二十四種類のさかなサンドイッチの作り方を事細かく掲載しております。基本的には「ご飯のおかずにしておいしい魚ならパンにもよく合うのだ」というスタンスですね。まさに「おっしゃるとおり」でありまして、ここまで日本の食文化に同化したら日本のサンドイッチはもう和食でありましょう。

その後の料理本には完全に和食と化したサンドイッチが次々に紹介されていくのです。

(菜の花サンド)

ご飯のおかずにしかならないと思っているものでも、案外パンに合うものです。ゲテモノ趣味だなんていわず、なんでも一度ためしてみることです。新しい味が発見できます。香りのよいほうじ茶がぴったり。

菜の花サンド

いかにも春らしい色どりと味です。菜の花の塩漬を、マヨネーズ少々であえておく。パンに辛子バターをぬり、ハムの薄切と菜の花をはさむ。

(井上鶴子)

はんぺんサンド(165頁 a)

パンに練うにをぬり、さっと湯をくぐらせたはんぺんをはさむ。このまま食べよい大きさに切り分けてもよいが、セロファン紙かパラフィン紙に包んでさっと揚げてトースト状にすると、一そう味がよい。

黒パンですると、切口がきれい。

ちくわときゅうりのサンド

焼ちくわを熱湯にくぐらせてから縦二つ割にし、小口から薄切に。きゅうりも薄切にして、軽く塩をふる。

わさび漬をぬったパンにはさむ。一枚をわさび漬、片方はマヨネーズをぬったのではさむと、一そう味が複雑。

のりロール

耳を落したパンに練うにを薄くぬり、さっとあぶってのりをおいて、小口から巻く。楊枝で止めて、二つか三つに切る。洋酒のおつまみ向き。

ゆばロール(165頁 b)

味噌に同量くらいの砂糖を加えて、甘めの練味噌を作り、刻んだ木の芽少々をまぜる。

ゆばを水につけてもどし、破らないようにひろげて水気をふきとる。

パンの耳を切って、木の芽味噌をぬり、ロールに巻いて、その上をゆばで巻き、楊枝で止めて、ゆばが揚る程度に軽く揚げる。

楊枝をはずして、適当に切り分ける。

いかカツサンド(165頁 c)

いかに限らず、魚のフライならなんでも合う。いかの胴を開いて、皮をむき、パンの大きさにそろえて切る。両面に浅く庖丁目を入れ、水気をよくふきとって、小麦粉、とき玉子、パン粉をつけて揚げる。

ケチャップ、ウスターソース半々に合わせたものをつけてはさむ。

お弁当向きには、ケチャップを控えめにしたほうがおいしい。

いかゲソサンド(165頁 d)

余った足は、ゆでて刻み、固めのホワイトソースであえる。

いためたみじん切玉ねぎと、ゆでたにんじん、グリンピース、さやえんどうなど、ありあわせの野菜を色どりにまぜる。

中が白いので、黒パンがきれい。

まぐろサンド(165頁 e)

おさしみこそ絶対ご飯のものとお思いでしょうが…… はじめて食べた人が、だれもアッとおどろく逸品《いっぴん》です。

マヨネーズにといた粉わさびをまぜ、わさびマヨネーズを作る。

さしみ用のまぐろ(切りくずでもよい)を1セン角に切り、ごく軽く塩をあて、きゅうりの薄切をいっしょにわさびマヨネーズであえ、パンにはさむ。

きゅうりの代りに大根、うどでもよい。作りたてを食べること。

または、まぐろをさしみのように切り、わさびを入れたフレンチソースに軽くつけたのをはさんでもよい。

たらこサンド(165頁 f)

たらこの皮をとってほぐし、約倍量のマッシュポテトとまぜ合わせる。

みじん切さらし玉ねぎ、パセリ、木の芽など加える。

さらにうど、大根の薄切やせん切をまぜても、シャキッとした歯ごたえがあってよい。

マッシュポテトは、インスタントのものを使うと簡単。

(以上 貴邑富士太郎)

図33 和風サンド
(出典:「家庭の西洋料理」「主婦の友」1961年〔昭和36年〕4月号付録、主婦の友社)

こうして日本のサンドイッチの歴史を見てきますと、日本人って初めてサンドイッチに出合ったときから「おにぎりや寿司みたいなものじゃな」と思っていたのではないでしょうか。一九四〇年（昭和十五年）頃の料理本には大阪寿司（押し寿司）のことを「サンドすし」とか「サンド・ライス」などと表記してるんですね。

寿司とサンドイッチ

時は一九六〇年（昭和三十五年）、安保ハンターイやローマオリンピックでざわざわしていたニッポンのまん真ん中、東京は秋葉原駅すぐ近くの万世橋、「肉の万世」が設置したのが「寿司とサンドイッチの自動販売機」でありました。「車を止めて三秒で買えます」の「洋食ずし」、「朝でも夜でも手軽に買えます」かつサンド、ともに百円でした。

「肉の万世」と言えば今日でも名物は「かつサンド」と言われるくらいサンドイッチを売り物にしてきた店ですから、自動販売機でサンドイッチを販売するような先見の明があってもぜんぜんおかしくはありません――が、そのサンドイッチ自動販売機に「洋食ずし」が同居しているというのは何なんでしょうね。

まぁサンドイッチも江戸前寿司もせっかちな人が時間をかけずにご飯を食べたい！

パンは三分《ぶ》くらゐの厚《あつ》みに切《き》り、一枚《まい》を四つに切《き》つて、更《さら》に厚《あつ》みへ深《ふか》く切目《きりめ》を入《い》れ、間《あひだ》へたつぷり鮭《さけ》を挟《はさ》んで、熱《ねつ》した油《あぶら》に入《い》れ、狐色《きつねいろ》にからつと揚《あ》げます。

温《あたゝ》いところが御馳走《ごちそう》ですから、揚《あ》げたてをおすゝめしませう。(黒田《くろだ》かほる氏《し》)

◈サンドずし

油揚《あぶらげ》とか、ひじき、い、い、昆布《こぶ》、海苔《のり》、玉子《たまご》、奈良漬《ならづけ》などで御飯《ごはん》を挟《はさ》んでサンドヰッチに作《つく》つたおすしですが、三角《かく》に切《き》つたり、四角《かく》に切《き》つて盛《も》りますと、ちよつとつまんで食《た》べられてとても好評《かうひやう》です。

私共《わたしども》では胚芽米《はいがまい》を、朝炊《あさた》くなら前《まへ》の晩早《ばんはや》くに淅いで水《みづ》に浸《つ》けておき、これを普通《ふつう》の御飯《ごはん》と同《おな》じ水加減《みづかげん》で炊《た》き、蒸《む》す時間《じかん》だけを普通《ふつう》の御飯《ごはん》の二倍《ばい》にしてをりますが、大《たい》へんふつくりといゝすし飯《めし》になりますから、熱《あつ》いうちにお酢《す》と合《あは》せます。

次《つぎ》にい、い、ひじきを茹《ゆ》でゝからみい、い、ぢん切《ぎり》にして甘鹹《あまから》く煮上《にあ》げ、油揚《あぶらげ》も同様《どうやう》に細《こま》かく切《き》つて煮《に》ておき、紅生姜《べにしやうが》もみい、い、ぢん切《ぎり》にして、この三品《しな》を御飯《ごはん》に混《ま》ぜ合《あは》せます。

他《ほか》にとつておいた油揚《あぶらげ》はそのまゝ熱湯《ねつたう》をかけて油脱《あぶらぬ》きしてから、醤油《しやうゆ》と味醂《みりん》を半々《はんはん》に合《あは》せたたれにちよつと浸《つ》けて弱火《よわび》で少《すこ》し焦目《こげめ》がつくくらゐに焼《や》きます。

樫枠《かしわく》を酢《す》で拭《ふ》き、最初《さいしよ》に焼《や》いた油揚《あぶらげ》を敷《し》き、その上《うへ》に二分厚《ぶあつ》みに具《ぐ》を混《ま》ぜた御飯《ごはん》をのせて、油揚《あぶらげ》を重《かさ》ね、ぎゆつと壓《お》し抜《ぬ》いて三角《かく》に切《き》ります。これは油揚《あぶらげ》の香《かを》しいお味《あぢ》で大《たい》そう美味《おい》しく頂《いたゞ》けます。

昆布《こぶ》なら煮出汁《だし》をとつたあとのを利用《りよう》なさつて結構《けつこう》です。醤油《しやうゆ》と砂糖《さたう》、味醂《みりん》にお酢《す》をちよつと落《おと》した汁《しる》で煮《に》て、油揚《あぶらげ》と同《おな》じやうに枠《わく》に敷《し》いて御飯《ごはん》を挟《はさ》みます。

玉子《たまご》は薄焼《うすやき》にしたもの、海苔《のり》はそのまゝ、焼海苔《やきのり》なら隙間《すきま》なく敷《し》きます。また奈良漬《ならづけ》を薄《うす》く大《おほ》きく切《き》つて使《つか》つたのもさつぱりしてをります。

少《すこ》し上等《じやうとう》になりますが、鶏肉《とり》を大《おほ》き目《め》に薄《うす》くそぎ身《み》にして塩《しほ》を振《ふ》り、バタでちよつと炒《いた》め、青豆《グリンピース》だけをさつと炒《いた》めて混《ま》ぜた御飯《ごはん》を挟《はさ》んだのは、外人《ぐわいじん》に大《たい》そう喜《よろこ》ばれました。(岡見《をかみ》道子《みちこ》氏《し》)

図34　サンドずし
(出典:「おすしとサンドヰッチの作方集」「主婦之友」1940年〔昭和15年〕3月号付録、主婦之友社)
ややこしい。甘辛く煮付けた油揚げとひじきを混ぜた寿司飯の上下を煮付けた油揚げで挟んだものです。要するに、ご飯はサンドイッチの「具」であったんでした。このほかに「市松サンドヰッチ」とか「納豆法蓮草サンド」など、寿司かサンドかわからんものが多かったです。

という願いで考案されたもののようですから、共通点はあって当然でありましょう。ご飯やパンという「主食」と、刺身やハムなどの「おかず」とをあらかじめ重ねるか挟むかしておいて、片手で手早く食べることができるわけですね。

明治以降にサンドイッチというものを知った日本人が「西洋の握り寿司みたいなもんじゃん」と思ったっておかしくはありますまい。異国の食文化をほぼ抵抗なく取り入れることが得意な日本人ですから、欧米人が作るサンドイッチを見て「握りの寿司種をサンドイッチに使ったっていいんじゃないの？」くらいは考えたことでしょう。

つまり、日本人にとって寿司とサンドイッチはほぼ同じカテゴリーの食べ物だったのでしょう。だからこのような「洋食ずし」や和風サンドイッチが生まれたのでしょう。

肉の万世では一九五四年（昭和二十九年）にこの「洋食ずし」を発売していますが、「洋食ずし」や和風サンドイッチは戦前からあったのでした。今日の「カリフォルニア・ロール」とか牛肉の握りとかも、そのルーツは昭和初期にあったんですの。それらの資料をちらりと見ていってみましょかね。

ニッポンジンにとってサンドイッチとは数ある寿司、おにぎりのなかの一種類である。土台となるものがご飯なのか？　パンなのか？　の違いだけなのではないでしょうか。でんぷん質の寿司飯の上に動物性タンパク質である生魚を乗せたのが「江戸前

サンドライス

上下《うえした》を具《ぐ》入《い》りの厚焼玉子《あつやきたまご》で挟《はさ》んだ、若《わか》い人好《ひとごの》みのサンドライス。スポンジケーキ型《がた》を利用《りよう》して、六〜八人前《にんまえ》をいつしよに太鼓《たいこ》のような形《かたち》に作《つく》り、ナイフとフォークで切《き》り分《わ》けながらいたゞく新形式《しんけいしき》のもの。間《あいだ》に挟《はさ》むライスは、混《ま》ぜ御飯《ごはん》、ピラフ、炒飯《チャーハン》、五目《もく》ずしなど何《なん》でも結構《けっこう》です。

具《ぐ》入《い》り厚焼玉子《あつやきたまご》は、まず蟹《かに》、貝柱《かいばしら》などの罐詰《かんづめ》一箇《こ》を、とり出《だ》して細《こま》かくほぐしておき、一方《ぽう》ボールに玉子《たまご》六箇《こ》を割《わ》り入《い》れてよく打《う》つた中《なか》へ、汁《しる》ごと入《い》れ、青《あお》みを少々《しょうしょう》加《くわ》え、塩味《しおあじ》をつけたのち、小麦粉《こむぎこ》大《おお》さじ二杯《はい》をふり入《い》れてどろ〳〵にときのばします。

これを用意《ようい》のスポンジケーキ型《がた》（薄《うす》く油《あぶら》をひいて弱火《よわび》にかけておく）で、二回《かい》に分《わ》けて厚《あつ》く焼《や》きあげます。

具《ぐ》の挟《はさ》み方《かた》は、押《お》しずしの要領《ようりょう》で、まずケーキ型《がた》の底《そこ》に玉子焼《たまごやき》をしき、次《つぎ》に御飯《ごはん》をつめ、最後《さいご》にもう一枚《まい》の玉子焼《たまごやき》をのせたら、ぎゆつと押《お》しつけて形《かたち》を整《ととの》え、ぽんと抜《ぬ》きます。好《この》みでは、廻《まわ》りに青海苔《あおのり》などをふりつけたのち、レタスをしいた大皿《おおざら》に盛《も》りつけます。（松平直子《まつだいらなおこ》）

図35　サンドライス
（出典：「お惣菜料理集」「主婦之友」1952年〔昭和27年〕1月号付録、主婦之友社）
ナイフとフォークで切り分けて食べるんですと。厚焼き玉子というよりは甘くなくふんわりしていないホットケーキをパンの代わりにして味付きご飯を挟んだものですから、これもご飯は「具」だったんです。ちなみに普通の食パンでは洋食用ナイフでは切れません。

握り寿司」であり、でんぷん質のパン（バンズ）の上に動物性タンパク質である肉パテ（ハンバーグ）を乗せたのがオープンサンド（ハンバーガー）なのだ。だからもともとご飯の上に乗せて寿司にしていた「寿司種」の生魚をサンドイッチに流用することにも躊躇はなかったのでしょう。逆に、本来サンドイッチにしか使われていなかった食材も寿司に流用するようになり、それを目先が変わった「新メニュー」として売り出したのが「西洋ずし」とかライスサンドなんぞだったんですね。

和風のサンドイッチとか西洋ずしとかオープンサンドとかを見ているともう寿司とサンドイッチの垣根というものが完全に崩壊しているようです。西洋ずしの寿司飯を作るときにケチャップで味付けをする……なんざ頑固者の寿司屋の親方に殴られそうでしょ。そのケチャップ寿司飯と普通の寿司飯でもって「紅白寿司飯」を作り、赤い寿司飯の上にはマヨネーズを塗って蓮根を乗せる。白い寿司飯の上にはハムやチーズ、イチゴまで乗せてます。これになりますと「オープンサンド型西洋ずしショートケーキ風」とでも申しましょうか……。「江戸前寿司ってんだったらまずはこはだを食べてくんなっ」、塩と酢で締めたこはだを握ってもらえばその寿司職人の仕事がわかる……などと言われています。その江戸前寿司のこころ？　みたいな存在であるこはだでさえニッポンジンはサンドイッチの具にしちゃうんですね。広げた湯葉や海苔でパンをクルッと巻いた湯葉ロール、海苔ロールなどという変形サンドイッチももとはと言えば巻き寿司でしょう。図36にあるパンと寿司の「具の飾り方」イラストを見ますと、どっちがパンでどっちが寿司なのかわかりませんね。

よく「寿司は日本食を代表する食べ物だ」と言われますが、それが本当なら日本食って非常にインターナショナルなグローバルなよその食文化を受け入れて同化する懐の深～いものなんでしょうね。寿司を食べたくても米不足で寿司飯の調達に困っていた時代には進駐軍が持ってきたアメリカ産小麦粉で焼いたパンを使って寿司みたいなサンドずしを作って食べていた日本人。敗戦のショックから立ち直れずに焼け野原で「りんごの唄」を聴いてうなだれる人がいるなかでパンずしなんぞを作って家族を養っていたのも日本人。食を賄う人の生活力・生命力って果てしないものなんですね、粛々と……。

口絵色刷頁に発表の料理の作り方

西洋ずしとオープンサンド

（281頁参照）

季節《きせつ》の香りも豊かに、華やかな盛合せ。

和風《わふう》の材料をとり入れて、すし飯にもパンにも合う共通の具《ぐ》を使い、洋風の味を出しました。

おすし、パン、それぞれ好《この》みのものがいたゞけて、しかも材料が同じですから、作る方も手数《てすう》がかゝりません。ちよつとしたお集《あつま》りなどにも、楽しい趣向です。

具

必《かなら》ずこれでなくてはというものではなく、季節《きせつ》のものをふんだんに使つていたゞきたいのですが、こゝでは次《つぎ》のようなものを揃えました。

材料と下拵え

こはだ…マリネ（酢漬《すづけ》）にします。すし用には、頭を落し、腸《わた》を出したら三枚におろしますが、オープンサンド用には、腹開《はらびら》きにして骨をとります。

塩をしてしばらくおき、塩がなじんだところで薄塩水《うすしおみず》でさつと洗い、玉葱《たまねぎ》の薄い輪切をのせて、フレンチソースにつけます。二三時間もすれば味がなじみます。

小鯵《こあじ》などでもよいのですが、このときには、ぜいごをとつてから使います。

（こつ）

○塩をしたら、充分《じゆうぶん》なじませること。これが足りないと、色も味もよく上《あが》りません。

蓮根…なるべく節《ふし》の太いものを選んで、薄く小口切《こぐちぎり》にしたら酢水に放《はな》ち、別にやゝ濃いめの酢水を煮立てゝさつと茹《ゆ》で上《あ》げ、フレンチソースにつけます。

ハム…できれば角《かく》ハムを使うのが形もよく、無駄《むだ》もありません。パン用には三角に、すし用には縦《たて》二つ切に。

胡瓜…すし、パンそれぞれの長《なが》さに合せて切つたら縦に薄切にし、塩をぱらっとあてゝおきます。

チーズ…小口から薄切に。のせる苺《いちご》は、なるべく福羽《ふくば》のような細長いものを二つ切にした方が、落着きも恰好《かつこう》もよろしいでしょう。苺のがくをとり、薄塩水で洗つてから使います。

（こつ）

○チーズを切るとき、庖丁《ほうちよう》はよく温めて使うときれいに切れます。

応用　★筍《たけのこ》を使うときは茹でたのを薄《うす》く切り、フレンチソースにつけるか、マヨネーズを塗つた上にのせます。

★トマトは輪切《わぎり》にしてマヨネーズを塗つた上に。

西《せい》洋《よう》ずし

すし飯の作り方

五人前で、米五合を一割増《まし》の水加減でぱらっと炊《た》き上げたら、盤台《ばんだい》かお櫃《ひつ》の蓋などに、こんもりとあけます。

（合せ酢のかけ方）

別に酢《す》六勺、砂糖、塩各大さじ一杯の割によく混《ま》ぜ合せた合せ酢を、図《ず》のように、しやもじで受けながら廻しかけ、御飯の熱《あつ》いうちに、あおぎ冷ましながら混ぜ合せてゆきます。しやきっとした、すし飯特有《とくゆう》のてりを出させるのが上々。

この半分《はんぶん》をとり分け、トマトケチャップ大さじ三杯を混ぜて、赤《あか》白《しろ》二色のすし飯を用意します。

大阪ずし用の押枠《おしわく》（弁当箱に濡《ぬれ》布巾《ふきん》を敷いて、代用してもよい）を酢水でしめし、まず、白いすし飯を、拳大《こぶしだい》ほどの量を詰めて平に押し、青味に塩茹の莢《さや》えんどうかほうれん草などを一面に敷き並べたら、上に、白《しろ》と同量の赤いすし飯をのせて、ぴつちり押します。枠《わく》をはずし、酢水で浸《ひた》した庖丁で、三つに切り分けます。

（こつ）

○すし飯は、手早《てばや》くあおぎ冷ましながら合《あわ》せ酢《ず》をかけ、しやもじで切るような気持でさつくり合せると、てりが出《で》ます。

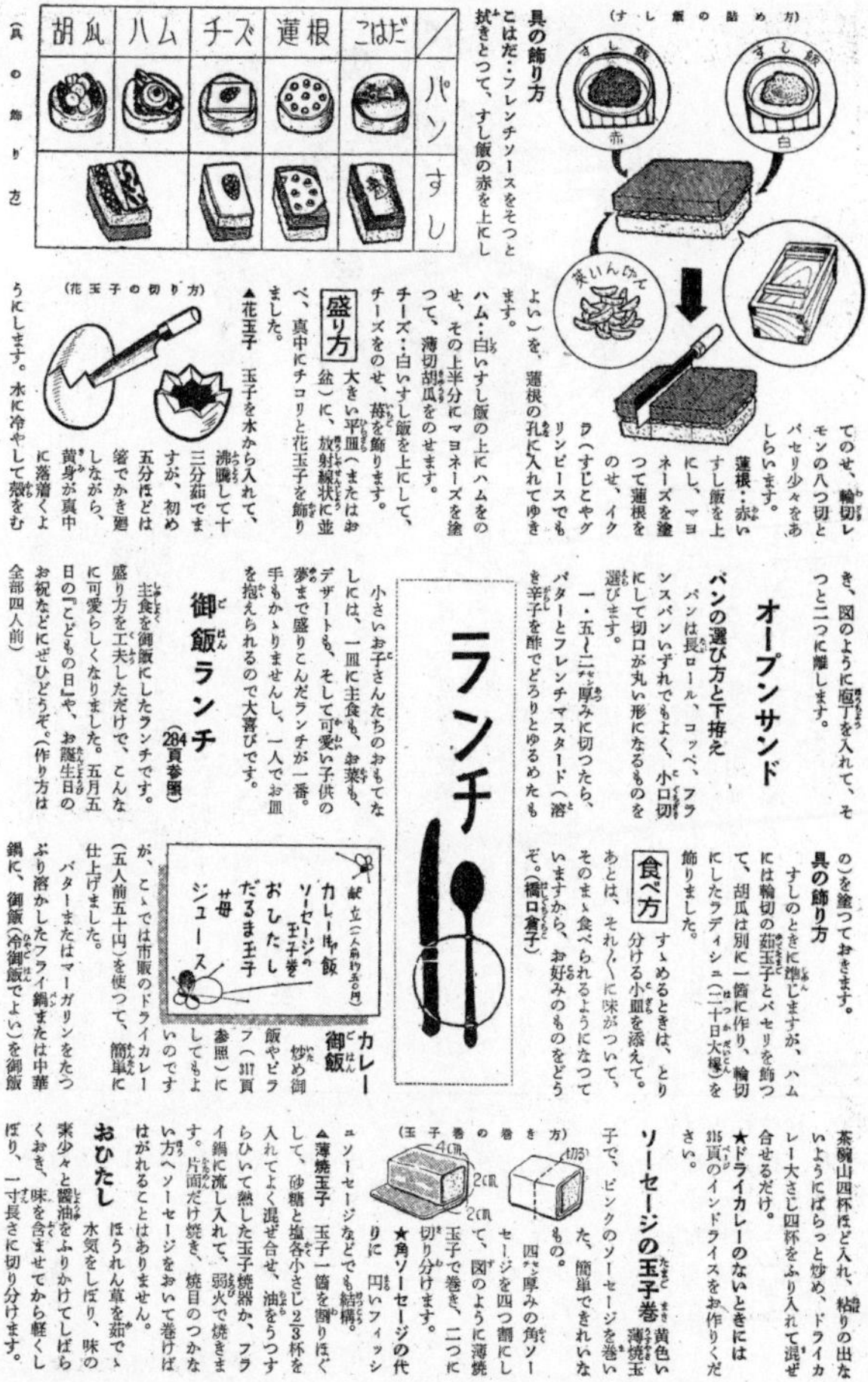

(すし飯の詰め方)

すし飯 赤

すし飯 白

莢いんげん

具の飾り方

こはだ‥フレンチソースをそつと拭《ふ》きとつて、すし飯の赤を上にしてのせ、輪切《わぎり》レモンの八つ切とパセリ少々をあしらいます。

蓮根‥赤《あか》いすし飯を上にし、マヨネーズを塗つて蓮根をのせ、イクラ(すじこやグリンピースでもよい)を、蓮根の孔《あな》に入れてゆきます。

ハム‥白《しろ》いすし飯の上にハムをのせ、その上半分にマヨネーズを塗つて、薄切胡瓜《きゅうり》をのせます。

チーズ‥白いすし飯を上にして、チーズをのせ、苺《いちご》を飾ります。

	胡瓜	ハム	チーズ	蓮根	こはだ
パン					
すし					

(具の飾り方)

盛り方 大きい平皿《ひらざら》(またはお盆)に、放射線状《ほうしゃせんじょう》に並《なら》べ、真中にチコリと花玉子を飾りました。

▲**花玉子** 玉子を水から入れて、沸騰《ふっとう》して十三分茹でますが、初め五分ほどは縮でかき廻しながら、黄身《きみ》が真中に落着くようにします。水に冷やして殻《から》をむき、図のように庖丁《ほうちょう》を入れて、そつと二つに離します。

(花玉子の切り方)

オープンサンド

パンの選び方と下拵え

パンは長《なが》ロール、コッペ、フランスパンいずれでもよく、小口切《こぐちぎり》にして切口が丸い形になるものを選《えら》びます。

一・五〜二センチ厚《あつ》みに切つたら、バターとフレンチマスタード(溶《と》き辛子《からし》を酢でどろりとゆるめたもの)を塗つておきます。

具の飾り方

すしのときに準《じゅん》じますが、ハムには輪切の茹玉子《ゆでたまご》とパセリを飾つて、胡瓜は別に一箇に作り、輪切にしたラディシュ(二十日大根《はつかだいこん》)を飾りました。

食べ方 すゝめるときは、とり分ける小皿《こざら》を添えて。あとは、それ〲に味がついていますから、そのまゝ食べられるようになつていますから、お好《この》みのものをどうぞ。(橋口倉子《はしぐちくらこ》)

ランチ

小さいお子《こ》さんたちのおもてなしには、一皿に主食も、お菜《かず》も、デザートも、そして可愛《かわい》い子供の夢《ゆめ》まで盛りこんだランチが一番。手もかゝりませんし、一人でお皿を抱《かか》えられるので大喜びです。

御《ご》飯《はん》ランチ (284頁参照)

主食《しゅしょく》を御飯にしたランチです。盛り方を工夫《くふう》しただけで、こんなに可愛らしくなりました。五月五日の『こどもの日』や、お誕生日《たんじょうび》のお祝などにぜひどうぞ。(作り方は全部四人前)

献立(一人前約五〇円)
カレー御飯
ソーセージの玉子巻
おひたし
だるま玉子
苺
ジュース

カレー御《ご》飯《はん》

炒《いた》め御飯やピラフ(317頁参照)にしてもよいのですが、こゝでは市販のドライカレー(五人前五十円)を使つて、簡単《かんたん》に仕上げました。

バターまたはマーガリンをたつぷり溶かしたフライ鍋《パン》または中華鍋に、御飯(冷御飯《ひやごはん》でよい)を御飯茶碗山四杯ほど入れ、粘《ねば》りの出ないようにぱらっと炒め、ドライカレー大さじ四杯をふり入れて混《ま》ぜ合せるだけ。

★**ドライカレーのないときには** 315頁《ページ》のインドライスをお作りください。

ソーセージの玉子《たまご》巻《まき》

黄色《いろ》い薄焼《うすやき》玉子で、ピンクのソーセージを巻《ま》いた、簡単できれいなもの。

四センチ厚みの角《かく》ソーセージを四つ割にして、図《ず》のように薄焼玉子で巻き、二つに切《き》り分《わ》けます。

(玉子巻の巻き方)

4cm

2cm

2cm

切る

★**角ソーセージの代りに** 円《まる》いフィッシュソーセージなどでも結構《けっこう》。

▲**薄焼玉子** 玉子一箇を割《わ》りほぐして、砂糖と塩各《かく》小さじ2/3杯を入れてよく混ぜ合せ、油《あぶら》をうすらひいて熱した玉子焼器か、フライ鍋に流し入れて、弱火《よわび》で焼きます。片面《かためん》だけ焼き、焼目のつかない方《ほう》へソーセージをおいて巻けばはがれることはありません。

おひたし

ほうれん草を茹《ゆ》でゝ水気をしぼり、味の素少々と醤油《しょうゆ》をふりかけてしばらくおき、味を含《ふく》ませてから軽くしぼり、一寸《すん》長さに切り分けます。

図36　西洋ずしとパンずし

(出典：「主婦の友」1956年〔昭和31年〕5月号、主婦の友社)

『鹽鮭のサンド・ライス』(い)大阪ずしの壓枠で御飯を抜く。(ろ)出來上り。

御飯《ごはん》の間《あひだ》に鹽鮭《しほざけ》のおぼろを挟《はさ》んで、型《かた》で抜《ぬ》き出したものです。鹽鮭《しほざけ》を焼《や》いて、ぼろ〳〵に身《み》をほぐしておき、普通《ふつう》に炊《た》いた御飯《ごはん》を大阪《おほさか》ずしの壓枠《おしわく》に半分《はんぶん》ほど詰《つ》めて、鮭《さけ》のおぼろを一面《めん》にのせ、その上《うへ》からまた、御飯《ごはん》を一杯《ぱい》に詰《つ》めて壓《おし》蓋《ぶた》を被《き》せ、きゆつと壓《お》して、型《かた》から抜《ぬ》き出《だ》します。これを一寸《すん》くらゐに切《き》つて、綺麗《きれい》に盛《も》り合《あは》せ、パセリでも添《そ》へますと、洋風《やうふう》のサンド・ウィッチのやうな感《かん》じで、若い方々《かたゞ》に喜《よろこ》ばれませう。

このほか、椎茸《しひたけ》や乾瓢《かんぺう》を煮《に》てみぢんに刻《きざ》んだものや、挽肉《ひきにく》やコーンビーフをから〳〵に炒《いた》めて、味附《あぢつ》けしたものや、澤庵《たくあん》や味噌漬《みそづけ》のみぢん切《ぎり》などを、鮭《さけ》と同《おな》じやうに御飯《ごはん》に挟《はさ》みます。これは、見《み》た目《め》もよく、手輕《てがる》にできて、然《しか》も美味《おい》しいモダンなお握《にぎ》りです。

この切《き》つた御飯《ごはん》を、油《あぶら》を引いたフライ鍋《パン》の焼けたところへ並《なら》べ、兩面《りやうめん》にちよつと焼目《やきめ》をつけますと手《て》にもつきませんし、一そう美味《おい》しく頂《いただ》けます。(上野《うへの》靜子《しづこ》)

図37　塩鮭のサンド・ライス
(出典:「御飯料理の作方二百種」「主婦之友」1935年〔昭和10年〕11月号付録、主婦之友社)

なーんだ、昨今はやりの「おにぎらず」ではありまっせんか。イラストのように大阪寿司(箱寿司)的な作り方でありまして、これを木枠からラップに換えればほんとにおにぎらずでしょう。

第3章　うどんとマカロニ

今日の日本では世界中の麵類が食べられる状態でありましょう。イタリアのパスタ類、中国の刀削麵、ベトナムのフォーなど東京のグルメガイドを開けば東京都内で「麵喰い世界一周ツアー」ができてしまう……どころか、一日ではとても回りきれないくらい多種類の麵料理店がありますね。しかしそんな麵料理も一八七〇年頃（明治初期）まではせいぜいうどん、そば、素麵に地方色豊かな団子汁のたぐいしかありませんでした。味噌味、醬油味などの違いはあっても、基本的には似たような麵類ばかりだったこの日本で世界中の人の味覚を喜ばすラーメンまで作り出すことになったのは、洋食や中華料理を取り入れる……どころか、それらを見事に和食化させてきた日本の食べぢからのおかげでしょう。

今日までの約百年間で麵類をここまで進化させた底ぢからは、うどんとマカロニの融合にあったのではないでしょうか。特に昭和初期から戦後の食糧難の時代にうどんとマカロニがクロスオーバーして日本独自の麵料理文化を生み出してきたようです。

日本人がうどんとマカロニにどう関わってきたのか。その時代の料理本などから検証してみましょ。余談ながらちょっとブームになった「ナポリタン」という名前のスパゲティ。その発祥はどこそこのお店だったとかアメリカ兵相手のレストランで付けられた名前だったとかが話題になったことがありますが、この名前の料理は一九三七年（昭和十二年）発行の東京料理献立研究会編『素人に出来る珍しい料理十二ケ月』（啓文社）に「マカロニー・ナポリタン」として載っていました。当時の日本ではスパゲティという言葉があまり使われていなくてマカロニにスパゲティも含まれていたようであります。このレシピどおりに作ってみますと、麺は今日のマカロニに近いものですが調理方法や味はまさにナポリタン、しかも七〇年代に喫茶店で食べていたあのナポリタンよりも断然うまいっ！　このような洋食、中華料理のうまいっ！　調理法や麺類の製造法と、日本のうどんの製造法、料理法を自由闊達に掛け合わせて作り出されたのが、今日の日本の麺文化だと思えるのです。

日本人は「こんな麺料理を食べてきた」ではなく、「こんなふうに調理した麺料理を作り出してきた」ところに意義がある。しかしその過程には多くの試行錯誤もあれば失敗料理もある。笑ってはイケマセン。「なにを食べるか？」ではなく「ここにあるものをどうやって食べるか？」こそが和食の底ぢからなのです。

あべかわはマカロニで

マカロニであべかわ餅を……。これはそう珍しいことではないようです。というのも一九七〇年代（昭和五十年前後）まで学校給食に出ていたという地域もありましたから知ってる人もいるはずです。これが「主婦の友」の一九五七年（昭和三十二年）七月号に「あべかわマカロニ」の名前で載っていました。それによりますと「茹でたマカロニを、甘辛い片栗あんで和え、黄粉をかける」ということでしたの。それとほぼ同じ五九年には生活雑誌というよりファッション雑誌という感じの「女性自身」十月二十八日号（光文社）にも「マカロニのあべ川」が載ってるんですね。

「短くしたマカロニを柔らかく茹でて、黄粉と砂糖をまぶすだけの簡単なおやつです。ミルクと、果物を添えれば理想的です」。ま、ミルクと果物を添えるあたりがファッション系雑誌……なんでしょね。マカロニなんかは一口サイズの大きさだからおやつには適していたのかもしれませんが、一九五七年の「主婦と生活」八月号付録「盛夏のお料理」（主婦と生活社）に載っていた乾麺を使った料理（図38）にはちょっとスゴイものが出ておりました。

「冷たく冷やした好みの麺に、①きな粉をかければきな粉めん、②こしあん乗せておしるこめん、③黒蜜かければ蜜めん、三種一緒にかければあん蜜めん」ですと。これはマカロニに限らずあらゆる乾麺が対象になっていますから、うどんやそばの麺でこのような甘いおやつを作ろうとしていたんですね。さすがは全国乾麺協同組合提供でございますから、このほかにもスゴイ乾麺料理が載っております。「乾うどんを水でふやかして、牛乳、砂糖、ふくらし粉と混ぜ円盤状にしたのをフライパンで焼けばホットケーキ」「茹でた後冷やした素麺の上にアイスクリームとさくらんぼを乗せたおやつが都会ではアイスヌードルの新語で流行っております」

おやつに

〔きな粉めん　おしるこめん　蜜めん〕

冷めたく冷やした好みのめんをゆでて水けをきってガラスの器に盛り、きな粉をかければきな粉めん。こしあんをのせておしるこめん。黒蜜をかければ蜜めん。三種一緒にかければあん蜜めんとなりましょう。

かんてんを流す手間なしの冷めたい即席おやつがいただけます。

ホットケーキ

乾うどんを一センチに折って水につけ、柔らかくなったら牛乳、砂糖、ふくらし粉を入れて混ぜ合わせてこね、好みの形に作ります。フライパンに油を引いて充分焼き込んだところに並らべ、フタをして途中返えして、ふっくら焼きあげます。

図38　「盛夏のお料理」「主婦と生活」1957年（昭和32年）８月号付録、主婦と生活社

スパゲティ、マカロニ、麺類珍品集

まずはスパゲティの甘酢かけ。これは中華丼のご飯をスパゲティに換えたものと思ってください。茹でたスパゲティは一度水で洗います。タマネギと椎茸を油で炒めたところにスープを注ぎ込み、酒、醤油、酢、多めの砂糖で味を付けて水溶き片栗粉を流し込む。水で洗ったスパゲティをフライパンで油炒めにしたら、その上にこのとろみが付いた甘酢あんをかける。このような作り方ですからまさにチャイニーズイタリアン？　ってとこで

すか。

マカロニの磯揚げのほうは文字どおりでございます。茹でたマカロニに粉にした唐辛子と青海苔をまぶして油で揚げたものですから、表面がサクッとしてピリッとしたビールのおつまみ系の一品でした。

さ～て、手ごわいのがこの「マカロニの三杯酢味噌添え」でございますよ。酢と砂糖と塩を合わせた三杯酢に茹でたマカロニを二、三時間漬けます。すり鉢ですった味噌に酒、砂糖、酢を加えて練り味噌を作ります。皮をむいて五ミリ厚に切ったトマトと酢に漬けておいたマカロニを器に盛り付け、この練り味噌をかけます。

イタリアから入ってきたマカロニを三杯酢や酢味噌と仲良くさせよう……ってんですから、日本料理って懐が深いんですね。これらが載っていた料理本には「四季の家庭日本料理」という名前が付いてましたから日本料理⇓和食の範疇に入るんでしょうね。

マカロニ鍋のいろいろ

いまどきニッポンジンに「マカロニ鍋」なんちゅうとナニソレ？　かもしれませんが、日本人にとってのマカロニはすいとん、団子、餅の代わりになる便利な保存食品だったのかもしれません。

「婦人倶楽部」一九五二年（昭和二十七年）十二月号付録「鍋物と汁物三百種」に載っていたのが西洋風のマカロニ鍋でした。塩コショウした豚肉の塊を茹でてその茹で汁を鍋に入れる。そこに茹でたマカロニとバターで炒めたネギと椎茸を加えて煮立て、酒、塩、うまみ調味料で味を付け、仕上げはみじん切りのパセリ。一応洋食っぽい料理ですが、名前のほうは「マカロニ鍋」であります。

一方、同誌一九五五年（昭和三十年）十二月号付録「冬中重宝する家庭料理」にもマカロニ鍋がいくつか載っておりました。

「マカロニのカレー鍋」。これは洋風スープにマカロニとリンゴ、タマネギ、焼き豚、もやしなどを入れてカレー粉、ケチャップなどで味付けをしたもの……ですからなんとなく昭和の学校給食メニューっぽいものでありましょう。これとよく似たのが「マカロニのミルク鍋」でして、土鍋にマカロニ、タマネギ、キノコ、芝エビ、牛乳を入れて煮立て、塩コショウで味を付けるというものでした。このあたりまでは土鍋を使うこと以外はかなり「洋食」っぽいのですが、次の「マカロニの味噌鍋」になりますと、やっぱかなり和風してますね。具はマカロニ、ベーコン、ハマグリ、ホウレンソウ、長ネギといったあんばいで、注ぐのは出汁ではなくスープストックです。ベーコンに味噌にハマグリ、そしてスープストックという組み合わせですが、なかなかどうして、味噌という調味料はまさに万能なんですね〜。ここでは味噌でしたが、マカロニ鍋に醤油を入れるという料理もこの時代にはよく紹介されていたのでした。このマカロニ鍋も「食生活」一九六〇年（昭和三十五年）二月号（国民栄養協会）になりますと、マカロニケチャップ鍋に進化するのです。カリフラワーやハム、ニンジン、ベーコン、バターなどが加わり小麦粉でとろみをつけていますのでもはや「鍋」というのを付けなきゃいいのに……と思ってしまうんですな〜。

日本人の主食は米である……というのが常識になっていますが、誰もがコメをたらふく食べられるようになった時代というのはごく近年のこと（一九六〇年代以降）で、それ以前は米が食べられないから代わりに小麦粉で作ったうどんや団子などを食べていました。そんななかから生まれた郷土食が「だごじる」や「はっとじる」「ひっつみ」「ほうとう」などでした。そんな食文化を持っていたから、茹でたマカロニに出合ったときもすかさず「鍋に入れてみよう」と考えたのではないでしょうか。だったらマカロニを使ったマカロニ鍋がもっと広まって「新郷土食」となってもおかしくはなかったんでしょうが、そうはならなかった。なんでか？　伝統的な小麦粉団子系の鍋物や汁物は煮込んでも煮崩れしにくいのですが、マカロニは鍋で煮込みますと悲しいかなふにゃふにゃになってしまうんですな。まぁ介護食とかに使うならいいんですけど……。

うどんのトマト和え

うどんのトマト和え……想像しやすいですね。スパゲティのトマトソース和えみたいなもんです。なぜわざわざうどんで？　と言いたくなりますが、一九三三年（昭和八年）となりますと事情が違うんですな。スパゲティというものがろくに知られていませんし国内で手に入れるのも大変だったから、洋食の修業をした人が作ろうとしてもスパゲティの麵がなかった。洋食の手引書を書こうとしてもスパゲティと書いたってわかってもらえないから仕方なくこの頃のヒトは「西洋うどん」と表記していたんでした。

「主婦之友」一九三三年（昭和八年）一月号付録「一年中の朝・昼・晩お惣菜料理法」には、トマトうどんのレシピが三つも載っていたのでした。

●トマト・うどん

鍋にバターを煮溶かしておろしタマネギとメリケン粉を加えてブラウンソース様にし、そこにトマトソースを加えて煮立てる。ここに茹でた乾うどんを入れ、塩コショウで味を付ける。

●トマトうどん
千切り椎茸とみじん切りタマネギをバターで炒める。茹でて水に晒した乾うどんと缶詰の青豆を油で炒めたところにトマトケチャップを薄紅に色づく程度加え、塩コショウ。最後に炒めておいた椎茸とタマネギを加える。
●うどん、トマト煮
フライパンでみじん切りタマネギと四つ割りトマト、豚肉を炒めたところに出汁と砂糖を入れて塩コショウで味付けをする。煮えたら茹でて水に晒しておいた乾うどんを加えて十分ほど煮る。

「トマト・うどん」と「トマトうどん」は乾うどんをスパゲティに置き換えれば今日でも通用するパスタだと思いますが、最後の「うどん、トマト煮」は煮込みますので麺がとろけてしまって麺でなくなります。これはトマトスープで食べる「スープスパゲティ」と考えるべきでしょう。

そばナポリタン

ナポリタンという料理名は戦後の日本で付けられた……と言われております。真偽はわかりませんが、戦前の料理本に「マカロニナポリテン」とか「マカロニナポリタン」と表記されている料理がありました。当時の日本では今日言うところの長細いスパゲティもマカロニと表記する場合がありましたので、ナポリタンという名称の麺料理はすでにその頃からあったのです。

で、このそばナポリタンですが、ここで言うところの「そば」は和食のそばではなくラーメンや焼きそばに使うかん水が入った中華そばの麺のことです。タマネギと豚肉を油で炒め、蒸し中華そば麺をほぐして入れてケチャップやソースで味付けをする……ってことは、いまどきの「屋台風焼きそば」でしょ？　ソースが勝れば焼きそばになり、ケチャップが勝ればナポリタン……ですよね。だからこのレシピは今日の屋台風焼きそばのレシピでもあったんです。日本の料理本に出ている焼きそばを拾い出してみますと、大正時代に中華料理としての焼きそばは出てまいりますが、それらはほとんど塩コショウの味付けでして、「ソース味」というものがない。麺類をウスターソースや中濃ソースなどで炒める今日的な焼きそばは戦後になってじわじわ広まったものだったようです。つまり「ソース焼きそば」よりも「ケチャップ味ナポリタン」のほうが早かったんですね。麺をソースで炒める料理は戦後に生まれた「ソース焼きうどん」のほうがソース焼きそばよりも前だったと思われます。この一九六一年（昭和三十六年）の料理本にあるように、スパゲティナポリタン風にするためのケチャップ＋ソースがいつの間にかソース主体の「屋台風焼きそば」の誕生につながったのでしょう。

そう言えば一九七五年（昭和五十年）の夏にサイクリングで大分県に行ったとき、袋入りの即席めん「そばゲッティ」なるものを食べたことがありました。即席ラーメン同様鍋で麺を茹で、汁気を切ってから添付されたケチャップソースをかけ回して食べました……が、味は……覚えてません。

マカロニ（西洋うどん）の折り方

「婦人倶楽部」一九三四年（昭和九年）一月号付録「家庭で出来る東京大阪評判料理の作り方」に載っていたのがこれ、マカロニの「折り方」です（図39）。マカロニは長いものを「折って使う」ものだったんだ。そんな時代だから「暮しの手帖」で「折ったマカロニ」の特集が組まれたんですね。布巾に包んでボキッと折れば「細かい折れが飛びません」と書かれています。この「細かい折れ」は当然のことながらスープに入れてとろみをつける材料になっていたのでしょう。

マカロニはご飯のおかず？

マカロニー・ライス

このマカロニー・ライス、名前は洋食じみておりますが、その内容は○○丼とかハヤシライス、カレーライスのような「おかず乗せごはん」であります。

硬めに炊いたご飯はバターとケチャップで炒めてオムライスみたいにしておきます。茹でたマカロニはバターとトマトケチャップで炒めてからスープ、水溶き小麦粉を加えてドロリとしたトマトシチューもどきに仕上げ、これを「型抜き」して皿に盛り付けたケチャップライスの上にかけるんですね。

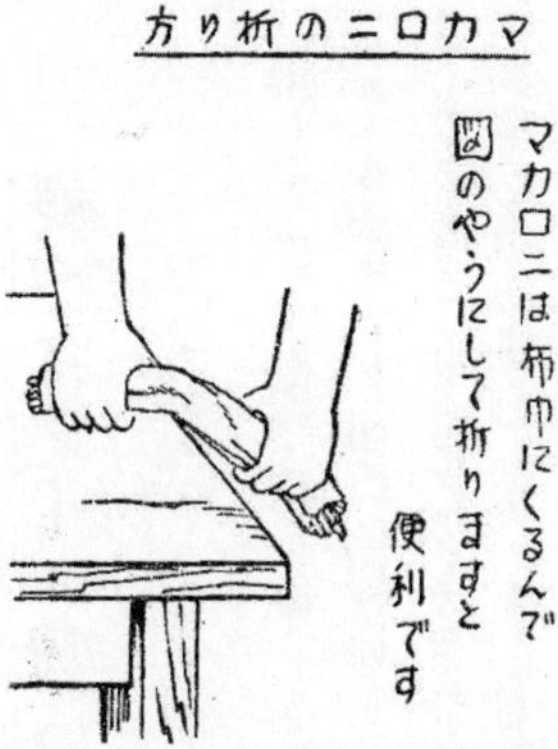
マカロニの折り方
マカロニは布巾にくるんで
図のやうにして折りますと
便利です

図39　マカロニ（西洋うどん）の折り方
（出典：「家庭で出来る東京大阪評判料理の作り方」「婦人倶楽部」1934年〔昭和９年〕１月号付録、大日本雄弁会講談社）

ご飯、マカロニ、小麦粉……何やらでんぷんばかりのようにも見えますが、ジャガイモとインゲン豆を加えることとバターで炒めることで「栄養に富んだ」西洋料理としていたんでしょう。

このレシピのなかで現代人は「何コレ、変？」と思うかもしれないのが、「マカロニーを一寸ほ

變《かは》つたライス物《もの》いろ〳〵

□マカロニー・ライス

材料《ざいれう》——マカロニー、馬鈴薯《じやがいも》、隠元《いんげん》、ご飯《はん》、トマトケチャップ、スープ、メリケン粉《こ》。

そろ〳〵お寒《さむ》くなりました。温《あたゝ》かいご飯類《はんるゐ》は何《なに》よりです。マカロニーライスは、最初《さいしよ》ご飯《はん》を少《すこ》し固《かた》めに炊《た》いて、冷《さ》ましたものを、フライパンにバタを少《すこ》し入《い》れていため、トマトケチャップで淡赤色《うすあかいろ》にし、塩少々《しほせう〳〵》を入《い》れて味《あぢ》づけします。この時《とき》ご飯《はん》がベト〳〵にならぬやうに上手《じやうず》に炒《いた》めます。マカロニーは熱湯《ねつとう》に塩《しほ》を入《い》れた中《なか》で茹《ゆ》で、軟《やは》かくなつたら笊《ざる》に取上《とりあ》げ、一度《いちど》水《みづ》を打《う》つて、それを一寸《すん》ほどの長《なが》さに切《き》ります。

マカロニー・ライス

バタ大匙《おほさじ》一杯《ぱい》ほどを鍋《なべ》に溶《と》かし、それでマカロニーをいため、スープ少々《せう〳〵》を注《さ》して味《あぢ》をしみさせます。次《つぎ》にトマトケチャップを美《うつく》しい色《いろ》になるまで入《い》れ、塩《しほ》で味《あぢ》づけし、メリケン粉《こ》を水《みづ》で溶《と》いた物《もの》を入《い》れて、ドロ〳〵にして絡《から》めます。馬鈴薯《じやがいも》は皮《かは》を剝《む》き、縦《たて》に五六分《ぶ》の厚《あつ》さに切《き》り、水《みづ》を切《き》つてよく油《あぶら》の煮立《にた》つてゐる中《なか》で空揚《からあげ》します。（油が少かつたり、火がさろかつたり、油の煮立たぬうちに入れるとグチャ〳〵になります）中《なか》まで軟《やは》かくなつたら、新聞紙《しんぶんし》の上《うへ》に取《と》り、塩《しほ》をふります。隠元《いんげん》は、塩又《しほまた》は重曹《ぢゆうさう》を入《い》れて色《いろ》よく茹《ゆ》で、それをバタで一寸《ちよつと》いためて塩味《しほあぢ》をつけます。以上《いじやう》のやうにして出来《でき》た四種《しゆ》のものを、銀器《ぎんき》の一つ皿《さら》に、体裁《ていさい》よく盛《も》り合《あは》せます。

図40　マカロニー・ライス
（出典：婦人界編集部『家庭総菜料理十二ヶ月』婦女界社、1934年〔昭和９年〕）

どの長さに切る」というところでしょう。今日の日本でマカロニと言えば一寸（三・〇三センチ）くらいのものが当たり前ですが、一九六五年（昭和四十年）以前では乾麺うどんのような長いマカロニが多かったのです。料理本の説明を見ても「マカロニとは穴が開いた西洋うどんのこと」と書かれることがありました。だから茹でた後、「一寸くらいに切る」のが必要だったんですね。

ここでは「茹でてから切って」いますが、別の料理本では茹でる前に「折って」おります。

スパケット飯（スパケット・アラ・ロメース）

この本を書かれた大平茂氏は、月刊誌「婦人之友」誌上で家庭でできる西洋料理の指導をおこなった方です。西洋料理の有名店である中央亭や三田東洋軒本店などで料理長を務めていたそうです。

レシピによりますと、折ったスパゲティを茹でてバターで炒め、挽き肉、おろしチーズ、トマトソースで煮込んだもののようですね。

ここに書かれた分量でやってみますと――

挽き肉（ラードを使うのでたぶん豚肉）　三百グラム

折ったスパゲティ　六百グラム
バター　百十グラム
おろしチーズ　百十グラム
ラード　百十グラム
トマトピューレ　五百四十CC

だいたいこんなところでありまして、これを火にかけて煮立てますといくぶんとろみがついてまいりました。スパゲティのでんぷんなのか、ラードか、バターなのか、チーズなのか……よくわかりませんが、トロ～リとしたトマトソースにはなりました。このまま食べたら「ナポリタンつゆだく？」って感じですが、レシピによるとこれが十人前ということなんですね。つまりこのトロ～リをご飯にかけて食べるというのが、この「スパケット・アラ・ロメース」だったんだ。

ちょっとお下品な言葉ですが「つゆだくナポリタンぶっかけ丼」とネーミングしたら今日でもいけそうな一品でありました。

『日々活用お料理辞典』から「マカロニー」の項を開くと……

この料理辞典を書かれた桜井ちか子さんは明治から大正にかけて家庭料理の普及に

【マカロニー】

マカロニーを一寸位《すんぐらゐ》づゝに折《を》り、水《みづ》を煮立《にた》てゝ鹽《しほ》を入《い》れた中《なか》で茹《ゆ》で、笊《ざる》に揚《あ》げて置《お》きます。別《べつ》にフライ鍋《なべ》でバタを溶《と》かし、その煮立《にた》つた處《ところ》へ、メリケン粉《こ》をふりかけて、かき交《ま》せ、水《みづ》をさしてドロドロにした中《なか》へ、赤茄子《あかなす》のキヤチヤツプを入《い》れて、又《また》かき交《よ》せ、茹《ゆ》でたマカロニーを入《い》れ、鹽《しほ》で鹽梅《あんばい》して少《すこ》し煮立《にた》つてから、又少量《またせうりやう》のキヤチヤツプを入《い》れてから交《ま》せます。それを飯《めし》にかけたり、肉《にく》やオムレツの附合《つけあは》せにしたりします。マカロニーは食料《しよくれう》品店《ひんてん》にあります。

図41　桜井ちか子『日々活用お料理辞典』文武書院、1928年（昭和3年）

尽力した方です。日本人に西洋料理を普及させるには「とろみをつけてご飯にかける」ことが最もやりやすかったのではないでしょうか。ちなみに「赤茄子のキャチャップ」とはトマトケチャップのことであるのは言うまでもありません。

このレシピが書かれたのは一九三五年（昭和十年）ですから、日中戦争の直前です。食糧不足もまだまだ深刻ではないものの、すでに「節米の為の増量料理」が紹介され始めており、このお粥もその一つでした。

少ない米にジャガイモや乾麵のマカロニを加え弱火で四十五分から一時間も煮ますと、これはお粥というよりは「糊」に近いものになりまして、マカロニの形が何とかわかる？　くらいに煮崩れてしまいます。

へたをすりゃぁ鍋底が焦げてしまいかねませんから、ここで言う「弱火」＝とろびはガスコンロの弱火ではなく、火鉢や囲炉裏などの「炭火の遠火」でありましょう。火（熱源）と鍋底との距離を遠くしないと、単なるガスの弱火でしたらお粥は焦げ付いてしまいます。

日本人にとってマカロニやスパゲティはご飯のおかず的な扱いから始まり、戦争前後ではご飯の代わりとして食べられていたようであります。

うどんで、かりんとう

図42のレシピは一九六一年（昭和三十六年）のもの。戦後十六年もたちましたが、やっぱり、うどんを油で揚げてパパには「うにぬり」を……はわかるんだけど、お子様用には当時注目されていた「味塩」パラパラだけではちょいとさみしい気がする。たぶん砂糖とか蜜なんぞをかけるはずですが、書き忘れたんでしょうか。それとも虫歯予防のため？

うどんで、パン

小麦粉はないけれども乾麺うどんならばある——今日では考えにくい状況ですが、太平洋戦争が始まった一九四一年（昭和十六年）ならばそう不思議でもないのでしょう。乾麺ならば工場で一度に大量生産して長期保存もできます。それに生麺と違って干して水分を抜いていますから、輸送するときの軽量化もできたんです。現代人の考えが及ばぬところにあるのが「干うどんを細かく折って一晩水に浸けておく」という下ごしらえでしょう（図43）。

この「乾麺を水で戻す」という作業は、この私も二十歳の頃にやりました。貧乏大学生は乾麺を一時間ばかし水に浸して戻したのを団子状に丸め、ストーブの

うどんかりんとう

子供に手伝ってもらいながら、楽しいおやつのひとときが過ごせます。

作り方　生うどん（ゆでる前のもの）を6〜7センチの長さに切り、輪にしたり、五、六本を結んだりして、中温の油で揚げる。でき上りに味塩をパラパラふる。

★うにをつけると　パパのビールのおつまみになります。

★小麦粉を　塩味で少々固めにこね、のばして切って使うと、またそれも楽しみ。

図42　「おいしくて経済的な秋冬毎日のお料理」「主婦の友」1961年（昭和36年）11月号付録、主婦の友社
かりんとうではありません。なにせ塩味ですから甘くはない。まさにビールのおつまみ的なスナック菓子でした。

干《はし》うどんのパン

メリケン粉《こ》は手《て》に入《はい》らないがパンが欲《ほ》しいといふ場合《ばあひ》、干《ほし》うどんを戻《もど》せば美味《おい》しいパンができます。

干《ほし》うどんを細《こま》かく折《を》つて一晩《ひとばん》水《みづ》に浸《つ》けておくと、すつかりふやけて軟《やはら》かになりますから水氣《みづけ》をきり、うどん三十匁《もんめ》（半把《はんぱ》ほど、パン五箇《こ》分《ぶん》）に茶匙《ちやさじ》一杯《ぱい》のベーキングパウダーと、砂糖《さたう》大匙《おほさじ》一杯《ぱい》、鹽《しほ》少々《せうせう》の割《わり》に加《くは》へて、しやもじで混《ま》ぜ合《あは》せ、適宜《てきぎ》に丸《まる》めて濡布巾《ぬれぶきん》を敷《し》いた蒸器《むしき》にかけ、十五分《ふん》ほど強火《つよび》で蒸《む》します。

御飯《ごはん》代《がは》りならこれにお菜《さい》を、お八《や》つならジャムか砂《さ》糖煮《たうに》の果物《くだもの》を添《そ》へれば喜《よろこ》ばれませう。（徳見先生）

図43　「特集　夏の健康料理と栄養パンの作方五十種」「主婦之友」1941年（昭和16年）7月号、主婦之友社

上で焼いてこれは餅じゃ！と言い張ってみたんですな。この一九四一年（昭和十六年）のレシピでは「ベーキングパウダーと砂糖を混ぜて蒸す」と書いてありますが、七六年（昭和五十一年）当時の私にすれば「なんとまぁゼータクな」でございます。

しかし、乾麺と言うくらいですからこれはやはり乾物でありまして、乾物ならば水で戻すのもごく当たり前ってことですよね。ただ、こねて丸めたときにうどんの筋目がいささか残るのが気になる……と言えば気になりますが。

うどんで、ビスケット

この乾麺を水に浸して戻す……という手法は最近では「災害時、非常時の食べ方講座」でよく紹介しております。一日や二日の避難生活ならば缶詰やレトルト食品でもすみますが、長期にわたりますとそ

うはいかない。そんなとき、お中元でいただいたのに食べていなかった「揖保乃糸」「稲庭うどん」などの乾麺を水で戻して焼き団子とかにして食べよう！　というものですが、これが最近の若い人には新鮮に映るらしく結構喜ばれておるのです。戦前のレシピでは戻した乾麺にベーキングパウダー、重曹、砂糖などを混ぜて膨らませていました。この重曹が最近人気者でありまして、合成洗剤を使わない掃除に重宝されております。おうちにある重曹と戻した乾麺に保存食であるプルーンやジャムなどを甘味料として加えて焼けば非常時おやつになるんですな。昭和のおっかさん方が作っていた乾麺の加工食品、知っていて損はありませんよね。

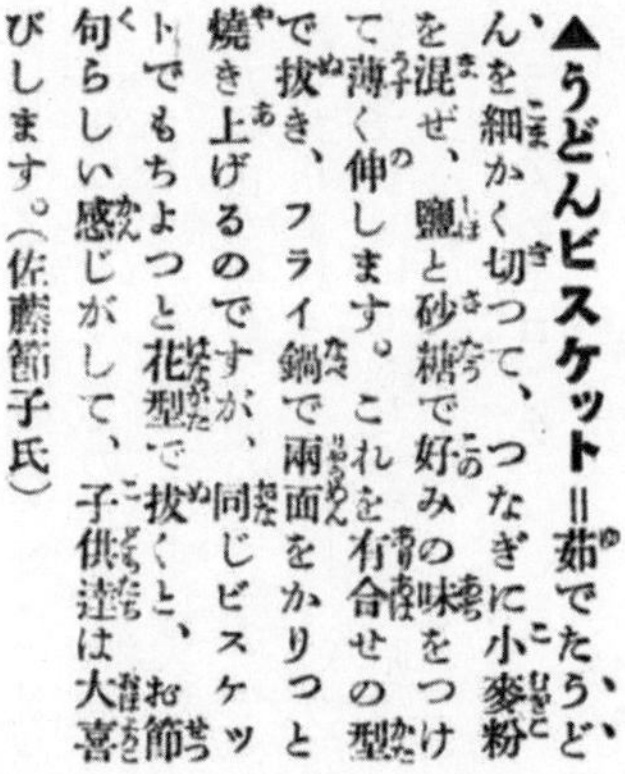
▲うどんビスケット＝茹《ゆ》でたうどんを細《こま》かく切《き》つて、つなぎに小麦粉《こむぎこ》を混《ま》ぜ、鹽《しほ》と砂糖《さたう》で好《この》みの味《あぢ》をつけて薄《うす》く伸《の》します。これを有合《ありあは》せの型《かた》で拔《ぬ》き、フライ鍋《なべ》で兩面《りやうめん》をかりつと焼《や》き上《あ》げるのですが、同《おな》じビスケットでもちよつと花型《はながた》で拔《ぬ》くと、お節《せつ》句《く》らしい感《かん》じがして、子供達《こどもたち》は大喜《おほよろこ》びします。（佐藤節子氏）

図44　「主婦之友」1944年（昭和19年）3月号、主婦之友社

うどんで、プリン

ま、フツーに考えるとプリンは卵で作りますわな。ところがアナタ、乾麺うどんで作っちゃうんですもん、自由な発想力を持ってたんですね。コツは、戻した乾麺をしっかり攪拌して滑らかにするこ

とに尽きます。これにお好みの甘味料で甘味を付け、ゼラチンでゆるゆるに固めますと一応プリンとしての食感や味はできあがります。ゼラチンがなけりゃ小麦粉、コーンスターチ、寒天など、手に入るゆるゆる固め材料ですませちゃうってところがこれまた自由な発想ですね〜。「こんなものっ、プリンと呼んではナラーンっ！」という声もありましょう。結構けっこう、料理名にはとらわれないんですの。プリンがだめならプリソにでもしますよ、昭和のおっかさんたちならば。

うどんのコロッケ

食糧管理法によって食糧がまだ配給されていた時代のレシピです。予定どおりに配給されることはまれだったし、配給食糧の品質なんて最悪だったのでしょう、その恨みつらみが詰まったレシピのようであります。「こなごなになっちまうひどいうどんだって、こうすりゃどーにか食べられんこともないわな」的レシピでしょう。

コロッケを作るといっても挽き肉なんざ望むべくもないから、肉の代わりに脂肪分をたくさん含んだピーナッツをすり潰して使っております。うどん＝小麦粉、潰したピーナッツ＝油だから、なんとなくホワイトソースの作り方にも似ております。小麦粉をバターで炒めてそこに牛乳を加えるのがホワイトソースの作り方ですもんね。ホ

(3)ウドンのコロッケ

配給《はいきゅう》になるこな〴〵のあまりおいしくないウドンを、こうして頂くと、おいしいお料理《りょうり》が出来ます。

ウドンをゆでて水を切り、みじん切りにした玉ねぎと、ピーナツバター（ピーナツを炒《い》つて、すつたのをつかいます）とつなぎに少しメリケン粉をいれ、鹽《しお》で味をつけ、これを楕圓形《だえんけい》に丸め、粉、玉子のとき水、パン粉を順々《じゅんじゅん》につけて、コロッケにして油であげてもよく、又はフライパンにたっぷり油をしき、形《かた》のくずれないようにきつね色になるまで兩面《りょうめん》をやいても結構《けっこう》です。

つけ合せは、せん切りのキャベツか、えんどうの鹽ゆでで、せんに切つたいんげんの鹽ゆででも結構です。ソースは、トマトケチャップが一番よろしゆうございます。

図45　「主婦之友」1944年（昭和19年）３月号、主婦之友社

ワイトソースならばクリームコロッケになるところなんですが、戻した乾麺うどんとすり潰しピーナッツとではさすがにクリームコロッケというわけにはまいりません。実際に作ってみますと、味のほうはともかく、食べたときの食感は「うどん粉団子のフライ」そのものでありました。

うどんのうに焼き

練りウニと卵を混ぜる。これは明治時代からある「和風ペースト」の代表的なものであります。獲れたてのウニを塩漬けにした瓶詰は、海から遠く離れたところでも磯の香りが楽しめる加工食品だったんですね。ちょっと見方を変えれば、これは「マカロニグラタン海女ちゃん風」ではないでしょうか。

うどんのうに焼《やき》

これは、うどんにうに玉子《たまご》をかけて蒸《む》し焼《やき》にした、いわばマカロニのグラタンを和風《わふう》に工夫《くふう》したもの。

お酒《さけ》の席《せき》に、肴《さかな》の一《ひと》つとしておすゝめしてください。きつと喜《よろこ》ばれること受合《うけあ》いのもの。

材料（二三人前《にさんにんまえ》）茹《ゆで》うどん一玉半《ひとたまはん》、練《ねり》うに大《おお》さじ一杯《ぱい》、玉子《たまご》一箇《こ》。

作り方　擂鉢《すりばち》に練《ねり》うにと玉子《たまご》、酒《さけ》大《おお》さじ一杯《ぱい》、だし大《おお》さじ二杯《はい》、醤油《しょうゆ》と砂糖《さとう》少々を入《い》れ、よくすり混《ま》ぜます。

あわびの貝殻《かいがら》か焼皿《やきざら》に、茹《ゆで》うどんを盛《も》り、上《うえ》から前《まえ》のうに汁《じる》をかけて、天板《てんぱん》に並《なら》べ、十五分間《ふんかん》ほど蒸焼《むしやき》にします。

このときあまり焼《や》きすぎると、うどんがこち〳〵になつておいしく上《あが》れませんから、少《すこ》し汁気《しるけ》が残《のこ》つている程度《ていど》にし、熱《あつ》いところを貝《かい》のまゝ皿《さら》にのせて食卓《しょくたく》へ運《はこ》びます。

図46　「夏の洋風一品料理」「婦人倶楽部」1948年（昭和23年）７月号付録、大日本雄弁会講談社

第4章　ねぎま

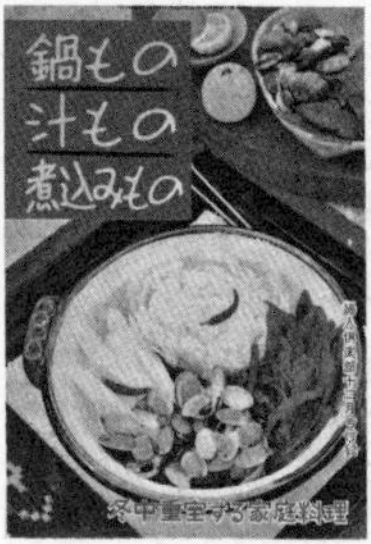
鍋もの
汁もの
煮込みもの
冬中重宝する家庭料理

主婦之友新年號附録

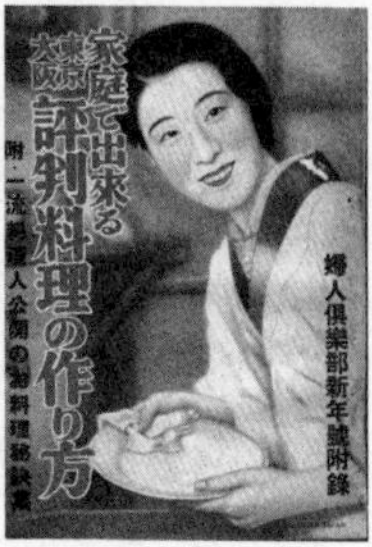
東京
大阪
家庭で出来る
評判料理の作り方
婦人倶楽部新年號附録

「ねぎま鍋」のナゾ

「ねぎま鍋」……戦後二十年もたった一九六五年（昭和四十年）頃には、「いまの若い人にはなじみがないでしょうが」と言われるようになっていた料理ですが、大正時代から戦前までは結構人気のお惣菜＝家庭料理でありました。そんな人気料理がどうして生まれ、またどうして廃れてしまったのか。「ねぎまとはネギを刺した焼き鳥の一種である」が当たり前になりましたいま、検証してみたいと思います。

これは一九三四年（昭和九年）、東京・本郷にあった評判店、百萬石で出していたねぎま鍋のレシピです（図47）。

割り醤油を使い、しらたきや豆腐なども入れているところを見ますと、これはもう「すき焼きの廉価版」と言ってもいいのではないでしょうか。残念ながらこの資料にはねぎま鍋やすき焼きの値段が書かれていなかったのですが、たぶん牛肉のすき焼きよりは安かったと思われます。

やはり「ねぎま鍋」、明治維新以降にはやった「牛鍋」から進化した「すき焼き」の廉価版料理だったのではないでしょうか。①脂が乗った動物性タンパク質を、②砂糖と醤油で甘辛く味付け、③加熱を最小限に抑えて軟らかな生煮え程度で、④鍋一つあればよく、盛り付けなど必要とせず、⑤作りながら食べられる手軽さ――これらの

ねぎま鍋《なべ》

東京本郷 百萬《まん》石《ごく》

場所柄《ばしょがら》、帝大《ていだい》の教授《けうじゅ》たちや學生《がくせい》さんたちに御贔負《ごひいき》になつてをります。

材料（二人前） いゝしび鮪《まぐろ》の腹肉《はらにく》のところ三四十匁《め》、葱《ねぎ》三本《ぼん》、豆腐《とうふ》一丁《ちやう》の四分《ぶん》の一、白瀧《しらたき》輕《かる》く一握《ひとにぎ》り、煮出汁《にだし》、醬油《しやうゆ》、味醂《みりん》、砂糖《さたう》。

拵へ方 (1)鮪《まぐろ》は長《なが》さ一寸《すん》、巾《はゞ》五六分《ぶ》厚《あつ》み一分《ぶ》のそぎ身《み》にします。

(2)葱《ねぎ》は三四分《ぶ》の厚《あつ》みに斜切《はすぎり》にし、豆腐《とう》は七八分角《ぶかく》に切《き》り、白瀧《しらたき》は庖丁《はうちやう》で切《き》ると屑《くづ》が出來《でき》ますから、手《て》で一寸位《すんぐらゐ》にちぎり、熱湯《ねつとう》に一分間位《ぷんかんぐらゐ》入れて笊《ざる》に上《あ》げておきます。

(3)割醬油《わりじやうゆ》は煮出汁《にだし》一合《がふ》に醬油《しやうゆ》五勺《しやく》、味醂《みりん》四勺《しやく》（なるべく煮切《にきり》が結構《けつかう》です）砂糖《さたう》小匙《こさじ》二杯《はい》を合《あは》せ、一煮立《ひとにた》ちさせておきます。

(4)なるべく底《そこ》の淺《あさ》い鍋《なべ》に葱《ねぎ》、白瀧《しらたき》、豆腐《とうふ》をならべて敷《し》き、上《うへ》に鮪《まぐろ》をならべておき、割醬油《わりじやうゆ》をひた〳〵に入《い》れて火《ひ》にかけ、煮《に》ながら頂《いたゞ》きます。

(5)煮詰《につま》ると味《あぢ》が惡《わる》くなりますから、煮詰《につま》らぬやうに注意《ちうい》し、もし煮詰《につま》つたときは、割醬油《わりじやうゆ》と煮出汁《にだし》を半々《はん〳〵》に合《あは》せて入《い》れます。

図47 「家庭で出来る東京大阪評判料理の作り方」「婦人倶楽部」1934年（昭和9年）1月号付録、大日本雄弁会講談社

特徴は当時の台所インフラ事情から察するといたって家庭料理向きでありました。

なにせガス器具の普及率が低かったから、熱源は炭火が主でありました。冬場の暖房器具である火鉢に浅い鍋を乗せるだけでできるねぎま鍋なら、主婦の台所仕事はネギとマグロをまな板の上で切るだけですみます。しかも台所でせっせと調理しなくても、食べる人が自分で勝手に調理してくれるんですから、これまた楽チン。当時もてはやされていたすき焼きとなりますと、「おうちのお惣菜」というよりは「お店で食べるご馳走」でしたから、長屋の子だくさん貧乏庶民にはちょっと手が出なかった。そのすき焼きに代わるものとして登場したのがねぎま鍋だったのではないでしょか。哺乳類と魚類との違いこそあれ、マグロやブリ、カジキなどの腹身、カマ、アラなどは、サシが入った牛肉にも劣らないうまみがありますので、これらとネギとをすき焼きの材料にしたのが「ねぎま鍋」だったと考えられます。

しかし、今日では高級品と言われていて有名な寿司屋で食べようもんならそれなりの出費を覚悟しなけりゃいけないマグロの大トロを、当時のねぎま鍋ではふんだんに使っておったんですね。しかもこれまで見てきました昔のレシピによりますと「お安い脂身で十分です」などと書かれております。

マグロの脂身、腹身、大トロがなんで安かったのか。こりゃぁ二十一世紀人にはわかりにくいことですが、「冷蔵庫」の存在と関係があった！　とあたしゃにらんでおるのです。

マグロは赤身か、脂身か

「まぐろねぎま焼」というレシピが、雑誌「婦人生活」付録「春夏秋冬の家庭料理」（同志社）に紹介されたのが一九五六年（昭和三十一年）で、執筆者は赤堀料理学園の赤堀全子《あかほりひろこ》さんでした。明治時代に和食と洋食に栄養学を盛り込んだ、新しい時代の「日本食」の普及に尽力した赤堀峯吉さんが作った料理学校の後継者ですね。

この人がただの料理研究家と違うところは、この当時の普通のねぎまは「マグロの脂身」を使っていたのに、ここでは刺身用の「赤身」を使っていたと思われるところなんであります。

今日では「マグロの赤身は安いところ」で「脂身＝大トロやカマは高いところ」と認識されておりますが、かつてはそれが真逆でありました。脂身の大トロが安いところだったため、その安い材料を使ったお惣菜が雑誌付録の料理本などではよく取り上げられていたのでしょう。

そんな時代にほどよく脂が乗ったマグロの赤身を薄切りにしてネギを巻き、フライパンで焼く料理を紹介しております。マグロは薄切りにしてるから使う量も少なくてすむ。おもてなし用だからやや高い赤身マグロを使うのだが少量であれば負担にならない……ってとこがミソでしょう。付け合わせの柚子巻きも含めていたって上品な「おもてなし料理」になっているんですね。

一九五六年と言えば戦後十一年目ですから、食生活にもようやく余裕が生まれてきたころと思えますが、このレシピは時代の先取りレシピだったんではないでしょうか。マグロとネギを使った料理で、このようなあっさり系はその後の料理本にもなかなか登場してはこないんです。

一九七〇年代からさかのぼる「ねぎま」

一九七三年（昭和四十八年）、「主婦と生活」十一月号付録「鍋ものと冬のおかず」で紹介されている「ねぎま鍋」には、「まぐろ（脂身のあるぶつ切り）四〇〇グラム」と記されております。

このレシピのメモ欄によりますと、「まぐろはトロといわれ、脂のある腹身のところがよく、寒い季節のまぐろは特に脂がのっていておいしくいただけます」と書かれております。

この「①まぐろはトロ、②脂のある腹身のところがよく、③脂がのっておいしく」

の三点で、この時代でマグロと言えば「トロでしょう！」だったことがわかりますね。おいしいねぎま鍋を食べたければ脂が乗ったマグロを買いなさい！というメッセージが伝わってまいります。そしてこのレシピにはこの献立が「安い」といった事柄は全く書かれておりません。一九七三年になると、ねぎまは「安く食べられるお惣菜」として紹介されてはいなかったということでしょう。

一九六〇年代の「ねぎま」は

では一九六〇年代はどうだったか。こちらは、「主婦の友」六〇年（昭和三十五年）十月号付録「秋冬毎日の…（不明）」（表紙破損のためタイトル不明）で紹介されていたねぎま鍋です（図48）。

このレシピではのっけから「若い方の中には、ご存じない方もあると思いますが、昔ながらの素朴な味も……」と言ってますから、一九六〇年当時の若い方＝二十歳以下としますと、四〇年（昭和十五年）以降に生まれた人ということになります。これはその世代の人々がねぎまを好んでいたかどうかとは関係なく、「ねぎま鍋を食べられる状況ではなかった」と考えるのが自然でありましょう。四一年（昭和十六年）頃のねぎま鍋は別項で紹介しますが、こいつぁ「ぜひとも食べてみたいっ！」というよ

ねぎま鍋

（20円）

材料（3人前）
まぐろ　300g
ねぎ　5本
焼豆腐　2丁
（豆腐なら1丁）
（買い方・応用）
まぐろは中おちや、さしみのたちおとし、鮮度のやや落ちたもの、筋っぽいところなどでよい。
まぐろの代りに油揚でも。

若い方の中には、ご存じない方もあると思いますが、昔ながらの素朴《そぼく》な味も、また捨てがたいもの。
ねぎとまぐろは相性《あいしょう》のよいものとされていますが、どちらもこれからがおいしくなるときです。
まぐろは脂身の多いところがよく合います。

下ごしらえ　①まぐろはさしみよりやや厚めに切る。ねぎは斜切、焼豆腐は角切。
②わりしたを作る。昆布だしカップ一杯に、大さじで酒とみりん各一杯、醤油三、四杯、砂糖少々の割合。

食べ方　鍋にわりしたを煮立て、用意の材料を入れて、グツグツ煮ながら熱いところを。
好みで薬味に七味唐辛子をふりかけてもよいでしょう。

★このほか　しらたきや春菊、大根などもよい。（荒井久子）

応用　あんこう鍋　あんこうは身よりわたがうまい。身や皮、腸、胃袋、肝は一口大に切り、塩少々入れてゆでる。ねぎま鍋と同様のわりしたで、ねぎ、大根、豆腐、麩《ふ》、しらたきなどと煮る。（原千枝子）

鍋料理メモ　汁をとるためのちりれんげや、骨を出すための皿も忘れずに食卓にご用意を。

（152）

図48 「秋冬毎日の料理ブック」「主婦の友」1960年（昭和35年）10月号付録、主婦の友社

うな代物ではなかったようであります。

このレシピでも「まぐろは脂身の多いところがよく合います」と書かれており、材料の「買い方・応用」によりますと、「まぐろは中おちや、さしみのたちおとし、鮮度のやや落ちたもの、筋っぽいところなどでよい」と書かれています。そのうえ「まぐろの代りに油揚でも」とまで書いてあるということは——

①ねぎま鍋のマグロは脂の多いところがおいしい

②その脂身の多いところとはいわゆる「アラ」や傷みかかったマグロでいいのだ

③いやなに、マグロが買えなくったって油揚げでやってもおいしいんですのよという意味合いが見て取れますね。

一九七〇年代のレシピでは強調されなかった「マグロの脂身は安い」が、六〇年代では強調されていたんであります。

一九五〇年代のねぎま汁をたずねて

「婦人倶楽部」一九五二年（昭和二十七年）十二月号付録「鍋物と汁物三百種」に紹介されていたねぎま汁のレシピでは、マグロの脂身とか赤身とかではなく「マグロのあら三十匁」とだけ記載されております。

しかし作り方を見てみますと「腹身その他を賽の目切にし」と書かれていますから、やはりこれは脂が乗った腹の身……つまりトロの部分と考えられるのです。

ここで紹介されている「ねぎま汁」は鍋で昆布出汁を取り、そこにマグロとネギを入れて三、四分間煮たものですから、割り下を使ったすき焼きみたいな「ねぎま鍋」とは少し異なりますが、ネギと脂身のマグロをサッと煮て食べるという点ではよく似た料理と言えるでしょう。

このねぎま汁と同じ本で紹介されているのが次のねぎま鍋でありました。

ここではっきりと「鮪の脂身百匁」と表記されておりますね。先ほどのねぎま汁で使った腹身のようなアラのような部分ということでしょう。ここで紹介されている作り方によりますと、その味付けは結構甘辛いもののようでした。

「煮出汁三六〇CC、醬油六〇CC、砂糖一五CC、みりん一五CC、酒一五CC

これらを一煮立ちさせた煮汁を使う」

ただし、調味料の分量を量る大匙とか小匙の基準が今日とは異なりますから、これは大雑把な分量であることを付け加えておきます。

この煮汁を沸騰させ、はす切りネギと五センチにざく切りしたしらたきとをまず入れて、煮立ったところで一・五センチ角のマグロの角切りを入れております。そして「煮すぎてはおいしくありませんから」少しずつ入れ、煮えばなを食べるように書かれています。やや甘辛い味の煮汁でも味は表面だけですから濃すぎることはなかったのでしょう。

ねぎま――戦時篇

「主婦之友」一九四一年（昭和十六年）一月号付録「冬の温かい経済料理の作方」には、「葱鮪雑煮」なる料理が紹介されておりました。

このレシピ、一応「葱鮪」と銘打っておりますが、それにしてはマグロの分量があまりに少なすぎましょう。雑煮の「餅」を作るためのサツマイモが八十グラム、メリケン粉が百十グラム、上新粉が十五グラム、ニンジンが二十グラムですから、合計で二百二十五グラムですね。これに対してマグロは四十グラムしか使っておりませんから、このマグロは雑煮の「出汁」として使われていると見るのが妥当でしょう。けれどもこのレシピのように「出し汁に入れて煮立てて、お餅を入れてさらに煮る」などいたしますと、マグロの生臭さが気になってまいります。

日中戦争から太平洋戦争になり食糧不足が深刻になってきますと、婦人雑誌で紹介する料理も「ご家庭の幸せのため」のものではなく「国家経済のため」のものになっていくようです。ここで取り上げた「冬の温かい経済料理の作方」にしてもその肩書には「国民料理」というのが付いていました。一九四一年（昭和十六年）頃から四五年（昭和二十年）にかけての料理本で紹介されていた料理は、この「葱鮪雑煮」のように食文化でもなんでもない栄養と腹を満たすためのエサとしての料理だったのでしょう。

このレシピには「マグロは脂身がおいしい」とか「お安い腹身を使って」などという言葉は出てまいりません。ねぎま鍋やねぎま汁の特徴である「火が通ったらすぐに煮えばなを食べるのがおいしい」を全く無視して書かれたレシピは戦時期という時代を表しているようですね。

日本陸軍調理法でのねぎま

手元にある資料『軍隊調理法』(図49)は一九三七年(昭和十二年)版ですが、もともとは明治末期に書かれたもののようです。ここで述べられているねぎま汁はこれまで見てきた下町庶民大衆食的「ねぎま」とは異なっていて、このとおりに作りますと全然甘辛くない。砂糖やみりんなどの甘味を入れていませんから。一・五センチに切ったマグロとネギを茹でて塩と醤油で味付けをした「すまし汁」みたいなものでありますます。ここでは一人前の分量で書かれていますが、実際に作るなら十人前以上でないとうまくいきません。鍋に水→マグロを入れてひと煮立ち→ネギを入れて味付けをする。これで終わりですから、ぐつぐつ煮続けるわけではない。煮続けますとマグロの生臭い臭いが出てきてしまいます。またネギを入れた後は煮立てもせず、味付けをしてそれでおしまいですから、鍋のなかの汁の量が少ないとすぐに冷めてネギが生煮えになってしまいますね。でも十人前くらいに煮汁が多いと冷めにくいから、ネギにも十分に熱が伝わります。大量に調理する軍隊ならではの調理レシピですから、これをそのまま受け取って一人前だけ作るのは無理があるでしょう。とはいえ、この軍隊ねぎま汁は砂糖を料理に使わなかった時代の日本食を踏襲しているようですね。

ねぎま鍋の黄金時代

「主婦之友」一九三九年（昭和十四年）一月号付録「冬の温かい経済料理の作方五百種」に載っていたのが「万人好みのねぎま鍋」でありました（図50）。

八、葱《ねぎ》鮪《ま》汁　熱量　二五五、カロリー　蛋白質　三一・七〇瓦

材料
鮪　一五〇瓦
葉葱　二〇〇瓦
醬油　三〇瓩（又は粉醬油　一五瓦）
食鹽　少量

準備　鮪は一糎半位の角に、葱は一糎半位に切り置く。

調理　鍋に水約三五〇瓩を入れ、煮立てて鮪を入れ、一沸しして葱を入れ、食鹽及び醬油にて調味す。

図49　『軍隊調理法』糧友会、1937年（昭和12年）

◎萬人好《はんにんごの》みのねぎま鍋《なべ》

ねぎまにする鮪《まぐろ》は、上等《じやうとう》のところでは却《かへつ》て駄目《だめ》。脂身《あぶらみ》の、切出《きりだ》し屑《くづ》を山と盛《も》つて、一皿《ひとさら》十錢《せん》などゝいふお安《やす》いところが、とびきり美味《おい》しいのですから、經濟《けいざい》この上《うへ》もない鍋物《なべもの》と申《まを》されませう。

葱《ねぎ》は太《ふと》くて軟《やはらか》いのを選《えら》んで、五六分《ぶ》のぶつ切《ぎり》に澤山用意《たくさんようい》し、鮪《まぐろ》は角切《かくぎり》にして大皿《おほざら》に盛《も》つて食卓《しよくたく》に出《だ》します。

鍋《なべ》に割醬油《わりした》(水《みづ》に酒《さけ》、醬油《しやうゆ》、砂糖《さたう》で味加減《あぢかげん》してもよい。)を煮立《にた》て、葱《ねぎ》と鮪《まぐろ》を少《すこ》しづゝ入《い》れ、煮《に》加減《かげん》を見《み》ながら食《た》べるのですが、鮪《まぐろ》は色《いろ》の變《かは》るのを度《ど》に、葱《ねぎ》はぶつ切《ぎり》を縱《たて》に並《なら》べて入《い》れ、心《しん》のところでぴゆつ〳〵と二三回《くわい》噴《ふ》き上《あが》る、そこが一番《ばん》の食《た》べ頃《ごろ》です。

鮪《まぐろ》の臭味《くさみ》の厭《いや》な方《かた》は、味噌《みそ》をほんの少々《せう〳〵》落《おと》してごらんなさいませ。

熱《あつ》い御飯《ごはん》でゆつくり〳〵食《た》べますと、お代《かは》りの數《かず》を忘《わす》れるほど食《しよく》が進《すゝ》みます。これに美味《おい》しい白菜《はくさい》の鹽漬《しほづけ》でもあれば、寒《さむ》い夜《よ》の御馳走《ごちそう》としては滿點《まんてん》でせう。(村田ふみ子)

図50　万人好みのねぎま鍋
(出典:「冬の温かい経済料理の作方五百種」「主婦之友」1939年〔昭和4年〕1月号付録、主婦之友社)

このレシピ(図50)ほどねぎま鍋の庶民性を的確に表したものはないでしょう。「ねぎまにする鮪は、上等のところでは却て駄目。脂身の、切出し屑を山と盛つて、一皿十銭などゝいふお安いところが、とびきり美味しいのですから、経済この上もない鍋物と申されませう」

一九三九年(昭和十四年)、まだ世の中には食糧物資がそれなりに流通しており、刺身としてもてはやされた「赤身」は高くても脂身は安く購入できていたのでしょう。調理方法も「鮪は色の変るのを度に(略)そこが一番の食べ頃です」と書かれております。四一年(昭和十六年)のねぎまが「国家経済のやりくり」とするならば、三九年のねぎまは「家庭経済のやりくり」でありました。かたや「押し付け」であり、もう一方は「工夫」であったんです。

一九三四年（昭和九年）のレシピ「葱鮪汁」のほうは、三センチくらいに切ったネギと一・五センチから二センチ角に切ったマグロの脂身を煮立った醤油味の汁に入れるだけという、いたって簡単な調理であります（図51）。

ただここで注意しなければならないのが、レシピに書かれている「鮪を入れて煮立

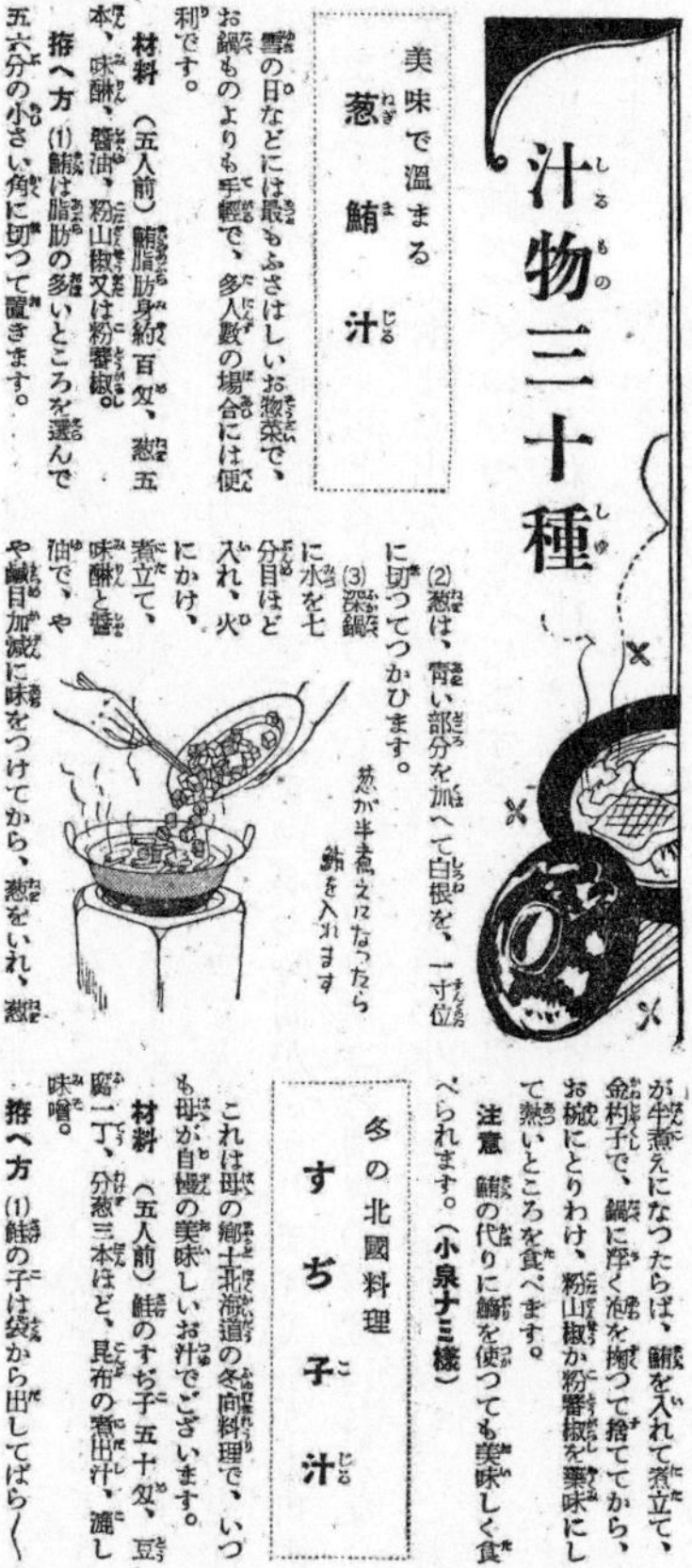

汁物《しるもの》三十種《しゅ》

美味で温まる　葱《ねぎ》鮪《ま》汁《じる》

雪《ゆき》の日《ひ》などには最《もつと》もふさはしいお物菜《そうざい》で、お鍋《なべ》ものよりも手軽《てがる》で、多人數《たにんず》の場合《ばあひ》には便利《べんり》です。

材料（五人前）鮪脂肪身《まぐろあぶらみ》約《やく》百匁《め》、葱《ねぎ》五本《ほん》、味醂《みりん》、醬油《しやうゆ》、粉山椒《こなざんせう》又《また》は粉蕃椒《ことうがらし》。

拵へ方　(1)鮪《まぐろ》は脂肪《あぶら》の多《おほ》いところを選《えら》んで五六分《ぶ》の小《ちひ》さい角《かく》に切《き》つて置《お》きます。

(2)葱《ねぎ》は、青《あを》い部分を加《くは》へて白根《しろね》を、一寸位《すんくらゐ》に切《き》つてつかひます。

(3)深鍋《ふかなべ》に水《みづ》を七分目《ぶんめ》ほど入《い》れ、火《ひ》にかけ、煮立《にた》て、味醂《みりん》と醬油《ゆ》で、やや鹹目《からめ》加減《かげん》に味《あぢ》をつけてから、葱《ねぎ》をいれ、葱《ねぎ》が半煮《はんに》えになつたらば、鮪《まぐろ》を入《い》れて煮立《にた》て、金杓子《かねじやくし》で、鍋《なべ》に浮《う》く泡《あわ》を掬《すく》つて捨《す》ててから、お椀《わん》にとりわけ、粉山椒《こなざんせう》か粉蕃椒《こたうがらし》を薬味《やくみ》にして熱《あつ》いところを食《た》べます。

注意　鮪《まぐろ》の代《かは》りに鰤《ぶり》を使《つか》つても美味《おい》しく食《た》べられます。（小泉ナミ様）

冬の北國料理　すぢ子《こ》汁《じる》

これは母《はゝ》の郷土《きやうど》北海道《ほくかいだう》の冬向料理《ふゆむきれうり》で、いつも母《はゝ》が自慢《じまん》の美味《おい》しいお汁《つゆ》でございます。

材料（五人前）鮭《さけ》のすぢ子《こ》五十匁《め》、豆腐《とうふ》一丁《ちやう》、分葱《わけぎ》三本《ぼん》ほど、昆布《こんぶ》の煮出汁《にだし》、濾《こ》し味噌《みそ》。

拵へ方　(1)鮭《さけ》の子《こ》は袋《ふくろ》から出《だ》してばら〳〵

図51　「温くて美味しい冬の家庭料理」「婦人倶楽部」1934年（昭和９年）12月号付録、大日本雄弁会講談社

て、金杓子で、鍋に浮く泡を掬って捨ててから」の部分です。現代人は「煮立てる」「泡を掬う」と言うと、ガスコンロの強い火にかけてぐつぐつ煮立て、出てきたアクを取ることと思いがちでしょうが、挿絵にありますようにこの頃の調理道具の熱源は炭火でありますから、火力が弱い。ネギやマグロを入れますと鍋のなかの出汁の温度が一気に下がり、再沸騰するまでにはずいぶん時間がかかります。しかも再沸騰と言いましても、ぐらぐらと煮え立つのではなくポコポコと泡立つ程度にしかなりませんから、アクとてあまり出ないんですね。だから魚の生臭さも出てこない。これがガスのような強火でぐつぐつと煮立てますと、いや〜な臭いが立ち込めるのです。したがいましてここで作ったねぎま汁は、まるでお吸い物のような上品な味に仕上がっております。

一九三〇年（昭和五年）のレシピ「ねぎま鍋」のほうはかなりすき焼き風にアレンジされているようですね（図52）。「鍋に、湯と酒とを同量に入れ」とありますが、使う酒の量が「一勺」ですから十八CC、同量の湯を加えるから鍋のなかには三十六CCの割り下が入っているような感じではないでしょうか。

これを煮立てて砂糖五CC、醬油九十CCで味を付け、ネギを煮る。レシピには書かれていませんが、たぶんこのあたりで切った焼き豆腐を入れて、最後に一・五センチ角のマグロを入れるのでしょう。これはまさにマグロのすき焼きと言えるものでしょう。

レシピの最後に「まぐろは上肉でなく、脂肪の混つた赤身でよい、あらを用ひてもよろしい」と書かれていますが、これなんぞは「すき焼きに使う牛肉は脂肪の混じったサシが入った赤身がよろしい」と言ってるのと同じようなことなんですね。

このようなレシピを見ますと、明治維新以降に始まった「牛鍋」と関西の「魚すき」から生まれた牛肉のすき焼きをもっと安くお手軽に食べる料理として生まれたのが「ねぎま鍋」だったのではないかと考えることもできますね。

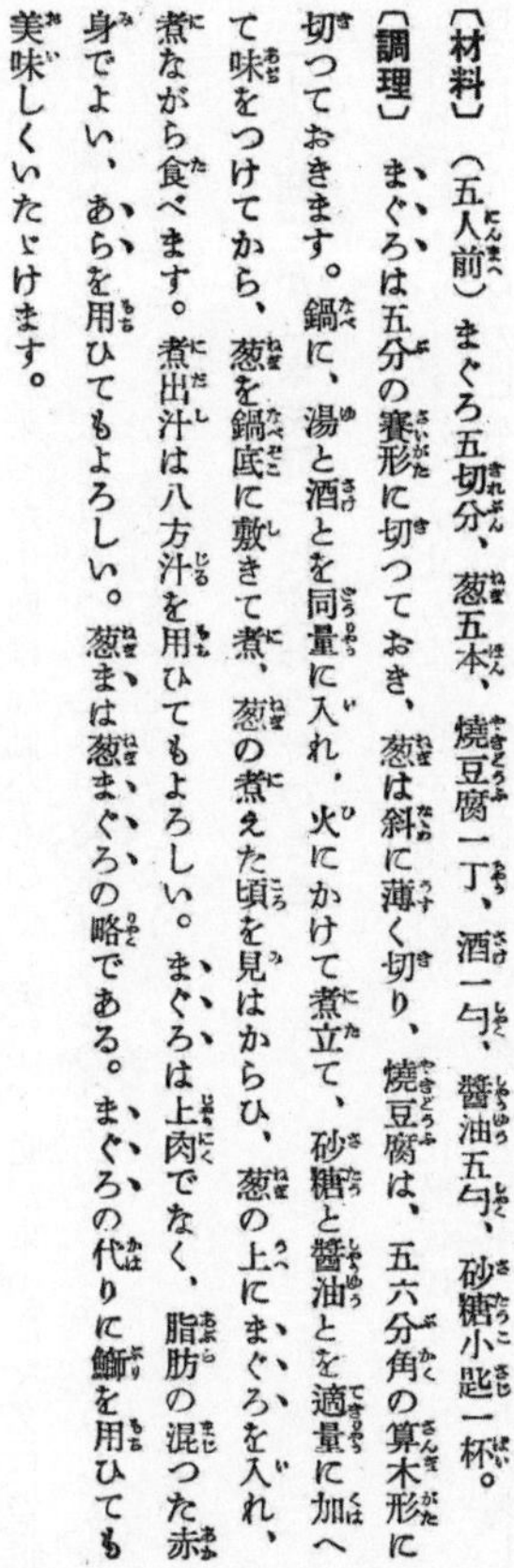

□ねぎま鍋

〔材料〕（五人前《にんまへ》）まぐろ五切分《きれぶん》、葱《ねぎ》五本《ほん》、焼豆腐《やきどうふ》一丁《ちやう》、酒《さけ》一勺《しやく》、醤油《しやうゆう》五勺《しやく》、砂糖小匙《さたうこさじ》一杯《ぱい》。

〔調理〕まぐろは五分《ぶ》の賽形《さいがた》に切《き》つておき、葱《ねぎ》は斜《なゝめ》に薄《うす》く切《き》り、焼豆腐《やきどうふ》は、五六分《ぶ》角《かく》の算木形《さんぎがた》に切《き》つておきます。鍋《なべ》に、湯《ゆ》と酒《さけ》とを同量《どうりやう》に入《い》れ・火《ひ》にかけて煮立《にた》て、砂《さ》糖《たう》と醤油《しやうゆう》とを適量《てきりやう》に加《くは》へて味《あぢ》をつけてから、葱《ねぎ》を鍋底《なべぞこ》に敷《し》きて煮《に》、葱《ねぎ》の煮《に》えた頃《ころ》を見《み》はからひ、葱《ねぎ》の上《うへ》にまぐろを入《い》れ、煮《に》ながら食《た》べます。煮出汁《にだし》は八方汁《じる》を用《もち》ひてもよろしい。葱《ねぎ》まは葱《ねぎ》まぐろの略《りやく》である。まぐろは上肉《じやうにく》でなく、脂肪《あぶら》の混《まじ》つた赤《あか》身《み》でよい、あらを用《もち》ひてもよろしい。まぐろの代《かは》りに鰤《ぶり》を用《もち》ひても美味《おい》しくいたゞけます。

図52　朝野料理研究会編『実物そのまゝの風味を表した家庭料理とその実際』修教社書院、1930年（昭和5年）

サシが入って脂が乗った牛肉は高価なものでしたが、脂が乗ったマグロの腹身やアラは安価だった。そこに目をつけたのが長屋暮らしの庶民だった。こうしてねぎま鍋は庶民の惣菜としての地位を築いたのでしょう。

「ネギ鮪」が「ネギ間」に変わるそのとき

「ネギマ」という名がどのような料理を指すのか、これは時代によって変わってまいりました。今日の日本人の大半が「焼き鳥の一種で鶏肉とネギとを交互に刺して焼いた食べ物」と答えるのではないでしょうか。

実際のところ焼き鳥屋に行きますと「やきとり百三十円」とか「ねぎま百二十円」とか書かれておりますから、そう思うのが自然でしょう。しかし一九七〇年（昭和四十五年）以前の料理本を開きますと、ねぎまは「ネギ鮪」でありまして。コレ、ネギとマグロを使った料理のことだったんですね。

ネギとマグロの脂身を使ったすき焼きのような料理は一九六〇年（昭和三十五年）以前では下町の普通の家庭で食べる、安くて手軽なごく普通のお惣菜でありました。そのネギとマグロがネギと鶏肉に変化する――その過渡期とも言えるような料理が、この「まぐろねぎま焼」ではないかと「鑑食家」はにらんだのであります。

この作り方は「春夏秋冬の家庭料理」(婦人生活一九五六年二月号付録)によりますと「鮪十匁(約三十八グラム)を五ミリ幅に切る」となっておりますから、これはサク取りにしたマグロの身を薄い刺身のように切るということでしょう。またここではマグロの部位については書かれておりませんが、赤身のサク取りではないかと思われます。このマグロの薄切りを生姜醤油に浸してからざく切りネギに巻き付けて楊枝で止め、フライパンで油焼きにしております。このような料理法はこれ以前の「ねぎま料理」には見当たりませんでした。料理名の「まぐろねぎま焼」もマグロを冠していますから、その後にくるねぎまの「ま」はマグロのことではないと考えるのが普通でしょうね。としますと、ここで言うねぎまの「ま」はネギを巻くことを意味する「ま」と考えていいのではないでしょか。ネギをマグロで巻いているから「ネギま」なんでしょう。

マグロの脂身は足が早い

関東大震災後に作られた築地市場には保冷倉庫がありましたが、町の魚屋で冷蔵庫を持っているところは少なかった。持っていてもせいぜい氷式の冷蔵庫くらいですから、生の魚の鮮度を保つのは難しかったようです。そんな時代ですから、築地で仕入れた生のマグロを切り身にして魚屋の店頭に並べましても、時間とともに傷んでまいります。マグロのような大型の魚の場合、三枚におろした後、背の身と腹の身に切り分けて簀子《すのこ》やまな板に乗せて並べますが、脂が多い腹身（トロ）の部分は赤身に比べて傷むのが早く、すぐに腐敗臭がしてきますから最初から切り取ってしまっていたようです。つまり「足が早い」わけで、腐ってしまう前に何とか売り切ってしまおうということから「一山十銭」という安値を付けたのでしょう。また当時はぼてふりよろしく「曳き売り」をしていましたから、そのときには脂身を醤油漬けにして腐敗を防ぎながら売りさばいたようです。これなんざすでに醤油がマグロに染み込んでおりますから、そのままざく切りネギと一緒に鍋に入れりゃ「ねぎま鍋」になりますわな。ねぎま鍋に使っていたマグロの脂身が安価であったのは保冷方法がなかったことと、鮮度を保ったまま輸送する流通手段がなかったことが関係していた——と考えられるのです。

脂が乗った魚は鮮度が落ちますと、たちまちいやあな臭いがしてまいります。一九二二年（大正十一年）の小出新次郎『安価滋養食品料理法』（通信東洋女子大学出版部）という本の鰯料理のところには「併《しか》し鰯《いわし》を刺身に致して食べますのには余程《よほど》活《いき》の好いので無ければ、なまぐさくて、とても食べられませぬ」という表記もありますし、魚

↓臭い↓生姜で臭い消し……このような解説は一九七〇年代（昭和五十年前後）の料

理本でもよく見られました。生の魚の鮮度が落ちたときの腐敗臭は特に脂身に多かったから、冷蔵保存・冷蔵輸送ができなかった時代には大トロは処分品だったのでしょう。

冷蔵庫で下剋上

しかしながら戦後も十年ほどたちますと、町の魚屋にも冷蔵庫が当たり前になってまいります。戦後三十年もたちますと、家庭の電気冷蔵庫も当たり前になりました。しかしそれ以上に、漁業関係では漁船内での超低温冷凍技術も進歩し、運搬流通関係も超低温が当たり前になりました。

こうなりますとインド洋などで獲れたマグロもマイナス二〇度から六〇度にして持ち帰り、じょうずに解凍させれば生のマグロに引けを取らないくらいおいしく提供できるようになりましたの。となりますと、かつては「脂身なんざ、臭くっていけねーやな」だった方も「とろ〜んとしていてなかなかうめ〜やなっ」に変わるんですねー。こうしてマグロの脂身はまず寿司屋の「大トロいっちょう！」あたりから高級食材の地位を獲得してきたんであります。

これが一九七〇年代でありましたが、寿司屋で使う脂身は食べやすい軟らかな脂身でありまして、「筋」がある部位やマグロの頭、カマの部分はまだまだ見捨てられた状態でした。

一九八〇年代の脂身事情

一九八〇年代、月に二、三回は築地市場へ行っておりました。全国どころか世界中から集まってくる魚介類をチェックしていたんですが、いつも気になっていたのがマグロ卸業者の店先に置いてある特大のポリバケツでした。午前九時頃になりますと卸屋さんは店仕舞いにかかりますが、その頃にはポリバケツのなかにでっかい本マグロの頭が五、六個ぶち込まれておるのです。

これ、どーするんだろー？ と疑問に思い、ひたすら張り込みを続けていますと、肥料会社のトラックが来て積んでいっちゃうんですな。な〜るほど。ドウブツセイタンパクシツはいい肥料になりますわな。なんて感心している場合ではありませんっ。マグロの頭やカマと言えば脂身の塊ではありませんかっ。

辛抱たまらず蛮勇ふるってマグロ卸の社長に「マグロの頭……一つ分けてもらえますぅ？」をやってみましたところ、「いいよっ！ 肥料屋が来る前にほしいだけ持っていきなっ」ですと。何ともあっけなく手に入ったのはいいんだが、一辺が四十センチもあるような大きな頭をバイクに縛り付けて目黒まで帰るのは不気味な光景だったと思います。この本マグロの頭を出刃包丁とスプーンで解体しましたところ、マグロの「おとし」というか「脂身」部分が洗面器に二杯くらい取れたんで、当然ねぎま鍋を派手にやらかしました。

一九八〇年代と言えばバブル景気真っ盛りですから、マグロの頭なんざ「捨てっちまえ！」だったのかもしれませんが、その後、マグロの頭やカマから身をすき取れる機械もでき、そのすき身で作った「ネギトロ」などがスーパーマーケットにも並ぶようになりました。

一九九〇年代は偽装大トロ時代

「マグロの脂身は臭い」と言われた時代はだんだん過去になってきました。いまや臭いどころか脂身こそがグルメの象徴……とさえ言われるようになってきたんです。スーパーや魚屋では刺身には生臭さを抑えるためにビタミン水溶液をスプレーしたり、バックヤードでの調理では除菌・殺菌・消臭などの衛生管理をするようになりましたから、今日の消費者は「脂身はおいしくていい香り」という認識になってると思います。

腐敗臭がしなくて、とろ〜りと舌の上でとろけるマグロの脂身をみんなが食べたがる時代になったってことは、脂身が昔とは真逆の「人気者」になったということでもありますから、引く手あまたになる。しかし一匹のマグロから取れる脂身の量は知れていますから、当然品不足となり価格も高騰してまいります。となりますと世の習いとして偽装食品も現れてくるんですね。

本マグロより小さくて脂もあまり乗っていないメバチマグロやキハダマグロなどの赤身にラードやヘットを加えて練り上げ、刻みネギを練り込んだ「ネギトロ」がスーパーの目玉商品にもなりました。こうまでして「マグロの脂身」をみんなが食べたがるようになったのも、マグロの鮮度を保つための冷蔵技術や衛生管理、流通運搬方法が進歩したからではないでしょうか。

その技術進歩はより脂身が多いマグロを生簀で飼う「蓄養」を生み出し、次には人工孵化でマグロを完全養殖するところにまで進んできたようであります。もはや偽装なんて無用になったんですね。

ねぎま鍋の生い立ちから終焉まで

庶民には手が届かないが、それでも食べてみたいのがすき焼きでした。サシが入った牛肉並みにおいしいけれども生臭いマグロの脂身ならば安く買えたから、これで憧れのスキヤキもどきを楽しんじゃえってことでねぎま鍋が昭和初期に人気を博した。

しかし冷蔵庫が出てきたらマグロの脂身が傷みにくくなり、生臭いものではなくなってきた。生臭くさえなければ寿司種としては最高においしいもんだから、み〜んな脂身を生で食べるようになってしまった。本来安いからお惣菜＝家庭料理として人気だったねぎま鍋も安価ではできなくなってしまった。

高い大トロを買ってきてまでねぎま鍋を食べるくらいなら、安い牛肉ですき焼きを食べたほうがいい！となるのが家庭料理としては自然でありましょう。こうして二十一世紀には「ねぎま」とはねぎま鍋を意味するものではなくなり、焼き鳥の一種で鶏肉とネギとを交互に刺して焼いたものを意味するモノに変わったのでありました。「ねぎま」がマグロ料理から鶏料理に変わっていったきっかけは冷蔵庫の存在だったのかもしれませんね。

第5章　人工葡萄酒

葡萄酒の自家醸造は合法？ だった

この一升瓶のなかに入っているのは搗《つ》き潰した葡萄です。瓶の蓋であるコルク栓には穴が開けられて、そこにはガラス管が通っています。そしてそのガラス管にはゴム管がつながっておりまして、ゴム管の先っぽは水が入ったコップのなか。ズバリ！怪しげですな。こりゃ台所というよりは化学実験室と言ったほうがピッタリときますわな。これ、一応婦人雑誌「女性の友」（公友社）のお料理欄に載っていたものなんですけども……。

家庭で葡萄酒を造るってことは「自家醸造する」ってことですよね。このレシピでは「むずかしいことはありません。（略）たのしいではありませんか」と、まるでお茶でも入れるかのような気楽さで書かれておりました。

ちょいと待てよ、この国には酒税法という法律があって自家醸造は禁止されていたはずなんですが。この雑誌が発売されたのが一九四九年、つまり昭和二十四年ですから、そのときのお酒の醸造に関する法律は四〇年（昭和十五年）に制定された戦前の酒税法が適用されていたと思います。

この一九四〇年（昭和十五年）の酒税法では、それまでは取り締まりの対象になっていなかった葡萄を使った酒類も「届出や認可の無い密造酒」として取り締まりの対

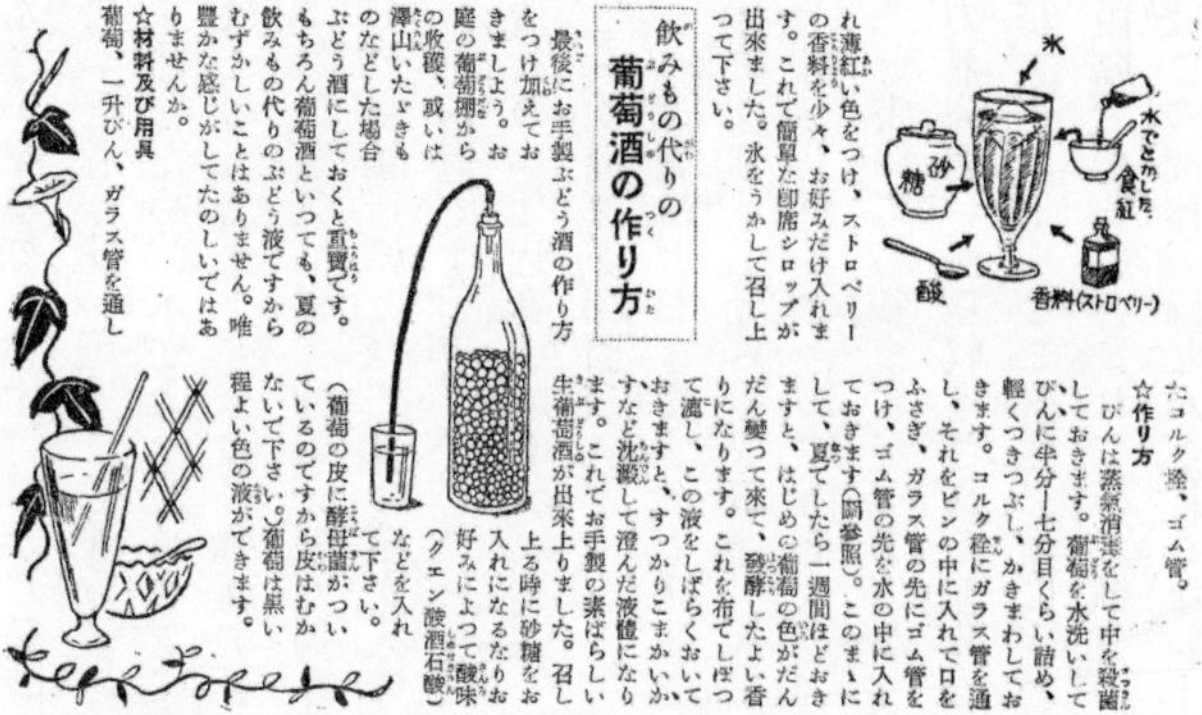

飲《の》みもの代《かわ》りの
葡萄酒《ぶどうしゅ》の作《つく》り方《かた》

最後《さいご》にお手製ぶどう酒の作り方をつけ加《くわ》えておきましょう。お庭の葡萄棚《ぶどうだな》からの收穫、或いは澤山《たくさん》いたゞきものなどした場合ぶどう酒にしておくと重寶《ちょうほう》です。もちろん葡萄酒といつても、夏の飲みもの代りのぶどう液ですからむずかしいことはありません。唯豊かな感じがしてたのしいではありませんか。

☆材料及び用具
葡萄、一升びん、ガラス管を通したコルク栓、ゴム管。

☆作り方
びんは蒸氣消毒をして中を殺菌《さっきん》しておきます。葡萄を水洗いしてびんに半分―七分目くらい詰め、輕くつきつぶし、かきまわしておきます。コルク栓《せん》にガラス管を通し、それをビンの中に入れて口をふさぎ、ガラス管の先にゴム管をつけ、ゴム管の先を水の中に入れておきます（圖參照）。このまゝにして、夏《なつ》でしたら一週間ほどおきますと、はじめの葡萄の色がだんだん變つて來て、發酵《はっこう》したよい香りになります。これを布でしぼつて濾し、この液をしばらくおいておきますと、すつかりこまかいかすなど沈澱《ちんでん》して澄んだ液體になります。これでお手製の素ばらしい生《き》葡萄酒《ぶどうしゅ》が出來上りました。召し上る時に砂糖をお入れになるなりお好みによつて酸味《さんみ》（クエン酸酒石酸《しゅせきさん》）などを入れて下さい。

（葡萄の皮に酵母菌《こうぼきん》がついているのですから皮《かわ》はむかないで下さい。）葡萄は黒《くろ》い程よい色の液ができます。

れ薄紅《あか》い色をつけ、ストロベリーの香料《こうりょう》を少々、お好みだけ入れます。これで簡單な卽席シロップが出來ました。氷をうかして召し上つて下さい。

図53　葡萄酒の作り方
（出典：「女性の友」1949年〔昭和24年〕８月号、公友社）

象になっております。だから戦後とはいえ四九年（昭和二十四年）段階で自家醸造の葡萄酒は密造酒＝違法だったんです。

　法律的には紛れもなく「違法」だった自家醸造酒ですが、このレシピを見るかぎり、違法的後ろめたさというものはみじんも見当たりませんね。作り方にしましても簡略に書いてあるように見えますが、大切な「要点」はきちっと押さえてあります（筋金入り密造家が言うのだからマチガイナイ）。密造家の目でこのレシピを鑑識いたしますと――

①自家醸造三点セット＝一升瓶、ガラス管を通したコルク栓、ゴム管

　葡萄を発酵させるとき、瓶の蓋をきちっとしておかないと、ショウジョウバエがわ

んさかやってきます。しかし発酵中は二酸化炭素が発生するので、それを瓶から抜かないと栓が吹っ飛んでしまう。そのためのガス抜きゴム管の先っぽから雑菌が入るのを防ぐため、水が入ったコップに漬けておくわけです。これらの事情から自家醸造家はこの三点セットを必ず用意するのです。

②瓶は蒸気消毒、葡萄を軽く搗き潰し、かきまわして……

自家醸造にとっては雑菌が入るのがいちばん怖いですから、熱湯か蒸気で消毒するのが常道です。「つきつぶし」と「かきまわし」は破砕と攪拌作業のことで、ワイン造りの「仕込み」ですね。

③一次発酵と滓引《おりび》き

一週間ほどおきますと↓発酵できたということになり、かすなど沈殿して澄んだ液体になり⇓上澄みを取る滓引きをします。

④召し上がるときに砂糖を

と書いてありますが、ここがさすがプロの書いたレシピですね。この時代の「お庭の葡萄棚」から収穫された葡萄の糖度はかなり低くて甘さが少ない。その甘さ＝糖分がアルコールと二酸化炭素に変わることを発酵というわけですから、発酵が終わった段階で葡萄に含まれていた糖分の大半はアルコールになってしまっている。ってことはこの液体、ほとんど甘くない！　ってことなんです。その頃の日本人にとっての葡萄酒は「赤玉ポートワイン」みたいなあま〜い飲み物でしたから、砂糖でも入れなきゃこのレシピのタイトルにあるような「飲みもの代り」にならんでしょう。

これらの点からこのレシピは、正しいワイン醸造法を家庭料理のレベルでできるようにわかりやすく書いていたと言えるのです。なお、微量のクエン酸を入れますと、赤黒かった葡萄酒の色がパァ〜ッと鮮やかなワインレッドに変化いたします。

つくりませう！　葡萄酒

「家の光」一九三二年（昭和七年）九月号（産業組合中央会）九六ページにこのような記事が掲載されておりました（図54）。

葡萄酒と果実酒、桑実酒、水飴が同列に並べられており、その横にははっきりと「自家製法」と書かれてますね。ご指導くださるのは東京府立園芸学校の西清蔵先生ですから、これはどう見ても果実やその加工・醸造などの専門家でありましょう。当時の家庭での自家醸造を知る手がかりとなる資料だと思いますので一部掲載します。天然葡萄酒、混成葡萄酒、人工葡萄酒という分類を見ますと、日本で「葡萄酒」と言われている飲み物がどのような作り方をされたものだったのかが見えてきますね。

葡萄酒《ぶどうしゆ》 果実酒《くわじつさけ》 桑実酒《くわのみさげ》 水飴《みづあめ》の自家製法《じかせいはう》

東京府立園藝學校 西清藏

葡萄酒《ぶだうしゆ》は葡萄汁《ぶだうじる》を搾《しぼ》つて醱酵《はつかう》させたもので、之《これ》を天然葡萄酒《てんねんぶだうしゆ》又《また》は生葡萄酒《きぶだうしゆ》と云《い》ふ。別《べつ》に混成葡萄酒《こんせいぶだうしゆ》と人工葡萄酒《じんこうぶだうしゆ》といふのがある。混成葡萄酒《こんせいぶだうしゆ》は葡萄酒《ぶだうしゆ》の量《はかり》を増《ま》す爲《た》めに苹果酒《りんごしゆ》やその他《た》の物《もの》を適宜《てきぎ》に加《くは》へたもので、人工葡萄酒《じんこうぶだうしゆ》はアルコールに色《いろ》や香《か》、甘味《あまみ》、酸味《さんみ》などをつけて作《つく》つた僞《に》せ物《もの》である。

材料《ざいれう》　赤葡萄酒《あかぶだうしゆ》を作《つく》るには、原則《げんそく》として赤《あか》い葡萄《ぶだう》を用《もち》ひ、白葡萄酒《しろぶだうしゆ》には甲州《かふしう》葡萄等《ぶだうとう》が用《もち》ひられる。然《しか》し家庭的《かていてき》釀造《ぢやうぞう》には何種《なにしゆ》でもよい。

收穫《しうくわく》　收穫時期《しうくわじき》はなるべくよく成熟《せいじゆく》して果中《くわちう》に糖分《たうぶん》の多《おほ》い時《とき》がよい。十分《ぶん》成熟《せいじゆく》したものを晴天續《せいてんつゞ》きの日《ひ》の午後《ごご》に收穫《しうくわく》すれば、糖分《たうぶん》は多《おほ》い譯《わけ》である。

破碎《はさい》　粒《つぶ》を房《ふさ》からとり、破碎機《はさいき》にかけて碎《くだ》き又《また》は手《て》でつぶす等《とう》の方法《はうはふ》で碎《くだ》くと、十分《ぶん》な汁《しる》を得《え》られる。

壓搾《あつさく》　白葡萄酒《しろぶだうしゆ》を作《つく》る時《とき》は汁《しる》の中《なか》から皮《かは》や種子《しゆし》等《とう》を除《のぞ》いて汁《しる》ばかりとなし、之《これ》を醱酵《はつかう》させる。赤葡萄酒《あかぶだうしゆ》は搾《しぼ》り汁《しる》の中《なか》に赤《あか》い皮《かは》や種子《しゆし》を殘《のこ》したまゝで醱酵《はつこう》させ、其赤色《そのせきしよく》を汁《しる》に浸出《しみだ》させる。

汁《しる》の修正《しうせい》　葡萄酒中《ぶだうしゆちう》の酒精《しゆせい》が、少《すく》ないと、味《あぢ》が悪《わる》いので適當《てきたう》な砂糖《さたう》を加《くは》へて汁《しる》を修正《しうせい》する。その分量《ぶんりやう》の算定法《さんていはふ》はあるが、むづかしいからここでは省《はぶ》く。

赤葡萄酒釀造法《あかぶだうしゆぢやうざうはふ》

赤葡萄《あかぶだう》を破碎《はさい》し汁《しる》を檢査《けんさ》して修正《しうせい》し醱《はつ》酵《かう》桶《をけ》に入《い》れる。もし此桶《このをけ》がなければ四斗《と》樽《だる》でも清潔《せいけつ》な水桶《みづをけ》でもよい。桶中《をけちう》の果汁《くわじふ》は一杯《はい》に滿《み》たすと醱酵《はつかう》して吹《ふ》き出《だ》すから七分目位《ぶめくらゐ》とし、又黑皮《またくろかは》は中《なか》に入《い》れて一所《しよ》に醱酵《はつかう》させるが、汁《しる》の表面《へうめん》に浮《う》いて黴《かび》が發生《はつせい》する恐《おそ》れがあるから、皮《かは》を液面以下《えきめんいか》に押《おさ》へるために竹製《たけせい》の中蓋《なかぶた》を作《つく》つて液面《えきめん》下《か》に押《おさ》へて置《お》く。

醱酵《はつかう》した炭酸瓦斯《たんさんがす》は外《そと》へ出《で》て外《そと》から内《うち》へ空氣《くうき》が入《はい》らぬやうに、次頁《じぺーじ》の圖《づ》のやうな小桶《こをけ》を醱酵桶《はつかうをけ》にさし込《こ》み、水《みづ》を入《い》れてコツプをかぶせて置《お》くと、瓦斯《がす》は水《みづ》をくゞつて外《そと》へ出《で》るが、外《そと》の空氣《くうき》は中《なか》に入《はい》らぬ。即《すなは》ち腐敗菌《ふはいきん》が侵入《しんにふ》することはない。

かくて桶《をけ》の中《なか》では盛《さかん》に醱酵《はつかう》が初《はじ》まるが、

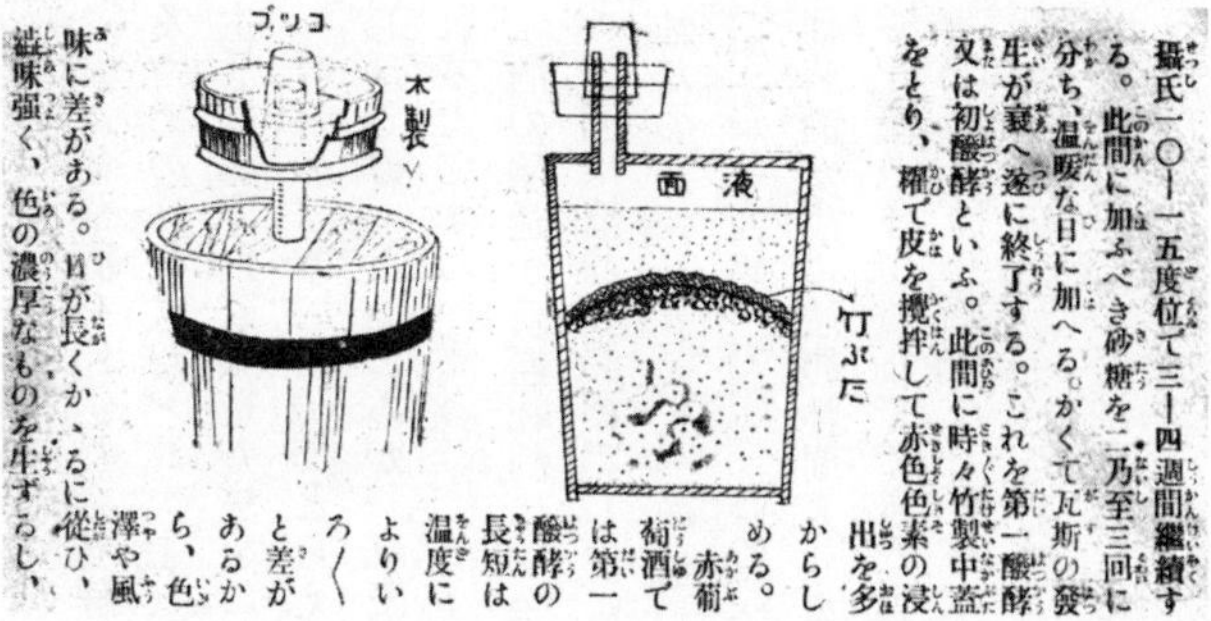

攝氏《せっし》一〇—一五度位《どくらゐ》で三—四週間繼續《しうかんけいぞく》する。此間《このかん》に加《くは》ふべき砂糖《さたう》を二乃至《ないし》三回《くわい》に分《わか》ち、温暖《をんだん》な日《ひ》に加《くは》へる。かくて瓦斯《がす》の發生《はっせい》が衰《おとろ》へ遂《つひ》に終了《しうれう》する。これを第一醱酵《だいはっかう》又《また》は初醱酵《しょはっかう》といふ。此間《このあひだ》に時々竹製中蓋《ときどきたけせいなかぶた》をとり、櫂《かひ》で皮《かは》を攪拌《かくはん》して赤色色素《せきしよくしきそ》の浸《しん》出《しゅつ》を多《おほ》からしめる。

赤葡萄酒では第一醱酵の長短は温度《をんど》によりいろ〳〵と差《さ》があるから、色《いろ》、澤《つや》や風《ふう》味《み》に差《さ》がある。日《ひ》が長《なが》くかゝるに從《したが》ひ、澁味《しぶみ》強《つよ》く、色《いろ》の濃厚《のうこう》なものを生《しやう》ずるし、

図54　「家の光」1932年（昭和７年）９月号、産業組合中央会

作り方に関する記述を見ましても、かなり専門的に書かれています。収穫時は「成熟したものを晴天続きの日の午後に収穫すれば、糖分は多い」というアドバイスをしていますね。

ここに出てくる「汁の修正」とは葡萄液の糖度調節を指し、実に大切なことながら素人《しろうと》はなかなか気がつかないでしょう。この頃日本で一般に栽培されていた葡萄の糖度は低くあまり甘くなかったから、発酵してもアルコール度数は五パーセント以下にしかならなかったと思われます。これは今日でも同じで、自家でビールやワインを醸造するときにも麦や葡萄を仕込んだところに砂糖を加えて糖度が高くなるように調整します。こうしないと市販の「手作りビールキット」ではアルコール度数が一パーセント未満のノンアルコール飲料しかできないんです。

一九三二年（昭和七年）の西先生はそこのところも考慮して、「砂糖を加へて汁を修正する」とおっ

しゃっていたのでしょう。

また葡萄酒を仕込む「発酵桶」のガス抜き方法や葡萄の皮が浮いてこないようにするための注意点なども、「ご家庭の」レベルを超えております。婦人向けに作られた生活雑誌で自家醸造方法をここまで詳しく述べたものは見たことがありません。

今日の日本の常識でとらえますと「密造を勧めているのではないかっ！」でありましょうが、ところが一九三二年においてはこの葡萄酒造り、合法であったと考えられるんですね。

酒の醸造が新鑑札制になったのが一八七一年（明治四年）とされています。このときの酒は清酒と濁酒でした。その後白酒、みりん、焼酎をも含んだ酒造税法が制定されたのが一八九六年（明治二十九年）で、そこに麦酒税法が加わるのが一九〇一年（明治三十四年）です。この段階で葡萄酒は酒税法の対象にはなっていないんですね。葡萄酒が酒税法の仲間入りを果たすのは四〇年（昭和十五年）のことだったんですから、それまでは畑でできた葡萄を使って自分ちで葡萄酒を造るなんて、味噌や醤油を造るのと同じようなことだったんですの。

ここで紹介しました葡萄酒の自家製法が掲載されたのは一九三二年（昭和七年）ですから、醸造がご法度になる八年も前。西先生も堂々とそして懇切丁寧にご教授なさったんでしょう。

それにしてもこの「自家製法」はよくできております。この製法を読んで実践していけば、葡萄に限らずリンゴでもパインでも梨でも……あらゆる果物から酒が造れるようになるでしょう。生命維持のための食術である醸造や発酵の技術を「国家の税収を上げるために取り上げて」しまっていいんでしょうかね〜。ましてや今日、酒税なんて税収全体のなかでは微々たるものでしょう。味噌造りと同レベルで酒造りくらいできる人間でありたいものです。

甘味代用の葡萄酒も自家醸造だった

敗戦からちょうど一年たった一九四六年（昭和二十一年）の雑誌「主婦と生活」八月号に掲載されていた「調味料の新工夫」の一コマです（図55）。

ここに甘味料としてこの葡萄酒の作り方が掲載されていました。こちらは先に見た一九四九年（昭和二十四年）の「女性の友」の「飲みもの代りの……」という記事に比べますと、いたって原始的で大雑把なものであります。イラストのような広口の甕で造りますと発生したガスで栓が吹っ飛ぶことはないでしょうが、ショウジョウバエがワンサカになりましょうね。

「冷たい場所におきます」とありますが、何日くらいかの記述がありません。ただ、

甘味代用の葡萄酒

◆葡萄酒の作り方＝出盛りの葡萄を房のまゝ洗ひ、一粒づゝちぎつては、瓶か甕に潰しながら入れます。あまり口元まで入れると醱酵しぶく／＼泡が立ちますから、せい／″＼七分目くらゐにとゞめて栓か蓋をし、冷たい場所におきます。醱酵につれて持味の甘味が出てきますから、別の甕に漉し取り、殘つた實や皮は、シチューに入れたり、ジャムのやうに煮、お菓子に利用してください。

出來上つた葡萄酒は、洋食の調味やお菓子に入れると、非常に風味がよくなります。（若原すゞ）

図55　「主婦と生活」1946年（昭和21年）8月号、主婦と生活社

「持味の甘味が出てきます」ということなので、たぶん仕込んでから二、三日ではないでしょうか。七日から十日も置きますと発酵が進んで持ち味の甘さがなくなってしまいます。ここに書いてあるように二、三日で「甕に漉し」取る……のはいいんですが、この段階ではまだ発酵してますから、きっちりフタをしたら栓が吹っ飛ぶでしょうね。

本当に甘味料として使いたいのであれば、漉した後で六〇度くらいに温めて酵母を死滅させるのがよろしいでしょう。こうすればもう発酵が止まりますので、甘い葡萄液のままで保存ができます。

このレシピは葡萄酒の造り方というよりは、葡萄を使った甘味液の作り方と言ったほうが正しいと思います。しかしこれでもアルコール度数は一パーセントは超えていると思えますので、酒税法で言うところの「密造」であります。

一九四六年（昭和二十一年）から五五年（昭和三十年）

頃までは密造酒の取り締まりが厳しく、検挙件数は戦前・戦後を通じて最も多かった頃でありましょう。そんなご時世なのに葡萄酒をご家庭で奥様がお造りになる、そのようなレシピが婦人雑誌に堂々と載せられているって、戦後ニッポンはそんなにおおらかになったんでしょうか。その反対に戦前や戦時中はもっと取り締まりが厳しかったんでしょうか。そんなことを考えながら戦前の婦人向け生活雑誌を開いてみましたら……あったんですね〜、三二年（昭和七年）の雑誌に葡萄酒の製造法が堂々と載っていたんであります（これが前述の「家の光」のことです）。

自家醸造のトマト酒

「家の光」一九三五年（昭和十年）九月号掲載の「我が家の実験」に紹介されていた「おいしいトマト水の作り方」。一応「トマト水」でありますが、「おいしいトマト水」と断り書きが付いているのは「発酵させているから」なのでしょう。一貫目＝約三・八キログラムのトマトに五百六十グラムの砂糖を混ぜておいておけば、砂糖の糖分がトマトにくっついていた天然酵母によって発酵し始めるでしょう。あまり熟れていないトマトだって、これだけたっぷりの砂糖を加えればプチプチと発酵はいたします。

おいしいトマト水《すゐ》の作《つく》り方《かた》

トマトの最盛期《さいせいき》に未熟《みじゆく》完熟《くわんじゆく》を問《と》はず、輪切《わぎ》りにして一貫目《くわんめ》のトマトの中《なか》に砂糖《さたう》百五十匁《もんめ》くらゐまぜて、醱酵《はつかう》させます。春秋《はるあき》は一週間《しうかん》、夏《なつ》は三日《か》くらゐ經《た》つてから布《ぬの》で汁《しる》をしぼります。それでおいしいトマト水《すゐ》が出來《でき》上《あが》ります。

これはおいしいばかりでなく、胃腸《ゐちやう》のために大《たい》へんよいのです。

これを貯藏《ちよざう》するには瓶《びん》に入《い》れ熱湯《ねつたう》で殺菌《さつきん》しておきます。冬期《とうき》でも、胃腸《ゐちやう》の衰弱《すゐじやく》した時藥《ときぐすり》の代用《だいよう》にすると經濟《けいざい》です。

図56 「家の光」1935年（昭和10年）９月号、産業組合中央会

そしてこれだけの砂糖が入っていますと、発酵したらアルコールも三パーセントから五パーセントくらいになるんじゃないでしょか。「貯蔵するには瓶に入れ熱湯で殺菌しておきます」——これは日本酒造りで言うところの「火入れ」ですね。酵母菌を熱で殺してこれ以上の発酵を止めることで、同時に腐敗するのも止めようというものであります。

こうして貯蔵された「トマト水」は、アルコール度数が三パーセントから五パーセントのちょいと甘い飲み物ということになります。はたして「胃腸のために大へんよい」かどうかはわかりませんが、「おいしいばかりでなく」は言えてると思います。

しかしこのままですとドロドロしていて飲みにくいので、目が粗い木綿袋で絞りますとトロッとしたトマトジュース様になります。実際に作って

みると酸味と少しの甘味がありますが、アルコールっぽさはあまり感じないので、もしかすると三パーセント以下の低アルコール飲料なのかもしれません。たとえて言いますと、ごくごく薄く作った「微発泡ブラッディマリー」ってとこですか。

この雑誌は主に農村で購読されました。一九三五年（昭和十年）、ニッポンの農村では味噌や醤油だけでなく、シャンパン風ブラッディマリーまで自家醸造していたんですね。これも家庭内醸造文化の一つでありましょう。

人工葡萄酒は黒豆で

一九五五年（昭和三十年）の雑誌「主婦と生活」一月号の付録は、「応用自在な栄養献立三六五日」という一年三百六十五日分のレシピ集でした（図57）。そのレシピ集のいちばん最初、一月一日の献立にあるのが「祝酒」ですから、まさに「おめでとうございます！」なんでしょうが、その「祝酒」の正体が黒豆の煮汁＋砂糖＋焼酎＋酒石酸＝葡萄酒でございますの。実はこのレシピ、大正時代の婦人雑誌などにも紹介されているわが国ではごく当たり前の「人工葡萄酒製法」だったんです。

黒豆の煮汁はかなり黒っぽい色をしておりますが、コクと独特なウマミがあります。これに砂糖を加えると、日本人にとってなじみがある「赤玉ポートワイン」的な甘い

1月1日(土)	2日(日)	3日(月)	4日(火)
朝 祝雑煮(鶏肉 車えび ほうれんそう しいたけ) 祝皿(照ごまめ 数の子 かまぼこ) 紅白なます 祝酒★ **昼** サンドイッチ・ジュース **夜** 餅入りすきやき★	**朝** かき雑煮 (かき ほうれんそう 白味噌) こぶ巻き **昼** パン 焼き豚と粉ふきいも フルーツサラダ 紅茶 **夜** 紅白刺身 福袋(豚肉 油揚げ 栗 かまぼこ)★	**朝** えび雑煮 かぶ千枚づけ 若草きんとん(栗入り) **昼** 蒸しずし 清汁(吉野鶏肉 三ツ葉) **夜** 茶わん蒸し(ひらめ) 小だいらんしゅう揚げ★	**朝** トースト マカロニスープ(スープの素)★ みかん **昼** 清汁(はんぺん ほうれんそう) きな粉餅 数の子 **夜** 味噌汁(油揚げ 小松菜) ぶり照焼き 京菜からしあえ

一日 祝酒(黒ブドー酒)
黒豆一合五勺を五、六時間水につけてまるまるとふくれましたら、つけ汁も加えて四合の水で十五分間煮ます。
煮汁だけをとって砂糖三十匁入れて煮立て、砂糖が溶けたらさまし、酒石酸《しゅせきさん》小さじ一杯入れますと、汁がまっかになって、ちょうどブドー酒のようになります。そこへショウチュウ五勺、または飲用アルコール二勺を入れると出来あがります。
残った黒豆は普通の煮豆にいたします。

一日(夜) 餅《もち》入りすき焼き
牛肉七十五匁、豆腐三丁、ねぎ六十匁、しらたき二ワ半の分量で、普通より汁けを多くしてすきやきし、最後の煮汁の煮詰まって濃くなったときに、焼いた切り餅《もち》を入れて柔らかく煮あげます。

二日 雑煮

図57 「応用自在な栄養献立三六五日」「主婦と生活」1955年（昭和30年）1月号付録

飲み物ができます。そこに焼酎や局方飲用アルコールを加えますと、甘いだけでなく酔っぱらうことができるワインに変わるんですね。

となると、あとはどす黒い（赤黒い）色が問題になりますが、そこで酒石酸の粉末を入れるんですね。この酒石酸を加えますと、どす黒かった煮汁がパアーッと鮮やかなワインレッドに変化いたします。これ、見事としか言いようがございません。酒石酸はもともと葡萄やワインに多く含まれていますから、「人工葡萄酒」造りにはうってつけでありましょう。しかも葡萄酒特有の風味が酒石酸によって添加されるんですから、まるで赤葡萄酒そのもの……のようなものになるのでした。

一九五五年と言えば戦後十年、そのお正月の三が日の献立をごらんくださいまし(図57)。

当時の主婦向け雑誌が「オススメ」する正月の家庭料理、元日お昼ごはんが「サンドイッチとジュース」であります。お客様用にはお節料理が用意されているんでしょうが……。そのお節にはきっと「黒豆煮」が入っているのでしょう。入っていたと思いたい。

第6章　おしるこ&珍スイーツ

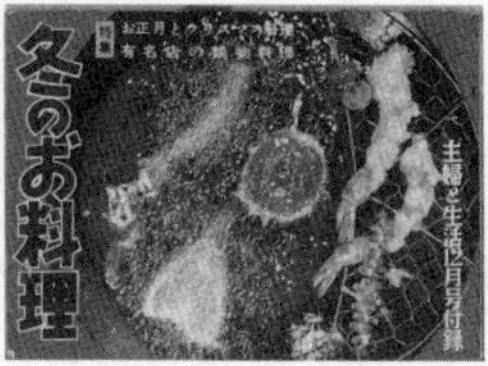

ハイカラさんのバナナ料理

昭和初期の日本でバナナを栽培することはまだできませんでしたから、日本国内で食べるバナナは台湾から持ってきたものでありました。そのバナナも見ることができるのは都会のヒトだけで、食べることができるのは一部のお金持ちさんだけでした。そんなバナナを日本人は西洋料理のテキストを頼りにベーコンと炒めてみたりオムレツに入れてみたりしていたんですね。しかしただ西洋料理をそっくりまねるだけではなく、ニッポンの食材とニッポンの調理法とを取り混ぜてあっという間に「バナナを使った日本食」を作り出していたようです。

一方で、いかにも日本的なスイーツであるお汁粉に牛乳を使ってみたりして、和洋中華渾然一体型の甘味処食文化を形成していくのでありました。

一九三五年（昭和十年）の雑誌で紹介されていた「バナナのいただき方」の写真を見ると、バナナ一本食べるのも結構大変だったようですね。フィンガーボウルで指を湿らせ、銀のナイフで皮をむき、ナイフとフォークで切り分けたのをフォークで「つんっ」と刺してお口に運ぶ……。火熨斗《ひのし》がかかったテーブルクロス、純白の袖に襟元、昭和モダンの帽子をかぶった伏し目がちな面持ちとそのバックに見える花柄のカーテン、願わくばバナナ皿は「日陶」とか「Noritake」にしてほしかったです。

図58　「バナナのお作法」の時代だった？
（出典：「主婦之友」1935年〔昭和10年〕11月号、主婦之友社）

この写真に写っているバナナの皮を見ると少し黒ずんだ部分があるのがわかりますから、これは台湾あたりから「移入」した青いバナナを倉庫のなかで追熟させ、甘くなってきたものだと思われます。当時としては、柿やリンゴのような果物とは異なってかなり高級な果物だったんでしょう。キャプションによると「丸かじりが一番美味しい……」となっておりますが、丸かじりははしたない食べ方？という認識もあったんでしょうね。そんな時代の料理本に紹介されていたバナナ料理とはどんなものだったのか、そしてそれらはおいしかったのか、ちょいと調べてみた次第であります。

図59 「お惣菜向きの洋食の作り方三百種」「主婦之友」1932年（昭和７年）７月号付録、主婦之友社

バナナとベーコン

一九三二年（昭和七年）の「主婦之友」の付録にはこのような天然色挿絵が付いていて、なかなかおいしそうに描かれていました（図59）。

作り方ですが、まずは薄切りベーコンをフライパンでサッと炒めます。このときカリカリに炒めてはいけない。ベーコンの脂がフライパンに広がる程度といったところでしょう。そこでベーコンを引き上げ、その脂ではす切りにした（五センチから八センチ）バナナを炒めます。このベーコンとバナナとを皿に盛り合わせるのですが、味付けはベーコンの塩味だけで十分でした。豚ばら肉を塩漬けにして当時のベーコンを再現してみましたところ、今日のベーコンよりもずっとしょっぱい！　ベーコンからにじみ出た脂にはかなり塩分が含まれておりますので、これが味付けになっていたんですね。

このバナナベーコンを作るときに使うバナナは完熟バナナではなく、未熟で硬くてまだあまり甘くないものでありましょう。「軟らかにいため……」と表記されておりますのは使ったバナナが未熟バナナでまだ「硬かった」から……と見るのが自然だと思われます。ということはこのバナナ、未熟バナナですから甘さも少ないはずなので、ベーコンと炒めましても「あま〜い」味にはならないんです。今日の日本では未熟バナナ、それも「甘くないバナナ」ってなかなか見かけませんが、それでもできるだけ硬くて甘くないバナナを探してみました。そのバナナを一応軟らかくなるくらいに炒めてみましたら、この料理は「薄切り固茹で馬鈴薯とベーコンの炒め物」に似た料理であるという結論に達したのであります。

まぁバナナの産地である南米や東南アジアではバナナと塩豚を炒める料理は日常的のようですから、昭和初期の日本人が取り上げたのも不思議ではありません。これはバナナを使った日本の料理ではなく、外国のバナナ料理をまねた輸入料理と言えるのでしょう。

バナナをナイフとフォークで食べる……とか、ベーコンと炒める……みたいな「洋食の真似事」を料理本で紹介する傍らで、ニッポン人は「何でも和食にしてしまう」

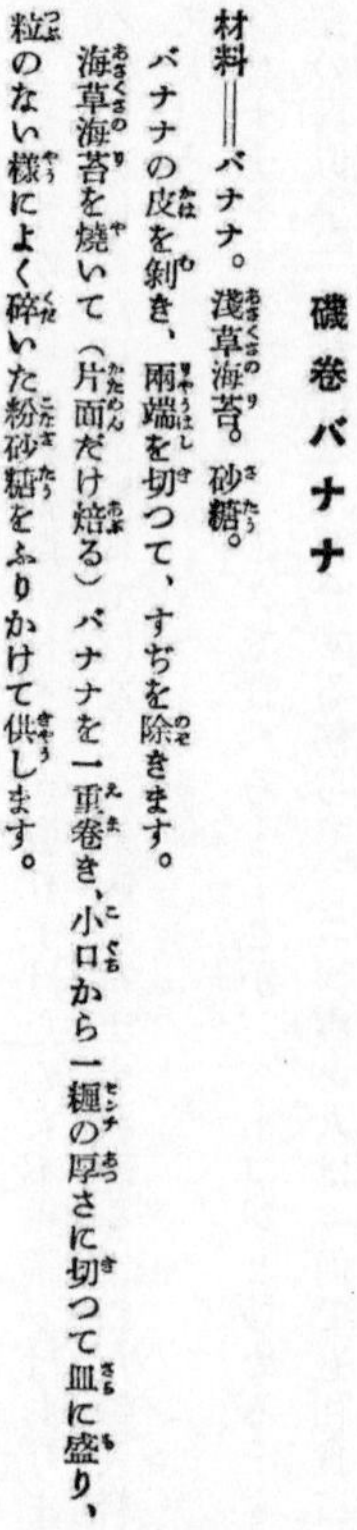
磯巻バナナ

材料＝バナナ。浅草海苔《あさくさのり》。砂糖《さたう》。

バナナの皮《かは》を剝《む》き、兩端《りやうはし》を切《き》つて、すぢを除《のぞ》きます。海草海苔《あさくさのり》を焼《や》いて（片面《かためん》だけ焙《あぶ》る）バナナを一重《え》巻《ま》き、小口《こぐち》から一糎《センチ》の厚《あつ》さに切《き》つて皿《さら》に盛《も》り、粒《つぶ》のない様《やう》によく砕《くだ》いた粉砂糖《こなさたう》をふりかけて供《きやう》します。

図60　手塚かね子『最新果物の調理と食べ方——附：果物の飲料』一元社、1933年（昭和8年）

という和食化料理も展開していたんでした。

磯巻きバナナ

一九三三年（昭和八年）、手塚かね子さんが書かれた『最新果物の調理と食べ方——附：果物の飲料』（一元社）という料理本に載っていた「磯巻バナナ」という料理は、これぞ和食、ニッポン人の日本料理ではないでしょうか。皮をむいたバナナを焼き海苔で巻く……と簡単に書いてありますが、バナナがすべてまっすぐな形をしているとはかぎりません。いや、まっすぐなバナナのほうが少ないでしょうから、焼き海苔でじょうずに巻くためにはバナナを折れないように軟らかくしなくてはならんのです。軟らかくするには加熱するのがよろしい。といって加熱しすぎると軟らかくなりすぎてとろけてしまったり黒ずんだりしますから「皮ごと数分間蒸す」のがいいようでした。これをまだ温かいうちに「まっすぐな棒状」に整形し、冷ましてから焼き海苔で巻きますと海苔が湿気ることもなくうまく巻くことができました。そしてこの「海苔巻きバナナ」を一センチの厚さに切ります……が、これがよく研いだ包丁でないとダメ。巻き寿司を切る包丁や刺身包丁などを使ってスーッと切らないと海苔やバナナが潰れてしまいますの。ここのところがヤッパ、和食的なんでしょうね。そして最後に「砕いた粉砂糖」……たぶんパウダーシュガーをふりかけてできあがり！　ということになるのでした。

実に不思議な料理でしたが同じ頃、同じような料理が別の本でも紹介されておりました。

砧巻きバナナ

こちらの料理は焼き海苔の代わりにきゅうりのかつらむきでバナナを巻く……というものです。かつらむききゅうりを塩水に漬けて軟らかくしておき、皮をむいてわさびを塗り付けたバナナをぐるぐると巻いて一・五センチくらいに切るというものですから磯巻きバナナとの大きな違いは砂糖をまぶさないということでしょう。磯巻きバナナのほうは食事時の料理なのかおやつなのかがよくワカランですが、こちらの砧巻きバナナは焼き魚の付け合わせとかに使えるれっきとした料理だと言えるでしょう。

これら二つの「巻物バナナ料理」は今日の洋風寿司の原点にあるように思えます。カリフォルニアロールとかアボカド巻きとかと基本的によく似ておりますね。バナナ⇒あま～い……と思い込んでしまいがちですが、まだ熟していない硬いバナナでしたらアボカドみたいなこってりした味とコクがありますから、焼き海苔＋寿司飯＋わさび＋醬油の組み合わせで「細巻き寿司」として十分成立いたします。

昭和の初期、すでに和食はボーダーレスだったんですね。

和食？ 洋食？ 不明のバナナ料理の数々

「丸かじりが美味しい」バナナをナイフとフォークでいただきませう……の傍らで次々と紹介されていたのは、和食とも洋食とも判断できないようなバナナ料理でした。その一部を紹介しますと……。

①バナナのカツレツ（「婦人倶楽部」一九三九年〔昭和十四年〕八月号付録「夏のお惣菜一品西洋料理」、大日本雄弁会講談社）

バナナを横半分、縦半分に切って溶き卵とパン粉を付けて油で揚げる。そこに挽き肉とタマネギの甘辛い葛餡をかける。

②バナナのオムレツ（「主婦之友」一九三七年〔昭和十二年〕八月号、主婦之友社）
茶匙一杯の砂糖を加えた溶き卵を熱したフライパンに流す。薄切りにしてバターで炒めておいたバナナをフライパンの玉子の上に乗せ、二つ折りに包む。

③バナヽの衣揚（「主婦之友」一九三七年〔昭和十二年〕七月号付録「夏の和洋料理千種の作方」、主婦之友社）
卵の白身二個分とメリケン粉大匙二杯、塩少々を泡立てた衣で三センチくらいに切ったバナナを包んでラードで揚げる。

④ベンヘツドバナヽ（岡崎富夫『和洋実用季節料理集』文友堂書店、一九二九年〔昭和四年〕）
皮をむいたバナナ丸ごと一本を小麦粉⇓溶き卵⇓パン粉の順に付けて油で揚げる。
この料理は食後に出すものである。

これらのバナナ料理はいかにも「これが洋食といふのものである」と言わんばかりですが、そこはやっぱりニッポン人ですね～、ニッポン人は羊羹なんかが好きなんですの。

煮凍《にこご》り風《ふう》のバナ、かん

いかにも涼《すゞ》しそうなこのゼリーも、バナ、一本で五六人前はできましょう。

バナ、一本につき、軟かく戻《もど》した寒天《かんてん》一本をみじん切にし、水二合を煮立《にだ》てた中へ入れてよく溶《と》けたら、大さじで醤油《しょうゆ》二三杯、砂糖三杯を加えて下《おろ》します。

寒天液《かんてんえき》を流し箱にまず薄く流し、固まりかけたところへ斜《なゝめ》に薄切したバナ、を並《なら》べ入れ、残りの液をもう一度温《あたゝ》めたら上から全部《ぜんぶ》流し込んで、そのまゝ、冷《ひや》し固めたのち、適当の大きさに切り分けます。

（バナ、かんの作り方）

図61　「主婦之友」1951年（昭和26年）７月号、主婦之友社

煮こごり風のバナナかん

この料理、現代日本人にはなかなか想像できないのではないかと思われます。寒天と砂糖を使っていますから「羊羹のようなもの」と思うのが普通でありますが、レシピによると醤油が大匙二、三杯、砂糖が大匙三杯となっていますね。羊羹にはこんなにも醤油は入れませんから、これは羊羹のようなお菓子ではない。流し箱に入れた寒天が固まり始めたときに薄切りにしたバナナを入れて固め、それを「適当の大きさに切る」ということは……これは精進料理でよく使う刺身がわりの寒天でしょう。精進料理では魚や肉などの「生臭いもの」は使えませんから、当然刺身もダメ。だったら入れなきゃいいのになぜか刺身に似た「刺身もどき」をほしがるんですね。そこで昆布や椎茸など植物性の出汁に醤油や砂糖で味を付け、三つ

葉とか素麺とか椎茸などを閉じ込めた寒天を作って刺身みたいに切って出します。その手法を取り入れた料理だと推測できますが、何ともまとまりがなく、つかみどころのない不思議な料理でありました。子どものおやつには向きませんし、パパのお酒のつまみにも向かないし、普段のお惣菜で出されても困る。せめて寒天に昆布出汁とかチキンスープ味とかが付いていたらまだしも、砂糖と醬油だけの味しか付いていない寒天に閉じ込められたバナナって……。精進料理とはいえ、浮かばれませんね。

バナナのパン粉揚げ

レシピによりますと、一・五センチくらいの輪切りにしたバナナを普通にフライに揚げたもののようです。バナナ⇓小麦粉⇓溶き卵⇓パン粉⇓油で揚げる、ごく当たり前のフライ方法だと思いますが、生で食べられるバナナですから衣がカリッと揚がりさえすればよろしい。レシピに「サラダ油が軽くて結構ですが……他の油を代用しても」と書いてるのは当時のフライに使う油は「油」より「脂」が主流だったからでしょう。カツレツなどの洋食ではヘットやラードが主に使われていて、植物性のサラダ油はやや高級品の部類だったんです。しかしバナナを揚げるという調理法は東南アジアでは普通のことですから、それをまねたのかもしれません。揚げたり油炒めにしたバナナ料理は戦前の本に見ることができますが、仕上げに砂糖をふりかけるものもよく見かけます。今日のバナナほど甘くはなかったんでしょう。

バナナの皮？

まずはバナナの皮の天麩羅です（図62）。メリケン粉・生卵・水を二対一対一の割合で混ぜて天麩羅の衣にする。三センチくらいに細長く切ったバナナの皮をその衣に付けて油で揚げ、醬油か天つゆで食べるというものでした。また、これのメリケン粉を片栗粉に換え、天つゆや醬油を砂糖まぶしに換えたのが「バナナの皮フライケーキ」なんだそうだ。はたしてどんな味がするのだろう？　と想像なんかするものではありません。これといった味はありません。味と言えば天つゆ、醬油、砂糖の味ばかりでバナナの皮はほとんど味というものを主張しておりませんでした。ってことは、ここでのバナナの皮の存在意義は「毒ではない可食物」……つまり腹の足しでしかなかったようです。この二品目だけでもすごいな〜！　と感心しましたが、この「糧友」（食糧協会）という雑誌はもう一つ「バナナの皮の佃煮」まで紹介していたんです。三センチくらいの千切りにしたバナナの皮に細切り昆布、みじん切り生姜、煮干し粉、醬油、黒砂糖などを加えて煮詰めて作るんだそうだが、これ、貴重だった砂糖

バナナの皮の天ぷら

バナナの皮《かは》は一寸位《すんくらゐ》の細切《ほそぎ》りにしておき、衣《ころも》はメリケン粉《こ》一合《がふ》ふるつて丼《どんぶり》に入《い》れ、玉子《たまご》一個《こ》を割《わ》りお酒《さけ》を盃《さかづき》一杯《ぱい》、水《みづ》五勺程加《しやくほどくは》へて徐々《じよく》にまぜ合《あは》せ、それが一合《がふ》になつたら先《さき》の粉《こな》の中《なか》に輕《かる》く交《ま》ぜて、とろりとしたゆるい衣《ころも》が出來《でき》た時《とき》、先《さ》きのバナナの皮《かは》に充《じう》分衣《ぶんころも》をつけて煮立《にた》つた油《あぶら》の中《なか》でからりと揚《あ》げて油氣《あぶらけ》を去《さ》り、味付醬油又《あぢつきしやうゆまた》は天《てん》ぷら煮出《にだ》汁《し》に大根卸《だいこんおろ》しを添《そ》へて頂《いたゞ》きます。

衣《ころも》の中《なか》に粉《こな》がつをまぜてもよし、バナナには三《み》ツ葉《ば》とか三度豆等《どまめとう》を交《ま》ぜて共《とも》に揚《あ》げるのも結構《けつこう》であります。

バナナの皮フライケーキ

材料及分量（六人前）

バナナの皮　五本分

片栗粉　一合

玉子　一個

酒　二勺

揚げ油　三合

白砂糖　五十匁

ニッケ粉及挽茶　各少々

調理法　バナナの皮《かは》は細《ほそ》くせん切《ぎり》にして次《つぎ》に片栗粉《かたくりこ》の中《なか》に玉子《たまご》一個《こ》を割込《わりこ》み、お酒《さけ》と水少々加《みづせうくくは》へてどろりとした天《てん》ぷらの衣《ころも》を作《つく》り、先《さき》のバナナの皮《かは》に充分《じうぶん》付けて煮立《にた》つた揚《あ》げ油《あぶら》の中《なか》に一箸《ひとはし》づゝ入《い》れて、茶褐色《ちやかつしよく》になりカサ〳〵になつた時《とき》、白紙《はくし》に取出《とりだ》し油氣《あぶらけ》を去《さ》り、その三分《ぶん》ノ一には白砂糖《しろざたう》だけまぶし殘《のこ》りの半分《はんぶん》には白砂糖《しろざたう》の中《なか》にニッケ粉《こ》を交《まぜ》てまぶし最後《さいご》の分《ぶん》には砂糖《さたう》に挽茶《ひきちや》をまぜて青《あを》く色《いろ》を付《つ》けて三色《しよく》を作《つく》り溫《あたゝか》いうちに頂《いたゞ》けば、バナナの皮《かは》といふ事《こと》が氣付《きづ》かぬ位風變《くらゐふうがは》りで美味《おい》しく頂《いたゞ》くことができます。

図62　「糧友」1939年（昭和14年）8月号、食糧協会

ピーナッツクリーム

〈口絵発表〉

もしピーナッツバターがお手もとにないときは、いった落花生をすって使います。

材料（二人前）ピーナッツバター小さじ四杯、脱脂粉乳大さじ山二杯、砂糖大さじ二杯、塩、カタクリ粉小さじ二杯。

作り方　(1)＝小ナベに脱脂粉乳《だっしふんにゅう》を、生暖かい湯カップ半杯で溶かし、この中に砂糖、ピーナッツバター、塩少々を加えてよく混ぜ、全量がカップ三杯になるように湯を足して火にかけ、木じゃくしでよくかき混ぜながら煮立てます。

(2)＝最後にカタクリ粉を、水溶きして加へ、濃度をつけ熱いうちにおすすめします。

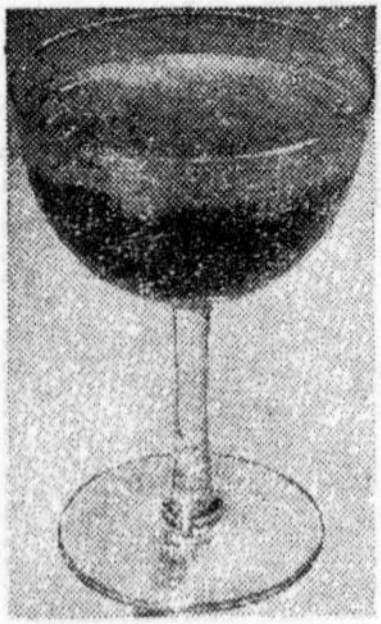

図63　「冬のお料理」「主婦と生活」1956年（昭和31年）12月号付録、主婦と生活社

や醤油の無駄ではなかったんでしょうか。この「糧友」という雑誌は陸軍の食糧を調達したり開発する食糧協会が出していましたから、バナナの皮と言えど可食物であれば味がどうたら言うべきではナイ！　だったのかもしれません。

バタくさい葛湯はピーナッツで

ここに出てくるピーナッツバターは純粋にラッカセイをすり潰して練り上げただけのピーナッツペースト、つまり砂糖もミルクも何にも加えていないものですから、最近のピーナッツバターではありません。今日これを再現するのでしたら殻付きラッカセイをむいて強力なミキサーでねっとりするまで攪拌するか、すり鉢で十五分ばかりゴリゴリやるかですね。

ピーナッツバター小匙四、砂糖大匙二、塩、片栗粉小匙二、脱脂粉乳大匙山二――この分量でカップ三杯分になるわけですね。これは甘い。ねっとりコクがある。粘りがある。葛湯みたいだが、クリームっぽい。一見塩の量が多いような気もしますが、塩を減らすとうわべだけの甘さになっちまうんですな。塩がある程度の分量加わることで重厚な甘さが生まれてくるようでした。ちなみにこの材料をくるみ、蜂蜜、吉野葛、豆乳、塩に置き換えて作りますと、こりゃもう見事なまでの精進料理になるんですな。昨今はやりのベジタリアン料理やニュー精進料理に似たようなものを見かけますね。

やまいもでホットケーキ

「ポテトホットケーキ」は昭和初期のレシピにもありましたが、こいつは一味違っています（図64）。これまでの「ポテトホットケーキ」はほとんど馬鈴薯をすりおろして使っておりましたが、これは大和芋なんですね。山芋ではなく大和芋と書いてありますから、これは棒状の長芋ではなくグローブのような形をした粘りがあるイモのことでありましょう。

すりおろしたイモをカップ一杯と、小麦粉をカップ二分の一杯に砂糖と少量の水を加えて練ったものをフライパンで焼くとどうなるか。これが結構膨らむんですね。な

ポテトホットケーキ

材料 大和芋《やまといも》（すりおろしたもの）カップ一杯　小麦粉《こむぎこ》カップ半杯　砂糖《さとう》大匙六杯　鹽小匙四分の一杯　みかん一個

作り方 みかんの皮半分《かわはんぶん》をみじんに切り、次に砂糖《さとう》大匙二杯と少量の鹽《しお》をひたひたの水で溶《と》かしておきます。大和芋《やまといも》は卸《おろ》し、擂鉢《すりばち》でよくすり、そこへ小麥粉《こむぎこ》と前の砂糖水《さとうみず》、みじん切りのみかんの皮を入れて油《あぶら》を引《ひ》いたフライパンに兩面《りょうめん》を狐色《きつねいろ》にやきあげ、二枚重《かさ》ねて次のシロップを添《そ》えてすゝめます。

シロップは小鍋《こなべ》に残りの砂糖《さとう》と水を入れ、飴色《あめいろ》になるまで煮《に》つめてから更《さら》に水を入れてゆるめ、みかんの絞《しぼ》り汁《じる》を入れます。

（北川　敬三）

図64　婦人生活編集部編『一年中の家庭料理大全集』同志社、1951年（昭和26年）

んとなくはんぺんのような感じになりますが、このフックラ感が馬鈴薯ホットケーキとの違いなのであります。お好み焼きを作るときにも小麦粉にすりおろした山芋を入れると生地がふんわりしますわな、あの感じで甘い味がすると思ってくださいまし。

おはぎ作りは里芋で

これはかなり「おはぎ」っぽいものができました。普通の米二合に対して直径三センチくらいの里芋を三個、皮をむき、輪切りにして炊いてみました。炊き上がりましたらまだ熱いうちにスリコギでもってつんつんと搗きますと、里芋と米粒とが潰れ合い抱き合ってネトネトになります。

そこで手に水を付けてお団子状に丸めまして黄な粉をまぶしてみましたら、見事な「黄な粉おはぎ」ができあがりました。黄な粉でなく普通の小豆餡でもかまいませんが、ご飯に微量の塩味を付けておくと黄な粉や小豆餡の甘味が引き立つようでした。これなら、もち米でなくてもねっとりとしたおはぎが作れますね。

里芋の分量をグーンと増やせばおはぎではなく、芋餅のように変化いたします。こちらは文字どおり餅のように円盤状にかたどってフライパン焼きにするとお正月気分でありました。

柿で柿餅、柿団子

柿餅

この柿餅が紹介されている本の出版は一九八六年（昭和六十一年）になっていますが、多田鉄之助氏がこれを書いたのは六〇年代以前と思われます。

レシピに書かれている「香煎」は「むぎこがし」とか「はったいこ」と呼ばれるもので、大麦を煎って粉に挽き、黄な粉にも似ています。黄な粉は大豆を煎って粉に挽

◎甘藷《さつまいも》おはぎ
冷御飯《ひやごはん》利用《りよう》のおはぎです。
材料——甘藷大《さつまいもだい》二本。同量《どうりやう》の冷飯《ひやめし》。豆粉《きなこ》、砂糖《さたう》、鹽少々《しほせうく》。片栗粉《かたくりこ》か小麥粉《こむぎこ》少々《せうく》。

製法

1、甘藷《さつまいも》を洗《あら》つて、皮《かは》をむいて、裏漉《うらご》しにするか、または擂鉢《すりばち》ですります。
2、御飯《ごはん》を入れて一緒《しよ》に摺《す》ります。
3、まざつたら、鹽《しほ》を入れて程《ほど》よく味《あぢ》をつけ、手《て》につかぬやうに、片栗粉《かたくりこ》か、小麥粉《こむぎこ》をまぶしながら丸《まる》めます。
4、生粉《なまこ》がついてゐるから蒸《む》さねばなりません。表面《おもて》についてゐる生粉《なまこ》が煮《に》えて色《いろ》が變《かは》つたら、取《と》り出《だ》して、砂糖《さたう》、鹽《しほ》を適宜《てきぎ》に入《い》れた豆粉《きなこ》にまぶしつけます。

注意——黄粉《きなこ》のほかに、餡《あん》をつけてもよく又《また》、胡麻《ごま》を摺《す》つて、砂糖《さたう》、鹽《しほ》で味加減《あぢかげん》をしたものをまぶしても結構《けつこう》。

図65　甘藷おはぎ
（出典：「農産物活用のお菓子の作り方」「家の光」1933年〔昭和８年〕５月号、産業組合中央会）
これは「おはぎ」と「芋餅」との中間にあるようなものです。
茹でるか蒸すかした「芋類」＋「ご飯」⇒練り合わせて「おはぎ」
茹でるか蒸すかした「芋類」＋「片栗粉や小麦粉」⇒丸めて蒸して「芋餅」
——ということで、これは「芋餅風おはぎ」というのが妥当でしょう。

いたものですから、これも「香煎」の一つなんですね。
そもそも香煎は持ち運びができて火を使わずに食べられる携行食でした。今日でもアジアやアフリカの荒地で生活をしている人々のなかには、この香煎をお弁当がわりにしている人もいるとか。
秋も深まった頃、熟れすぎるくらいに熟れた「熟柿」の皮と種を取り除いて潰し、柿の倍量くらいの香煎を混ぜてよく練って餅にする。多田氏は二、三日で食べると書いていますが、香煎が熟柿の水分を吸収してくれるので、この餅は二カ月くらい放っておいても傷みませんでした。餅の表面は乾きますが、餅の内部は軟らかいままでおいしく食べられるのです。

柿団子

よく熟れた柿ですから、すりおろすというよりはすり潰すという感じでしょうか。そのすり潰した柿とほぼ同量の上新粉を加えて練り合わせますと確かに粘りが出ますが、このとき、あまりにジュクジュクした柿ですとゆるすぎてうまくまとまりません。ほどほどに硬さが残っていることがポイントですね。これを蒸しますが、蒸しただけですといささか軟らかすぎですのでそこは「お団子」、いま一度すり鉢にとってすりこぎでトントントンッとツキまくってみましたら何とか団子らしくなってきましたの。しかしいくら熟柿と言っても柿と同量の上新粉を加えておりますから、そのままです

柿餅　カキは県下のものでなく、遠く美濃の蜂谷ガキを用いることが多い。美濃ガキは籾か藁の中にしばらく入れておいて、ぐずぐずになってから用いる。大麦を煎って挽いた粉を香煎といっているが、これもあらかじめ用意しておく。カキはヘタを取っただけで、皮も種子もそのままにして潰してから香煎と混ぜ合せる。だいたい、カキ一個に対して、香煎一〇〇グラム位の割合でよい。飯びつか、木箱などの中にこれを二、三日入れておくと、カキの水分が香煎によく混ざって美味となる。ハシでちぎって食べる。

図66　柿餅
（出典：多田鉄之助「埼玉県の郷土料理」『郷土料理　東日本編』〔旺文社文庫〕、旺文社、1986年〔昭和61年〕）

と甘味が足りませんので、砂糖などの甘味を付けるのが正統的な食べ方でありましょう。とはいえ、砂糖の代わりに甘辛い砂糖醬油や塩を付けるってのもなかなか乙なものでありました。

梨もどきは海軍のデザートにもなった

梨……に似ているが梨ではない食べ物だから「梨もどき」。この料理名が婦人生活雑誌に登場するのは大正の終わり頃から昭和三十年以前の間で、最も頻繁に紹介されるのは昭和十年前後から二十年の間でした。ということは、一九三五年頃から四五年が梨もどきの黄金期？　だったのでしょう。

「もどき」というくらいですから、形が似ているとか味が似ているとか、はたまた食感が似ているとか、どこか似ている部分があったんでしょう。いわゆる「もどき食品」のなかでもこの梨もどきは、作り手にとってはかなり難しい部類に入る「もどき」だったと思われます。というのも、がんもどきや鶴もどきなどは似せようとする雁や鶴を食べた経験がある人がいたって少ないはずですから、食べるヒトとしましても「これが鶴でござる」とか「これが雁である」とか言われても本物を知らないから比較のしようがありません。言われるままに「ああそーですかぁ」と答えざるをえないわけですよね。それに比べますと梨もどきの場合ははったりが利きません。日本で生活する二十歳以上の人で梨という果物を一度も食べたことがない人って……、そういないんではないでしょか。

このように考えますと、この梨もどきという料理は生半可な作りでは許されない、実にハードルが高い「もどき料理」と言えると思います。

そんな梨もどきが紹介されていた雑誌や料理本からいくつか代表的な「梨もどきレシピ」を引っ張り出してすべて試作・試食してみました。名前は梨もどきであっても、形が「もどき」なものもあれば味が「もどき」なものもありまして、一長一短でした。まずは形と食感が梨っぽい梨もどきです。

水兵さんの軍艦料理

昭和十一年の「主婦之友」六月号に軍艦（鳥海）の取材記事が載っていて、そこにこの「梨もどき」があったんです。ここで作られている「梨もどき」の原材料は馬鈴薯でした（図67）。梨もどきの原材料のほとんどが馬鈴薯でありますが、このレシピのような「四つ割にするか、小さければ丸のま、……」で使うのはあまりありません。たいていは千切りとか割り箸くらいの拍子切り、二、三ミリくらいの薄切りにしてお

▲馬鈴薯の梨もどき＝馬鈴薯《じやがいも》を、四つ割《わり》にするか、小《ちひ》さければ丸《まる》のまゝきれいに洗《あら》つて、笊《ざる》に上《あ》げて水氣《みづけ》をきつておきます。
鍋《なべ》に酢と鹽《しほ》と砂《さ》糖《たう》を入《い》れて、甘酸《あまずつ》ぱい煮汁《にじる》を作《つく》り、煮立《にた》つたところで馬鈴薯《じやがいも》を入《い》れます。酢《す》で煮《に》ると、永《なが》く煮《に》てもくづれず、しやり〳〵して、丁度梨《ちやうどなし》を食《た》べるやうな感《かん》じです。
おろし際《ぎは》に、カレー粉《こ》の水溶《みづと》きを加《くは》へて混《ま》ぜると、香《かほ》りもよく、ぴりっとして、一そう風味《ふうみ》がよくなります。

図67　馬鈴薯の梨もどき
（出典：「主婦之友」1936年〔昭和11年〕６月号、主婦之友社）

りましたので、見た目が梨に似ているかどうかという点におきましてはこれが最も梨っぽかったです。さて、軍艦での梨もどきはこの四つ割り梨を酢と塩と砂糖を煮立てた鍋に入れて煮る……とあります。「酢で煮ると、永く煮てもくづれず、しやり〳〵して、丁度梨を食べるやうな感じです」と書いていますが、これが曲者でして、馬鈴薯を長く煮れば「しゃりしゃり」とはまいりません。しゃりしゃりとした食感を残すためには、煮るときに「水をほとんど加えず」に煮なければならんようです。つまり、酢と塩と砂糖だけの煮汁で煮るということですね。これは大量の酢を使いますので一般家庭向きではないなぁと感じた次第であります。そして煮るときには弱火でしかもかき混ぜていないと鍋に焦げ付きやすいので、これまた一般家庭向きとは言えませんでした。しかし、この作り方ですと四つ割りにした馬鈴薯が四つ割りにした梨に見えなくもないし、茹で足りない茹でジャガみたいにシャリッとしておりますよ。砂糖の甘味と酢の酸味が確かに梨を連想させますね。これはこれで食後のデザートとしてはいいんじゃない？　と思いますがっ……問題はこのレシピ、続きがありまして「おろし際に、カレー粉の水溶きを加へて混ぜると、香りもよく、ぴりっとして、一そう風味がよくなります」なんであります。カレー葛餡かけ梨もどきとでも言うのでしょうか、ちょっとブキミではありましたが、カレー粉の量をごく少量にいたしますとこれが梨もどきの砂糖味を引き立てまして、なんとなく「肉桂」や「シナモン」を使った和菓子、中国菓子のようになりますの。

まぁそんなわけで梨もどき数あるなかで最も「もどき度」が高いのがこの水兵さんの梨もどきでありましたが、これはやはり軍艦料理ならではのものだと思いましたわ。まず、水を使わず酢と塩と砂糖だけで煮る……ことが可能だったのは大人数ゆえに大釜で大量に作っていたからでありましょう。しかも軍艦の厨房では蒸気釜を使っていたそうですから、「ガスコンロの上に釜をかけて」ではなかった。煮物も炊飯も蒸気釜ですから、直火で調理するのと違って鍋が焦げ付く心配が少ないんですね。これは石炭や石油を燃やして蒸気を発生させて動力としていた軍艦だからできた調理法で、もしこれをご家庭でおこなおうとしてもまず不可能だし、似たやり方と言えば「湯煎

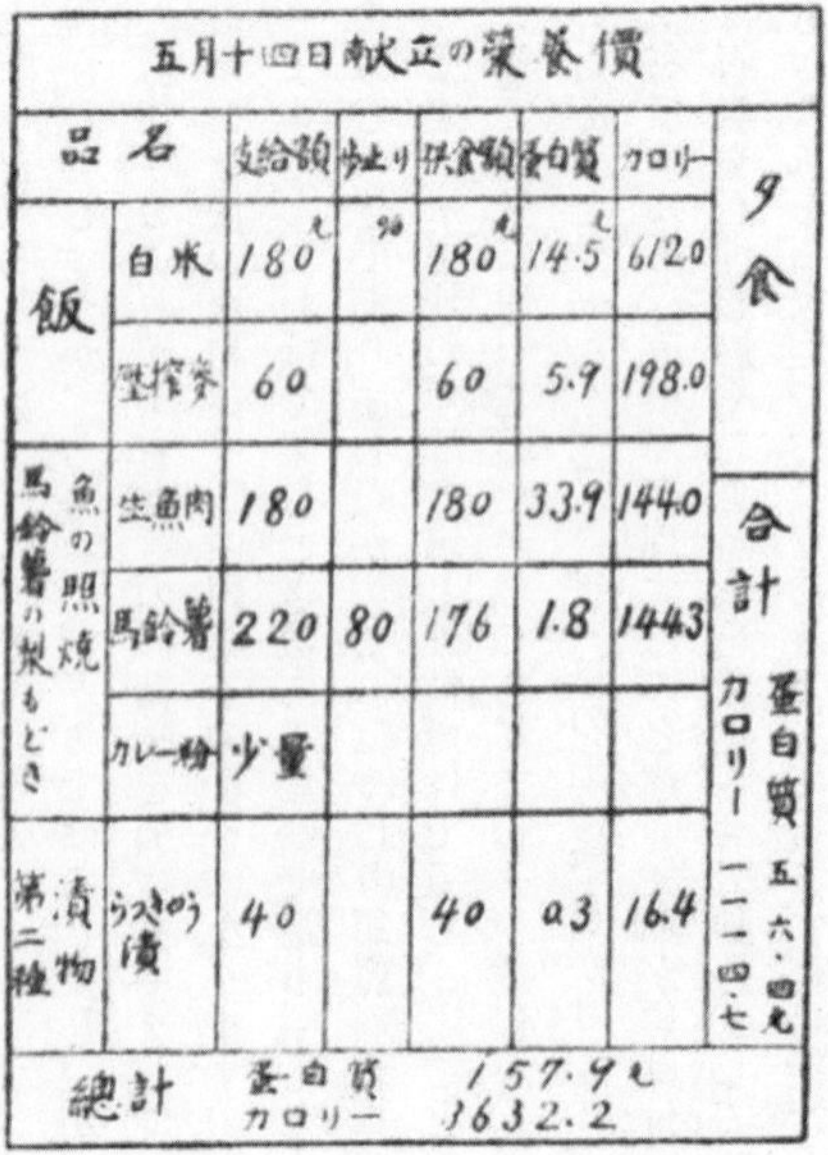

五月十四日献立の榮養價							
品名		支給額	歩止り	供食額	蛋白質	カロリー	夕食
飯	白米	180瓦	%	180瓦	14.5瓦	612.0	
	壓搾麥	60		60	5.9	198.0	
馬鈴薯の梨もどき 魚の照焼	生魚肉	180		180	33.9	144.0	合計
	馬鈴薯	220	80	176	1.8	1443	蛋白質 五六・四瓦
	カレー粉	少量					カロリー 一一一四・七
第二種 漬物	らっきょう漬	40		40	0.3	16.4	
總計	蛋白質 157.4瓦 カロリー 3632.2						

図68　水兵さんの軍艦料理
（出典：「主婦之友」1936年〔昭和11年〕６月号、主婦之友社）

にかけて煮る」よりないでしょう。ということで、この軍艦料理的梨もどきは普遍化できない（一般家庭では作りにくい）幻の梨もどきと言えるのでしょう。しかし、海軍も栄養的には実によく考えていたようですね。長い航海中にはビタミンが欠乏しがちでそれがもとで壊血病や脚気になる兵隊が多かったから、その対策としてビタミンの補給に四苦八苦していたらしい。食糧の補給が難しい洋上でビタミン摂取するためには、長期保存が効くビタミンを含んだ食品が必要でした。それが馬鈴薯だったんですね。しかも馬鈴薯のビタミンは多少の加熱では死滅いたしませんから好都合だった。そう考えますと、この献立表（図68）にあるようにこの日の夕食の総カロリー千百十四・七カロリーのうち、百四十四・三カロリーも馬鈴薯が占めているというのも理にかなっているのかもしれません。ここから先は長年台所人としての経験で推測したんですが、この梨もどきを作った後に残った煮汁、これはたぶん「寒天で固めた」と思われます。うちで実験したときは馬鈴薯二個で作りましたが（途中で若干差し水をしながら）、そのときでも残り煮汁は百八十CC以上ありました。それらは酢と塩と砂糖に馬鈴薯から出たエキスが混ざっていて、それが煮詰まったシロップですから濃厚な「蜜」であります。このままですとあまりに甘すぎですから、少し水で薄めて寒天で固めますとスコブルおいしいスイーツになるんですね。食べ物を粗末にしない船乗りたちがこの残った煮汁を捨てていたとは考えられませんが、このような料理があったかどうかは文献からはわかりかねます。

家庭向きの紅白梨もどき

一九三三年の料理本では「鰯のかりん揚」の付け合わせとして梨もどきが紹介されていますが、料理本に梨もどきの名前が登場するのはこの頃⇒戦後七年目くらいが最後となったようです。この作り方なら普通の家庭の普通の台所で誰にでも作れるし、

三月 九日 木

今日《こんにち》のお献立《こんだて》（家族五人 経費約五十錢）

朝 大根《だいこん》の味噌汁《みそしる》
甘藷《おさつ》の白煮《しろに》
材料《ざいれう》‥（イ）大根《だいこん》、（昨日《さくじつ》の殘《のこ》り）煮干魚《にぼし》、味噌《みそ》。（ロ）甘藷《おさつ》、砂糖《さたう》、鹽《しほ》、酒《さけ》。

晝 菠薐草《はうれんさう》のバタ炒《いた》め
馬鈴薯《じやがいも》の梨《なし》もどき
材料《ざいれう》‥（イ）菠薐草《はうれんさう》、バタ、鹽《しほ》、醬油《しやうゆ》。（ロ）馬鈴薯、砂糖《さたう》、酢《す》、鹽《しほ》。

晩 鯖《さば》のスッポンもどき
材料《ざいれう》‥鯖《さば》一尾《び》、玉葱《たまねぎ》十箇《こ》、醬油《しやうゆ》、味醂《みりん》、メリケン粉《こ》、バタ、牛乳《ぎうにう》、鹽少々《しほせうせう》、胡椒《こせう》、胡麻油。

△材料費＝朝《あさ》五錢《せん》、晝《ひる》九錢《せん》、晩《ばん》三十五錢《せん》、合計《がふけい》四十九錢《せん》。

今日の餘定

シャリシャリした食感も甘酸っぱい梨のような味もいたします。軍艦で作られていたような大きく切った梨のような形こそしていませんが、味は軍艦梨もどきとほぼ同じでした。こちらは家庭の鍋とガスコンロでもできるように馬鈴薯は火が通りやすい、かつらむきにされています。馬鈴薯もニンジンも細く切ってありますから、煮立てた甘酢に入れてサササッと煎り付けるように煮るだけで火は通るし味も染みますね。しかも加熱時間が短いので馬鈴薯のシャリシャリ感は残っていてまるで大根とニンジンの紅白なますとか大根のあちゃら漬けみたいになりました。というより、ここまできますとこれはもはや梨もどきとは言わず、「馬鈴薯あちゃら」と言ったほうがいいようであります。ちなみに「あちゃら」とは甘酢漬けもしくは甘酢和えのことです。梨もどきもこのあちゃらの一種であると思いますが昭和初期、この一時期だけなぜか「梨もどき」と呼ばれていたん

大根の味噌汁＝大根《だいこん》は有合《ありあは》せを、千六本《ほん》か薄《うす》く銀杏《いてふ》に切《き》り、さきに水煮《みづに》をしておいて、味噌《みそ》を溶《と》き込《こ》みます。

甘藷の白煮＝甘藷《さつま》は皮《かは》をむいて五分《ぶ》厚《あつ》みの輪切《わぎ》りにし、面《めん》をとつて水《みづ》に晒《さら》し、白砂糖《しろざたう》と鹽《しほ》と水《みづ》に酒少《さけすこ》しを入《い》れて、白《しろ》く煮上《にあ》げます。

菠薐草のバタ炒め＝菠薐草《はうれんさう》をよく洗《あら》つて、五六分《ぶ》に切《き》り、固《かた》く搾《しぼ》つてバタでよく炒《いた》め、少《すこ》し鹽《しほ》を加《くは》へて淡味《うすあぢ》をつけ、醤油《しやうゆ》をかけて頂《いただ》きます。

　また炒《いた》めたものを、砂糖少《さたうすこ》しと醤油《しやうゆ》と鰹節《かつをぶし》で煮《に》つけても、大《たい》そう美味《おい》しく頂《いただ》けます。

　若《も》しバタがなければ、胡麻油《ごまのあぶら》でも、よろしうございます。

晩の『鯖のスッポンもどき』

馬鈴薯の梨もどき＝馬鈴薯《じやがいも》の皮《かは》をむき、せんに刻《きざ》んで鹽《しほ》でもみ、しなやかになつたら洗《あら》つて固《かた》く搾《しぼ》り、鍋《なべ》に砂糖《さたう》と酢《す》を煮立《にた》てた中《なか》に入《い》れて、煮過《にす》ぎぬくらゐに、食《た》べてみて音《おと》がする程度《ていど》で下《おろ》します。

　菠薐草《はうれんさう》と盛《も》り合《あは》せてもよろしいですが、酢味《すみ》がありますから、別《べつ》の小丼《こどんぶり》にでもつけませう。

鯖のスッポンもどき＝鯖《さば》と玉葱《たまねぎ》の煮《に》ものです

極《ご》く生《い》きのよい鯖《さば》を、三枚《まい》におろし、七八分《ぶ》の角形《かくがた》に切《き》り、胡麻油《ごまのあぶら》の煮立《にた》つた中《なか》に入《い》れて、ざつと揚《あ》げておきます。

　玉葱《たまねぎ》はなるべく小粒《こつぶ》のものを一人《ひとり》二箇當《こあて》に、上《うへ》から十文字《もんじ》に中頃《なかごろ》まで庖丁《はうちやう》を入《い》れておき、別《べつ》に鯖《さば》の頭《あたま》と中骨《なかぼね》、腹身《はらみ》などを煮出《にだ》して、スープをとり、鍋《なべ》にスープ一、味醂《みりん》一、醤油《しやうゆ》一の割《わり》に入《い》れて、その中《なか》へ鯖《さば》と玉葱《たまねぎ》を入《い》れて煮込《にこ》み、玉葱《たまねぎ》が中《なか》まで煮《に》えたら火《ひ》を止《と》め、取《と》り出《だ》して、切《き》りはなさないだけに、十文字《もんじ》に深《ふか》く庖丁《はうちやう》を入《い》れ、ぱつと開《ひら》いて、花《はな》のやうな形《かたち》にし、鯖《さば》と附合《つけあは》せて、白《ホワイト》ソースを鍋《なべ》の殘《のこ》り汁《しる》でのばして、上《うへ》からかけます。

　スープとスープ殼《がら》は明日《あした》に用《もち》ひますから、捨《す》てずにとつておきませう。

家事

十日陸軍記念日…明治《めいぢ》三十八年《ねん》、日露戦争《にちろせんさう》の際《さい》、我軍《わがぐん》が奉天《ほうてん》を占領《せんりやう》した記念日《きねんび》です。國《くに》を擧《あ》げての緊張《きんちやう》と、我軍《わがぐん》の苦闘《くとう》とは、永久《えいきう》に語《かた》り傳《つた》へたいもの、各學校《かくがくかう》では、それ〳〵當時《たうじ》の講話《かうわ》があります。

図69　馬鈴薯の梨もどき
（出典：「一年中の朝・昼・晩お惣菜料理法」「主婦之友」1933年〔昭和８年〕１月号付録、主婦之友社）

◇大根《だいこん》の梨《なし》もどき（羅梨菜）

餅《もち》のあとお酒《さけ》の友《とも》、漬物代《つけものがは》りとして風味《ふうみ》に一入《ひとしほ》の趣《おもむ》きあるごくサッパリとした品《ひん》のよいお料理《れうり》です。

材料《ざいれう》（五人前《にんまへ》）　直徑《ちよくけい》二寸《すん》くらゐの大根《だいこん》六寸《すん》ほど、煮出《に》汁昆布《しこぶ》五、六寸《すん》のもの一枚《まい》、酢《す》一合《がふ》、砂糖《さたう》、鹽《しほ》、パインアップルか或《あるひ》はバナナのエッセンス（香料《かうれう》）少々《せうせう》、米糠《こぬか》一合《がふ》ほど。

拵《こしら》へ方《かた》　(1)大根《だいこん》は苦味《にがみ》のないものを選《えら》み、皮《かは》つきのまゝよく洗《あら》つて、六寸程《すんほど》を二十五片《きれ》に輪切《わぎり》にしてから、割《わり》箸《はし》を三角《かく》に削《けづ》つたもので、一片《きれ》づつに梨《なし》の種子《たね》の抜《ぬ》けた心算《つもり》で穴《あな》をあけます。

(2)そこで鍋《なべ》にサッと水洗《みづあら》ひした煮出《に》汁昆布《しこぶ》を敷《し》き入《い》れその上《うへ》に大根《だいこん》を入《い》れ、鹽《しほ》を小匙《こさじ》二杯《はい》と水《みづ》をかぶるだけ加《くは》へ、米糠《こぬか》を晒《さらし》の袋《ふくろ》に入《い》れて一緒《しよ》に約《やく》十五分間《ふんかん》、中火《ちうび》から弱火《とろび》にして煮込《にこ》み、半《はん》煮《に》えくらゐのところを笊《ざる》にあけて水《みづ》を二、三杯《はい》かけ、そのまゝ冷《ひや》し

（出典：「簡単に出来る家庭向支那料理三百種」「婦人倶楽部」1933年〔昭和８年〕11月号付録、大日本雄弁会講談社）

ですね。一九五二年（昭和二十七年）の馬鈴薯かつらむき梨もどきとほぼ同じ作り方が三三年（昭和八年）のお料理本にも紹介されておりました。

　このレシピには「馬鈴薯……せんに刻んで鹽でもみ……鍋に砂糖と酢を煮立て……煮過ぎぬくらゐに……」とありますから、だいたい同じような作り方と考えていいと思います（図69）。

　たまたまなんでしょうが一九三三年の三月九日、この日のレシピではお昼に「梨もどき」を食べ、晩ご飯では「スッポンもどき」を食べてるんですね。四〇年頃（昭和十年代半ば）になりますと「肉なしの日」というのを国が提唱していたようですが、「もどきの日」というのは聞いたことがありま

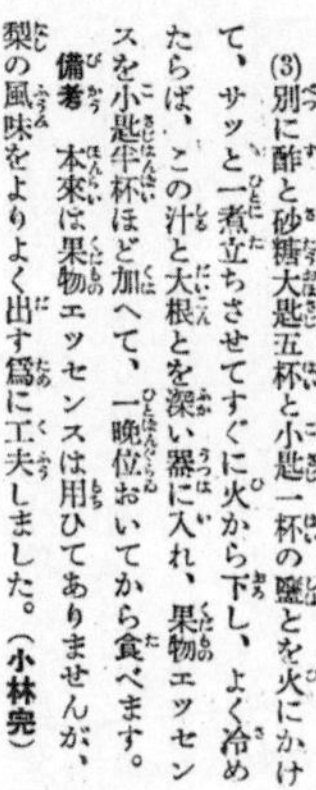
ておきます。
(3)別《べつ》に酢《す》と砂糖《さたう》大匙《おほさじ》五杯《はい》と小匙《こさじ》一杯《はい》の鹽《しほ》とを火《ひ》にかけて、サッと一煮立《ひとにた》ちさせてすぐに火《ひ》から下《おろ》し、よく冷《さ》めたらば、この汁《しる》と大根《だいこん》とを深《ふか》い器《うつは》に入《い》れ、果物《くだもの》エッセンスを小匙半杯《こさじはんはい》ほど加《くは》へて、一晩位《ひとばんくらゐ》おいてから食《た》べます。
備考《びかう》　本來《ほんらい》は果物《くだもの》エッセンスは用《もち》ひてありませんが、梨《なし》の風味《ふうみ》をよりよく出《だ》す爲《ため》に工夫《くふう》しました。（小林完）

図70　大根の梨もどき

せん。たぶんこの当時「もどき」という言葉で食糧不足の目を逸らそうとしていたんではないでしょうか。

馬鈴薯以外で作る「梨もどき」

これはれっきとした中華料理の和風版でありましょう（図70）。薄い輪切り大根に先をとがらせた割り箸で穴を開けて「梨の種が抜けたあと」に見せかけるところなんざ芸が細かくていかにも中華料理って感じですね。大根の薄切りを「十五分間煮る」と大根特有の辛みや青臭さは抜けますが、パリッとした歯触りがやや失われがちでした。もしかすると昭和初期の大根でしたら十五分間煮てもパリッとしていたのかもしれませんが、八十年たった今日の大根では軟らかすぎるきらいがありますので五、六分間茹でるくらいでちょうどいいのではないかと思いました。しかし昆布出汁で下煮をしておいてから甘酢に一晩漬け込む……、これはおでんにも似ているし精進料理的でもある和風支那料理なんでしょうね。

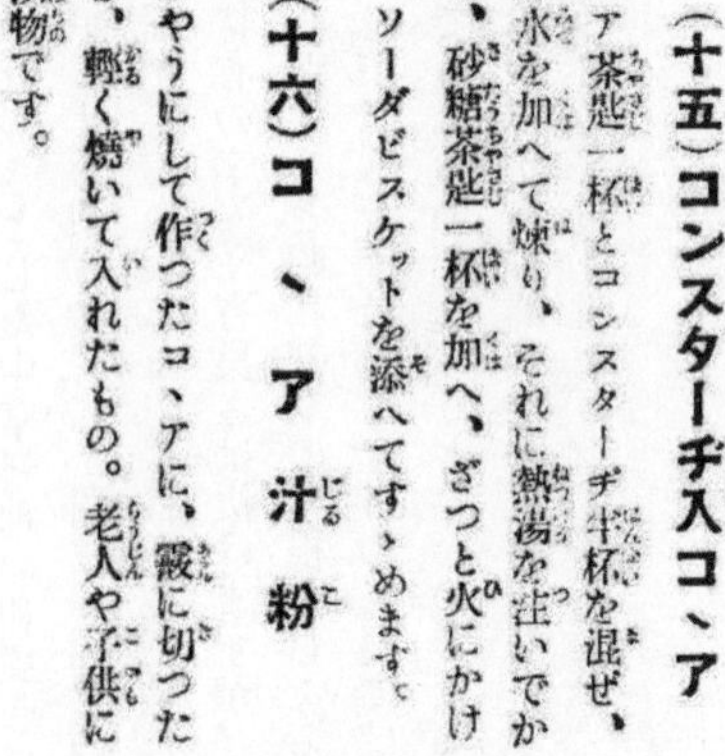

（十五）コンスターチ入《いり》コヽア

コヽア茶匙《ちやさじ》一杯《はい》とコンスターチ半杯《はんぱい》を混《ま》ぜ、少量の水を加《くは》へて煉り、それに熱湯《ねつたう》を注《つ》いでかき混《ま》ぜ、砂糖茶匙《さたうちやさじ》一杯《はい》を加《くは》へ、ざつと火《ひ》にかけた後《のち》、ソーダビスケットを添《そ》へてすゝめます。

（十六）コ　ヽ　ア　汁《じる》　粉《こ》

前《まへ》のやうにして作《つく》つたコヽアに、霰《あられ》に切《き》つたお餅《もち》を、輕《かる》く燒《や》いて入《い》れたもの。老人《らうじん》や子供《こども》に向《む》く飲物《のみもの》です。

図71　コヽア汁粉
（出典：「主婦之友」1931年〔昭和６年〕１月号、主婦之友社）
ココア：砂糖：コーンスターチ＝1：1：0.5の割合。湯を差して火にかけます。つまり、普通のココアにコーンスターチでとろみをつけたものです。これに小さく切って焼いた餅を入れたらココアが汁粉になります。

お汁粉の歴史――戦前篇

お汁粉……ぜんざいやあんみつ同様、小豆のあんこを使った甘味物とわれわれは認識しているようですが、大正時代から戦前の昭和時代には様々なお汁粉が食べられていたようです。小豆餡ベースのお汁粉に慣れてしまったわれわれには「イカモノ」と思えるようなお汁粉が料理の本に紹介されていたんです。それはそれは自由闊達、和洋折衷みたいなお汁粉でした。トマトにココア、ホワイトソースまでがお汁粉化してしまうんですから、和食恐るべしですね。これらのお汁粉を実際に作ってみますと、これはこれで一つのお汁粉の形だと思いました。つまりお汁粉って汁にとろみがついていて、うまみとコクと甘味があれば成立するってことではないかしらん。明治維新の文明開化以降、西洋と中国の食文化を貪欲に取り入れて新しい時代の和食の形を完成させたのが一九三五年（昭和十年）から三八年（昭和十三年）頃ではないか、ということを以前の本に書きました（『食べかた上手だった日本人――よみがえる昭和モダン時代の知恵』岩波書店、二〇〇八年）。そしてその頃にお汁粉文化も成熟期を迎えていたようです。

お汁粉の歴史――戦後篇

小豆と砂糖をベースにしたお汁粉に洋食文化が取り入れられたりしてバラエティーに富んだお汁粉を楽しめた時代はそう長く続きませんでした。戦争による食糧不足や食糧統制などで小豆も砂糖もままならない時代がしばらく続くことになりました。特に一九四五年の敗戦からの数年間は砂糖、小豆ともに入手が困難な時代だったからいやでも砂糖、小豆以外の食材でお汁粉を作らなければならなかったんです。このあたりが戦前との違いですね。戦前は興味をもってトマトお汁粉なんぞを作ってましたが、戦後は代用品を探してお汁粉を作っていました。その努力と工夫には頭が下がるばかりですが、そうまでしてお汁粉を食べようとしたってことは、日本人の甘味物のなかでお汁粉の存在がいかに大きなものだったのかを物語っているようです。

トマト汁粉《じるこ》
名稱《めいしよう》がをかしいですが、お汁粉《しるこ》のやうだといつて、子供に喜ばれます。夏はトマトが澤山あるから、お試《ため》しください。中身《なかみ》はパン。

図72　トマト汁粉
（出典：「お惣菜向きの洋食の作り方三百種」「主婦之友」1932年〔昭和７年〕７月号付録、主婦之友社）
「形のなくなるまで煮て」とありますから、３分の１から２分の１量くらいに煮詰めるのだと思います。そうしますとトマトのうまみ成分（グルタミン酸）が濃縮されて濃厚な味になり、それに「砂糖でかなり甘めに」味付けをすれば小豆の汁粉に劣らぬ味になります。

汁粉は……小麦粉で

芳しくないブラウンソース、しくじりかけたホワイトソース、そんな感じのとろりとした甘い飲み物です……としか言いようがありませんでした。小麦粉のフライパン空煎りを黒くなるまでおこないますと小麦粉汁粉から小麦粉コーヒーに変化しますが、結構苦い大人の味になります。

小麦粉汁粉

小麦粉を香ばしくいって、粉乳を混ぜた一風変ったお汁粉。

材料（二人前）小麦粉大さじ山一杯、脱脂粉乳大さじ山二杯、砂糖大さじ山二杯、みかんの皮（レモンの皮ならなおよい）少々。

作り方 (1)＝小麦粉をフライパンに入れ、木じゃくしで絶えず混ぜながら、よい焼き色にいり、一度フルイにかけます。

(2)＝(1)の小麦粉に、粉乳、砂糖を混ぜ、冷水カップ二杯で溶き混ぜます。

(3)＝この中にみかんの皮を少々卸し加えて火にかけ、木じゃくしで混ぜながら煮立て、熱いうちにおすすめします。

図73　小麦粉汁粉
（出典：「冬のお料理」「主婦と生活」1956年〔昭和31年〕12月号付録、主婦と生活社）

變りじるこ

見た目がお汁粉《しるこ》のやうなので、お汁粉〱と子供達から大歓迎《くわんげい》されるもの。

甘藷《さつまいも》を薄切《うすぎり》にして水をたつぷり加へて煮、軟くなつたらふすまを水溶きして流し、よくかき廻してどろつとさせます。お味は淡《うす》い鹽《しほ》味にすると結構《けつこう》甘く感じます。これはふすまの代《かは》りに蕎《そ》麦粉《ばこ》でしても美味しいものです。

甘藷の生《なま》のないときは切干《きりぼし》を水に戻して使ふとよく、その場合は浸《つ》け水《みず》で煮るやうにします。

また、小豆《あづき》とべつかふ藷《いも》を軟く煮合せて粉を流したのも、一段と美味《びみ》です。

図74　變りじるこ
（出典：「主婦之友」1946年〔昭和21年〕3月号、主婦之友社）
敗戦直後の「主婦之友」に出ていました。当然砂糖不足ですから、さつま芋または干した芋で甘味を出していました。薄いでんぷん粉であるふすまなどでとろみをつけています。

ピーナツじるこ

ピーナツバターと脱脂粉乳《スキムミルク》を使つた、おいしい栄養じるこ。洋服がぐん〱小さくなるころの子供や、若い人に、特別歓迎されます。

一人前で、脱脂粉乳と砂糖各大さじ一杯を、少量の湯でなめらかにとき、カップ七分目の湯を加えて火にかけ、ピーナツバター大さじ一杯を加える。煮立ったら、片栗粉小さじ一杯半の水どきでとろみをつける。

中身は、小さい焼餅《やきもち》か白玉、市販のあられを浮かべてもよい。

ピーナツミルク：砂糖を小さじ二杯にし、とろみをつけずに、コップか紅茶茶碗につぐ。（楢林秀子《ならばやしひでこ》）

図75　「お汁粉いろいろ」より、ピーナツじるこ
（出典：「お惣菜料理集」「主婦之友」1952年〔昭和27年〕1月号付録、主婦之友社）
戦後７年しかたっていませんが、レシピからは砂糖不足の影は薄らいできています。砂糖の供給量は回復していたものの、価格が高かったため甘味料としてズルチンやサッカリンが多く使われていた時代でした。

▲乙女《おとめ》じるこ

白玉《しらたま》だんごのなめらかさ、栗《くり》の甘《あま》さにつやゝかな茹小豆《ゆであずき》がよく調和《ちようわ》して、ふつくりと甘《あま》いおしるこです。

（あり合せの蒸茶碗に盛つた乙女じるこ）たつぷりいたゞくにはこれに限ります。

五杯分《はいぶん》として茹小豆《ゆであずき》一合《ごう》、（小豆《あずき》一合《ごう》に対《たい》し砂糖《さとう》カップ一杯《ぱい》、塩小《しおこ》さじ一杯《ぱい》）白玉粉《しらたまこ》二十匁《もんめ》、あれば栗《くり》のふくめ煮《に》五箇《こ》。

白玉粉《しらたまこ》を四勺《しやく》の水《みず》に溶《と》き、手《て》でよくねり合《あ》せ、直径《ちよつけい》六分《ぶ》ぐらいの平《ひら》たいだんごに丸《まる》め、指《ゆび》で中央《ちゆうおう》をちよつとくぼませておき、約《やく》一合《ごう》の湯《ゆ》を小鍋《こなべ》にわかし、白玉《しらたま》だんごを茹《ゆ》であげ、浮《う》きあがつてきたら網杓子《あみしやくし》で水《みず》を入《い》れたボールにとります。これを一人前《にんまえ》五箇《こ》ずつ小《ちい》さい器《うつわ》に並《なら》べ、中央《ちゆうおう》に栗《くり》のふくめ煮《に》をおき、廻《まわ》りの白玉《しらたま》だんごの生地《きじ》が見《み》える程度《ていど》に、前《まえ》の茹小豆《ゆであずき》をかけます。

茹小豆《ゆであずき》は、質《しつ》のよい小豆《あずき》一合《ごう》をよく洗《あら》い、約倍《やくばい》の水《みず》とともに鍋《なべ》に入《い》れて煮立《にた》て、沸騰《ふつとう》して五六分《ぷん》したら、その水《みず》を捨《す》て、新《あたら》しい水《みず》をさし、中火《ちゆうび》よりやゝ弱《よわ》めの火《ひ》で気長《きなが》に煮《に》ます。ふつくりと水気《みずけ》をふくんだら砂糖《さとう》と塩《しお》を入《い》れて甘味《あまみ》をつけ、弱火《よわび》で味《あじ》を含《ふく》ませながら、小豆粒《あずきつぶ》が自然《しぜん》に煮《に》えくずれる程度《ていど》で火《ひ》をとめます。（以上　似内芳重《にたないよしえ》）

▲ピーナツじるこ

ピーナツの風味《ふうみ》ゆたかなおしるこ。中《なか》にはお餅《もち》の代《かわ》りに栗《くり》を入《い》れました。

四五杯分《はいぶん》として、ピーナツバタ大《おお》さじ五杯《はい》、砂糖《さとう》お玉杓子《たまじやくし》一杯半《ぱいはん》、塩小《しおこ》さじ一杯《ぱい》、ふくめ煮《に》にした栗《くり》十箇《こ》を用意《ようい》しましよう。

ピーナツバタを鍋《なべ》にとり、水《みず》を少《すこ》しずつついでなめらかに溶《と》きのばし、砂糖《さとう》と塩《しお》を加《くわ》えて火《ひ》にかけ、さつと煮立《にた》てます。

中《なか》に入《い》れる栗《くり》は、皮《かわ》をむいてから茹《ゆ》で、砂糖《さとう》と塩《しお》で甘《あま》くふくませ煮《に》にし、白玉粉《しらたまこ》と片栗粉《かたくりこ》を大《おお》さじ一杯《ぱい》ずつ合《あわ》せて固《かた》めに水《みず》どきしたものにくるませ、ぐら〱煮立《にた》つた熱湯《ねつとう》に入《い》れて茹《ゆ》であげますが、皮《かわ》が透明《とうめい》になるのを度《ど》として引《ひ》きあげます。

これで用意《ようい》ができましたから、器《うつわ》に栗《くり》を一人前《にんまえ》二箇《こ》ずつ入《い》れ、熱《あつ》いピーナツじるこをかけましよう。（興津《おきつ》ヨネ）

図76　ピーナツじるこ

（出典：「主婦の友」1958年〔昭和33年〕12月号、主婦の友社）

ピーナッツ、くるみ、胡麻などをすり潰して作るナッツ系汁粉は戦前の料理本にもたくさん出ていました。正統派小豆汁粉よりずっと濃厚な味です。ちなみに平塚らいてうの好物が胡麻汁粉だったそうです。

◇おしるこ五種◇

甘藷汁粉

蒸《む》して裏ごしにかけた甘藷《かんしよ》をどろ〲に煮《に》のばし、鹽を一つまみ落して汁を作り、中身《なかみ》として、食用粉を湯で固《かた》めにねつて團子にまるめ、茹でてから椀に入れ、煮立《にた》つた甘藷汁《かんじよじる》を注ぎます。

うづら汁粉

お汁粉《しるこ》の身は、甘藷を蒸して裏ごしにかけ、鹽少々《しほせうく》入れて小さい團子《だんご》にまるめ、笊《ざる》か莚《むしろ》に並べて日向《ひなた》に干しますと二、三日の中にぐつと甘味《あまみ》が出て固まり、そのまゝお八つになります。

うづら豆を一晩《ひとばん》水につけ、弱火《とろび》で氣永く似て軟くなつたら擂鉢《すりばち》で粗《あら》くつぶし、これに鹽少々入れてお味《あじ》を整へ、團子を入れて一煮たちさせます。

共《とも》じるこ

甘藷を蒸《む》して大半をすりつぶし、ドロ〲に煮《に》のばす。残りのお藷は大切りにして汁に入れ、鹽味《しほあじ》をつけて一煮たちさせます。

松葉じるこ

賽《さい》のめ切りの甘藷または馬鈴薯を餅米《もちごめ》か普通の御飯《ごはん》に炊きこみ、これをすりこぎでよくすりつぶしてなまこ型に作り、水《みづ》で洗《あら》つた松の葉を上にのせて、笊《ざる》か莚《むしろ》に濡れぶきんを敷き、その上に餅をのせて氷のはる様な夜間、屋根《やね》で二晩《ふたばん》くらゐ干しますと、松葉の香りがほんのりとついて、美味《おい》しい氷り餅が出來ます。これをお汁粉《しるこ》やお雑煮に入れ、又はそのまゝ薄《うす》く切つて焼いて食《た》べても結構。

鶯《うぐひす》じるこ

煎茶《せんちや》の汁で葛粉《くづこ》、または他の澱《でん》粉《ぷん》を煮のばし、鹽少々で味つけ、氷り餅《もち》をこんがり焼いて入れた、さつぱりとしたお汁粉《しるこ》です。

胡麻《ごま》じるこ

いり胡麻《ごま》を、油の出る迄すりつぶり、裏ごしの甘藷《かんしよ》を加へて水でドロ〲に煮《に》のばし、鹽で味付け、お餅《もち》を入れます。

柿《かき》じるこ

干柿《ほしがき》を細かく刻んで水を加へ、どろ〲に煮《に》つめ、氷り餅《もち》を入れますと、コッテリと甘《あま》いお汁粉が出來ます。

（以上土井静子氏）

図77　おしるこ五種
（出典：「婦人倶楽部」1946年〔昭和21年〕1月号、大日本雄弁会講談社）
イラストを見てもレシピを読んでも、いたって正統的な汁粉の作り方でした。

図78　映画『満州行進曲』のワンカット
（出典：「映画満州行進曲」「家の光」1932年〔昭和７年〕５月号、産業組合中央会）
「汁粉」は戦前・戦中を通じて甘味物の王者だったし、その王座は戦後20年間不動のものでした。戦時中は戦地の酒保でも出していて、軍用缶詰にも汁粉がありました。

第7章　カルピスもどきと代用コーヒー

図79　カルピス広告
（出典：「科学知識」1923年〔大正12年〕1月号、科学知識普及会）

まさしくカルピス

そもそもカルピスって、牛乳を乳酸発酵させ砂糖を加えた甘酸っぱい飲み物であります。

乳酸発酵で作る乳酸菌飲料は整腸作用がある！　ということで大正時代に登場したのがカルピスです。脂肪（バター）を取った脱脂乳に乳酸菌を培養させ、砂糖で甘く味付けしたものを煮詰めて濃厚な原液としました。これがおいしいと評判になると、似たような味がする飲料を乳酸菌なし・発酵なしで作る方法がすぐに開発されました。当初は「乳酸菌だから腸にいい」でしたが、乳酸飲料が持つ「酸味」さえ存在すれば「腸にいい」という雰囲気だけをヒトは求めたんでしょう。こうしてバターを作った後の脱脂乳や豆乳、山羊乳などに砂糖を加えて煮詰め、そこにクエン酸で酸味を付けてカルピスのできあがりっ！　とニッポンジンはやったんでした。ハテ、どのようなカルピスもどきが世に出回ったのやら？

この「牛乳を乳酸発酵させる」というプロセスを省いて手軽に早く作れるようにし

家庭《かてい》で作《つく》れる乳製品《にゅうせいひん》

乳酸飲料《にゅうさんいんりょう》（カルピス）

まず、種《たね》を作《つく》っておきます。生乳《せいにゅう》を摂氏《せっし》三十度《ど》ぐらいの室温《しつおん》の中《なか》に七日間《なぬかかん》おき、自然《しぜん》に乳酸《にゅうさん》菌《きん》を作《つく》り、種《たね》に使《つか》えばよい。つぎに牛乳《ぎゅうにゅう》（またはヤギ乳）五合《ごう》を鍋《なべ》に入《い》れ、よくかき混《ま》ぜながら八十度《ど》から八十五度《ど》ぐらいで、三十分熱《ぷんねつ》します。これを三十度《ど》ぐらいまでいったん冷《さ》まし、清潔《せいけつ》な細口瓶《ほそぐちびん》に八分《ぶん》めぐらい注《そそ》ぎ入《い》れ、用意《ようい》しておいた種《たね》を、〇・五勺《しゃく》から〇・七勺《しゃく》ほど加《くわ》えます。綿《わた》でふたをして、三十度《ど》から四十度《ど》ぐらいの温度《おんど》の部屋《へや》に二、三日《にち》おいて発酵《はっこう》させます。この間《かん》に、ときどき振《ふ》り動《うご》かしてやるように注意《ちゅうい》します。

発酵《はっこう》が終《お》ったら布袋《ぬのぶくろ》にあけ、まな板《いた》の上《うえ》でよくもみほぐし、別《べつ》の器《うつわ》に発酵乳《はっこうにゅう》をくみ分《わ》けます。好《この》みの量《りょう》だけ砂糖《さとう》を加《くわ》え、八十度《ど》ぐらいに温《あたた》めて、瓶《びん》などに詰《つ》めて殺菌《さっきん》して貯《たくわ》えればよい。飲《の》むときは六、七倍《ばい》に薄《うす》めて飲《の》みます。なお種《たね》を作《つく》らずに、ビオフェルミン錠《じょう》を少量《しょうりょう》、直接原料《ちょくせつげんりょう》乳《にゅう》に加《くわ》えてもよい。

ヨーグルト

原料乳《げんりょうにゅう》五合《ごう》に砂糖《さとう》を三、四合《ごう》を加《くわ》え、八十度《ど》の温度《おんど》で三十分間熱《ぷんかんねつ》し、いったん三十度《ど》ぐらいに冷《さ》まし、用《よう》意《い》の種《たね》を加《くわ》えて、よくかき混《ま》ぜ、清潔《せいけつ》な広口瓶《ひろくちびん》に入《い》れ、ふたをして三十度《ど》ぐらいの温度《おんど》にして一晩《ひとばん》おきます。こうすると、堅《かた》くかたまって、できあがります。冷《つめ》たい所《ところ》におけば、かなり長時間《ちょうじかん》もちます。

（鈴木《すずき》）

図80　家庭で作れる乳製品
（出典：「家の光」1955年〔昭和30年〕11月号、家の光協会）
本来「乳酸発酵飲料」であるはずなのに発酵させず乳酸菌も不在の「脱脂練乳＋クエン酸＋砂糖」で似たような飲料を作ることが圧倒的に多くなっていた時代に珍しく乳酸発酵させる作り方を紹介したレシピでした。

たのが、『軍隊調理法』に代表されるカルピスレシピでありましたが、なかにはきちんと発酵させるレシピもあったんです。

カルピス・のようなもの

『軍隊調理法』（図81）は日本陸軍で使われていた料理手引書で「昭和十二年発行」となっていますが、大正時代にはすでに確立していたようです。料理名からして正確というか誤解間違いのなきよう、きちっとしております。「商標登録さ

五、カルピス様飲料速製法

材料（五十人分）

脱脂煉乳　一罐（四〇〇瓦）　砂糖　一瓩

枸櫞酸　二〇瓦　香料　三瓱（レモン一、オレンジ二の割合）

調理

煉乳罐を切りて器にあけ、其空罐にて五杯の水、或は湯を投入して火にかけ、砂糖を加へ砂糖の溶けたるとき火より下す、次にクエン酸を少量の熱湯で溶し前の煉乳、砂糖を急速に攪拌しつゝ少量宛たらし込み香料を加ふ。かくして出來しものを原液といふ、之を夏ならば氷、冬なれば熱湯を以つて薄め（原液一に對し水三）で飲用す。

備考

イ、煉乳一罐にて原液二立三〇〇を得、一八〇瓱宛分配せば五十人分となる。

ロ、枸櫞酸は季節により、嗜好により増減すべし。

図81　『軍隊調理法』糧友会、1937年（昭和12年）

れたカルピスの権利を侵害するものではない。あのカルピスのような飲料をまねではあるが手早く作る速製法を書き記したのである」なんですね。

軍隊だけに、料理なんてしたこともないような兄ちゃんでも作れるように書かれております。脱脂練乳（砂糖なし）四百グラムを器にあけたら、その空き缶に水を五杯

（二リットル）汲んで器に入れる。砂糖一キロ、クエン酸二十グラム、そして香料を微量足したら加熱して「原液」を作る。この原液一に対して水または熱湯を三の割合で薄めて飲む、のであります。

このカルピス風飲料の作り方は、数ある偽カルピスのなかで最もスタンダードな作り方でありました。本家本元のカルピスさんには悪いけれど、かなりカルピスじみた清涼飲料水が作れます。この作り方をもとにしたようなレシピが、この頃の婦人雑誌によく紹介されておりました。

◆手《て》製《せい》カルピス

家庭《かてい》で手軽《てがる》にできる、カルピスの作《つく》り方《かた》を御《ご》紹介《せうかい》いたしませう。

コンデンスミルク小一罐《せうひとくゎん》、砂糖《さたう》八十匁《もんめ》を加《くは》へて火《ひ》にかけ、別《べつ》に、ミルクの四倍《ばい》の水《みづ》を煮立《にた》てゝ、クエン酸《さん》七瓦《グラム》(約中匙《やくちうさじ》一杯《ぱい》)を溶《とか》し、ミルクの方《はう》へ混《ま》ぜます。

これを五倍《ばい》の水《みづ》で薄《うす》めると、程《ほど》よい飲《の》み加減《かげん》になりますから、レモンの搾《しぼ》り汁《しる》を滴《たら》し、氷片《ひようへん》を二《ふた》つ三《み》つ浮《うか》してすゝめます。なほクエン酸《さん》は、薬屋《くすりや》でいくらでも頒《わ》けてくれます。(加藤照子《かとうてるこ》先生《せんせい》)

図82　「夏の和洋料理千種の作方」「主婦之友」1937年（昭和12年）7月号付録、主婦之友社

手製カルピス

このレシピですとコンデンスミル

ク缶の容量がわかりませんが、それでも「ミルクの四倍の水」と書いてあるところや、砂糖、クエン酸、レモン汁を加えて煮立てるところなどは『軍隊調理法』を参考にしていたと思われます。軍隊との違いは脱脂練乳でなくコンデンスミルクなので、もともと砂糖が入っていたんではないでしょうか。たぶん軍隊のものよりも濃いカルピス原液ができたと思われます。五倍に薄めて氷を浮かしても薄すぎたりはしなかったでしょう。

しかしっ、さらに常識破りの「カルピス」だってあったんだっ！

卵カルピス

生卵十個、焼酎（たぶんアルコール度数二五度）九百CC、氷砂糖六百グラム。これを甕に入れて攪拌する。氷砂糖はすぐには溶けませんから、毎日揺り動かして数日待つんでしょうね。こうして氷砂糖がすべて溶けたら原液のできあがり……ということなんでしょう。

これほど大量の砂糖と焼酎を混ぜておけば、生卵と言えども腐ったりはしないのでしょう。砂糖漬けは塩漬け同様保存性が高いものですから。とはいえ、これは和風エッグ・ノック、または焼酎ベースの「玉子酒の素」でありましょう。これを「卵カル

卵《たまご》カルピスの製法《せいはふ》

誰《だれ》にも、簡單《かんたん》にできる卵《たまご》カルピスの作《つく》り方《かた》をお知《し》らせします。

原料《げんれう》は傷卵《きずたまご》十個《こ》、燒酎《せうちう》五合《がふ》、氷砂糖《こほりざたう》一斤《きん》です。

かめに卵《たまご》を割《わ》り、十分《ぶん》かきまはしてから、燒酎《せうちう》五合《がふ》と氷砂糖《こほりざたう》を加《くは》へて、毎日器《まいにちうつは》をゆりうごかして、材《ざい》料《れう》をねりながら數日《すうじつ》たつと、氷砂《こほりざ》糖《たう》がすつかり溶《と》けてしまひます。

これは原液《げんえき》でありますから、これを五倍《ばい》にうすめてのみます。冬《ふゆ》は、熱湯《ねつたう》でうすめると、大《たい》そう美《び》味《み》です。（長野縣　岩島良）

図83 「家の光」1935年（昭和10年）11月号、産業組合中央会、読者投稿欄「我が家の実験」

ピス」と呼ぶのはちょっと……ねぇ。「大そう美味」かどうかは知りませんが、お子様に飲ませるのはやめておきませう。

このような「名前だけカルピス」とは異なりますが、思いもよらぬ組み合わせのカルピスだって実際にあったんです。

梅酢カルピス

このレシピ（図84）に書かれている「梅酢」は、梅干しを作るときの最初の段階、つまり青梅と塩だけで下漬けしたときに湧いてくる「梅酢」ではないでしょうか。この湧いてきた梅酢に赤紫蘇を漬けて揉みますと梅酢が鮮やかな赤い色になり、その色が梅干しの赤い色となるのです。この赤く染まった梅酢を使うとは考えにくいので、その前の透明の梅酢だと思われます。

◈梅酢《うめず》カルピス

▲材料＝牛乳《ぎうにう》一合《がふ》、（コンデンスミルクを五倍《ばい》に薄《うす》めても結構《けつこう》。）砂糖《さたう》七十匁《もんめ》、梅酢《うめず》盃《さかづき》一杯《ぱい》、レモンエッセンス。

『梅酢カルピスの作り方』砂糖を煮溶した牛乳に、梅酢を一滴づつ溶してはよく振ります。

牛乳《ぎうにう》を鍋《なべ》に取《と》つて火《ひ》にかけ、分量の砂糖を入れてよく煮溶し、少し冷めてから大き目《め》の罎《びん》に入《い》れて梅酢《うめず》を一滴《てき》づゝ入《い》れては堅《かた》く栓《せん》をして、力《ちから》一ぱい振《ふ》り混《ま》ぜます。これをきれいな布巾《ふきん》で漉《こ》して、別《べつ》の罎《びん》に移《うつ》し、レモンエッセンスを少々《せうせう》滴《たら》してよく振《ふ》り混《ま》ぜればよろしいのです。

梅酢《うめず》の代《かは》りに、枸櫞酸《くえんさん》か乳酸《にうさん》を四瓦《ぐらむ》ほど湯《ゆ》で溶《と》いてお使《つか》ひになつても結構《けつこう》です。

これを氷水《こほりみづ》で四倍《ばい》に薄《うす》めて召上《めしあが》つてください。（植松石子《うゑまついしこ》）

図84　梅酢カルピス

（出典：「夏の飲物と冷菓子の作方百種」「主婦之友」1939年〔昭和14年〕７月号付録、主婦之友社）

図のように瓶で作るのが正しい。梅酢を一滴ずつ垂らしては瓶を振って混ぜなきゃならんのです。梅酢はほんの少量ずつ入れないと凝固する恐れがありますので要注意です。

うちでも梅干しを漬けるので、この透明の梅酢でカルピスを作ってみましたの。なにせ「梅干し用」ですから、かなりしょっぱい梅酢であります。こんなしょっぱいもので カルピスができるのだろうかと心配しましたがさにあらず、これはなかなかイケます。梅酢の量はちょっぴりですから、ほどよく塩分が隠し味になっておるようでした。

モダンドリンク集

飲み物ってご飯よりもずっと身近に感じませんか？　ご飯は一日に二、三度ですが、飲むほうは起きてから寝るまでに十回以上飲みますもんね。水、お茶、コーヒー、紅茶、ジュース、炭酸飲料、酒、ビールなど、また暑いときと寒いときでも飲むものが違ってきます。明治時代以前の日本人にとっての飲み物と言えばまず水か白湯、ぜいたく品としてお茶でした。昭和になりますと、欧米からやってきたいろんな飲み物が一般の人にも飲めるようになってきたんですね。この時代のモダン飲料は日本人が砂糖を使えるようになったことで一般化したものばかりです。砂糖と炭酸水（クエン酸）なくして昭和モダン飲料は語れません。ここに出ているようなモダン飲料のレシピに沿って作ってみますと、その甘さに正直のけぞってしまいました。西瓜ドリンクとかミカンドリンクのたぐいにはかなりの量の砂糖を使うように書かれています。

夏蜜柑《なつみかん》でラムネ代《がは》り

夏蜜柑《なつみかん》の果汁《くわじふ》をコップに半分《はんぶん》ほど入《い》れ、砂糖《さたう》を少《すこ》し加《くは》へ、箸《はし》の先《さき》に重曹《ぢうさう》をぽつちりつけて、よくかきまぜて呑《の》むのです。

香《かを》りがよく、ラムネ以上《いじやう》のおいしさです。これは脚氣《かつけ》の良藥《りやうやく》で、消化《せうくわ》もたすけるさうです。

（和歌山縣　兒島　德松）

図85　夏蜜柑でラムネ代り
（出典：「我が家の実験」「家の光」1937年〔昭和12年〕6月号、産業組合中央会）
「ぽっちり」とか「ぼっちり」という表現は戦前の料理本でよく見かけます。「ほんの少し」と理解してくださいまし。この時代のレシピには重曹、クエン酸がよく登場しますが、使い方はあくまでも「ぽっちり」程度にしておかないとお腹が張ってしまいます。

当時の果物は今日の果物よりも甘くなかったことはわかりますが、それを差し引いてもあまりに甘い！　この砂糖による甘さは何も飲み物に限ったことではなく和食全般にも言えるんです。もともと和食には砂糖は使わない……と思っている人が多いと思いますが、明治後期から大正、昭和と時代を追いかけて調べてみますと、今日の家庭料理や和食のお手本となる料理講習会で使っていたテキスト自体がお砂糖漬けみたいなんです。私、考えてみました。和食に砂糖を使わなかったのは砂糖が味をこわすとかではなく、単に砂糖が手に入りにくかったから……にほかならないのではないかと。明治末期から昭和初期にかけて広く展開していた「家庭料理講義録」（東京割烹講習会）という雑誌で紹介している料理はかなり甘い味付けばかりでした。

すでに砂糖はたやすく入手できるものになっていましたから、いくらでも甘く味付けできるような当時の上流婦人が学んでいたんでしょう、講師が「板垣夫人」とか書かれてましたから。家庭料理にこれだけ砂糖を使うんですもん、ドリンクとなれば使わないわけがない。こうしてこれらのモダン飲料は「虫歯に気を付けてネ」くらいの甘さになってしまったんですね。

なぜいま昭和モダン飲料なんだろ？

この手の昔のモダン飲料はすべて自分で作って飲んでみました……と言うよりは前から飲み物は自分で作って飲んでおります。知ってる人はご存じでしょうが、酒や焼酎までひと頃はすべて自作して飲んでいた私です。冬場はすりおろしリンゴの葛湯と

林檎葛湯

寒《さむ》い冬向《ふゆむき》によい、林檎《りんご》の香《かお》りていたゞく、体《からだ》の心《しん》まで温《あたた》まる葛湯《くずゆ》。

(い)材料《ざいりょう》は二人前《ににんまえ》で片栗粉《かたくりこ》大《おお》さじ山《やま》一杯《ぱい》、林檎《りんご》半箇《はんこ》。

(ろ)片栗粉《かたくりこ》を鍋《なべ》に入《い》れて、少量《しょうりょう》の水《みず》で滑《なめ》らかにといたら、

(は)沸騰《ふっとう》したお湯《ゆ》をカップ一杯半《ぱいはん》ほどしずかにつぎ込《こ》みながら、スプーンで手早《てばや》くかき廻《まわ》します。

(に)林檎《りんご》を皮《かわ》ごとすりおろし、砂糖《さとう》適量《てきりょう》と一緒に葛湯《くずゆ》の中《なか》へ入《い》れて、ちよつと火《ひ》にかけて温《あたた》め返《かえ》し、万遍《まんべん》なく練《ね》り上《あ》げます。

(ほ)できたら、カップにつぎ分《わ》けましょう。練《ね》り上《あが》りの、熱《あつ》いうちに、ふう〳〵吹《ふ》きながら飲《の》みます。

林檎《りんご》は、紅玉《こうぎょく》のような香《か》りの高《たか》い、甘《あま》い種類《しゅるい》がよいでしょう。

図86　林檎葛湯

（出典：「毎日の家庭料理」「主婦之友」1953年〔昭和28年〕11月号付録、主婦之友社）

本来ならば葛粉を使うところですが、大正時代頃からは馬鈴薯でんぷんを安く作れるようになり片栗粉の名前で流通したので葛湯と言っても馬鈴薯でんぷんを使うことが一般的になりました。手回しでんぷん製造機が販売され、農家の副業としてでんぷん粉作りが盛んになったのも昭和初期のことです。

松葉《まつは》サイダーの作《つく》り方《かた》

一升《しよう》の空壜《あきびん》一個《こ》、砂糖約《さたうやく》五十匁《もんめ》、壜《びん》に入《はひ》るだけの松葉《まつは》を用意《ようい》します。松葉《まつは》と砂糖《さたう》を同時《どうじ》に詰《つ》め込《こ》み水《みづ》を注《つ》ぎます。固《かた》く栓《せん》をして暗處《あんしよ》に置《お》きますと一週間程《しうかんほど》で松葉《まつは》の香《かう》味《み》のある氣《き》の利《き》いた飲物《のみもの》となり、誰《たれ》にも喜《よろこ》ばれます。

図87　松葉サイダー
（出典：「家の光」1934年〔昭和９年〕５月号、産業組合中央会）
これはたぶんヨーロッパの「松葉ジン」にヒントを得ていると思われます。日本の漢方医にあたるような欧方医？ のようなことをしている人から教わりましたが、松葉や銀杏の葉などをジンに漬け込んで薬用酒にするらしい。それのノンアルコール版でしょうが、「気の利いた」飲物とは……。

かホットミカン葛湯、夏場はクエン酸レモン水や大豆コーヒー冷製などがフッーの飲み物なんですね。編集者が打ち合わせでいらっしゃるとそんなモダン飲料しか出ません。百円もするようなペットボトル茶なんざよう買えませんから「すみませんね～変な飲みモンで」と出しますと、やれ手作りだの天然だの、無添加だのと言って喜んで見せたりするんですが、本当は「ケッ、ビンボ臭せ～」とバカにしてんじゃないか？ と思ってしまいます。でも確かに最近このような手作りモダン飲料で砂糖なしバージョンが若い人たちに求められてきたのは事実みたいですね。自動販売機でガチャーンと転がり出てくる清涼飲料水は飲まないっ！ ヒトが増えています。そのヒトたちが飲料水を自分で作ろうとするものの、作り方がワカランのだそうだ。ここに掲載したような昔のレシピを参考にして砂糖を減らすとかすれば簡単にできるんですけど、どうも自分で作るってことに自信がないというか怖いらしい。なんでだろ？　たぶん、自分が生まれたときからすでに飲み物は自販機からガッチャーンと出てくるものだったから、その作り方に関してはブラックボックスのなかのことでした。オートメーション化されて作り出されたものは消毒されていて安全で信用できるもの……と思っているんでしょうね。オートメーション化されたものの弱点はその製造工程が消費者には全然見えないことでしょう。見えないからそれを手にしてもどんな原材料をどう加工して何を添加してるんだか、消費者が全く考えもしないところにある。このオートメーション製造過程無関心が危険な食品添加物の使用や食品偽装を引き起こす原因になることもある。市販の清涼飲料水に発がん性物質が含まれていることも珍しいことではありませんが、そんなことが報道されると今日の日本人は「発がん性物質が入っていない清涼飲料水を自販機に入れろ」だもん、自分で作ろう……にはならん、いやなれんのでしょう。こういうのを「オートメ依存症」と呼んでいますが、昭和のモダン飲料を参考にすれば、そんな依存症は簡単に脱却できそうですよね。

ありえない仮定ですが、もし昭和初期に今日のような清涼飲料水の自販機があって、いろんな種類の飲料を安く買えたとしたら、昭和のおっかさんたちは買っただろうか？　たぶん飛びついて買っていたと思う。そのほうが楽だもん。先の砂糖を料理に使うのと同じことで「砂糖がなかったから使わなかった」のと「清涼飲料という商品

21 モダン飲料《いんれう》

西瓜《すゐくわ》ミルク水《すゐ》

これは、西瓜《すゐくわ》をそのまゝ頂《いたゞ》くよりは遥《はる》かに美味《おい》しい飲《の》みもので、これに氷片《ひやうへん》を三四個《こ》入《い》れると夏《なつ》の飲料《いんれう》として申分《まをしぶん》のないものです。

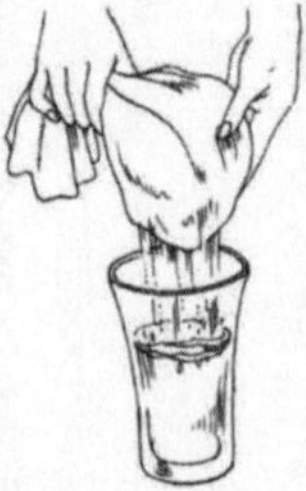

一人前《にんまへ》の分量《ぶんりやう》として、西《すゐ》瓜《くわ》三十匁《もんめ》を擂《す》りつぶして裏漉《うらごし》にかけるか、清潔《せいけつ》な布巾《ふきん》に包《つゝ》んで汁《しる》を壓《お》し出《だ》し、これに砂糖蜜《さたうみつ》大匙《おほさじ》一杯《ぱい》、レモンエッセンス二滴《てき》ほど落《おと》し、最後《さいご》に牛乳《ぎうにう》を八分目《ぶんめ》ほど入《い》れ、よくかき廻《まは》して頂《いたゞ》きます。

（小林　完）

図88　西瓜ミルク水
（出典：「家庭製法百種」「婦人倶楽部」1931年〔昭和６年〕８月号付録、大日本雄弁会講談社）
薬膳の一つで利尿作用が望まれる飲料と紹介されている西瓜飲料に似ております。西瓜糖になると西瓜の搾り汁をとことん煮詰めますが、こちらは煮詰めずに砂糖蜜で甘くしたものを牛乳に加えるのですから、言い換えると「フルーツ牛乳」でしょう。

がなかったから買わなかった」は同じことでしょ。だから、昔のおっかさんは手作りしていたから愛情があった♡的な論評は情緒に流されてるように思えますの。それより清涼飲料水が山ほどあるなかであえて手作りをするってことのほうが大変なことでもあり愛情だって必要でしょう。昭和のモダン飲料は今日のオートメ食文化から救い出してくれるきっかけになるかもしれません。

ラッカセイ入り玉子酒

大匙一杯は十五ＣＣと考えて

バナナサイダー

▲材料＝バナナ一本《ほん》、砂糖大匙《さたうおほさじ》二杯《はい》、サイダー一本《ぽん》。

バナナの皮《かは》を剝《む》き、丁寧《ていねい》にするには裏漉《うらごし》にかけますが、潰《つぶ》しただけでもかまひませんから、砂糖《さたう》を混《ま》ぜてコップに入《い》れます。そして、よく冷《ひや》しておいたサイダーの栓《せん》を抜《ぬ》いてシューッと泡《あわ》の立《た》つところで注《つ》ぎ込《こ》み、手早《てばや》く混《ま》ぜて一息《ひといき》に飲《の》みます。

お客様《きやくさま》のときはコップにバナナを入《い》れて持《も》つて出《で》て、お客様《きやくさま》の前《まへ》でサイダーを注《つ》いで、泡《あわ》の消《き》えないうちに飲《の》んで頂《いただ》くやうにしませう。（植松石子《うゑまついしこ》）

『バナナサイダー』
サイダーの泡の消えぬうちに頂きませう。

図89　バナナサイダー
（出典：「夏の飲物と冷菓子の作方百種」「主婦之友」1939年〔昭和14年〕７月号付録、主婦之友社）

「魚柄の実験」…バナナは腐る寸前の黒ずんだ完熟バナナを使います。砂糖は入れず、水か牛乳と潰したバナナを泡立て器で混ぜるかミキサーにかけると空気が入ってふんわりします。これで砂糖なしでも十分に甘くなるので、そこにサイダーを注ぐのがベストでしょう。

ください。ここ（図90）に書いてあるピーナッツバターは、レシピの最後にもありますが「炒ったラッカセイをすり潰したもの」でありまして、今日ジャムなどと並べて売られている「ピーナッツバター」とは違います。自分でラッカセイをすり潰せない方は「ピーナッツペースト」をお使いください。

この玉子酒のコツは何と言っても「ピーナッツバター」と卵とをよくかき混ぜるところにありまして、これを徹底してやらなければおいしくなりません。よく攪拌できましたら、酒と水を加えてごく弱い火にかけ、気長にゆるゆるかき混ぜますと、トロ～ンとしていたって濃厚な玉子酒

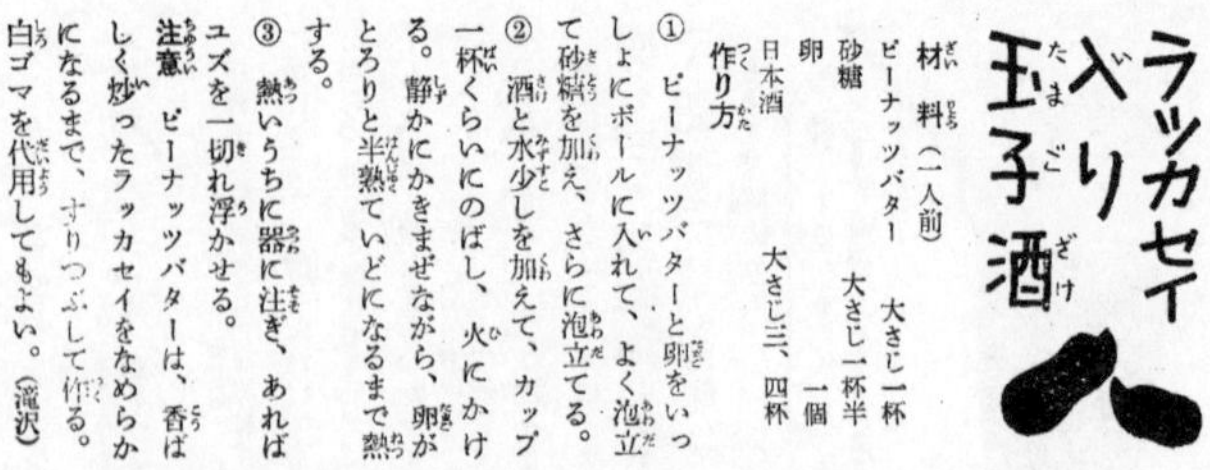

ラッカセイ入《い》り玉子《たまご》酒《ざけ》

材《ざい》料《りょう》（一人前）
ピーナッツバター　大さじ一杯
砂糖　大さじ一杯半
卵　一個
日本酒　大さじ三、四杯

作《つく》り方《かた》
① ピーナッツバターと卵をいっしょにボールに入《い》れて、よく泡立《あわだ》て砂糖《さとう》を加《くわ》え、さらに泡立《あわだ》てる。
② 酒《さけ》と水少《みずすこ》しを加《くわ》えて、カップ一杯《ぱい》くらいにのばし、火《ひ》にかける。静《しず》かにかきまぜながら、卵がとろりと半熟《はんじゅく》ていどになるまで熱《ねつ》する。
③ 熱《あつ》いうちに器《うつわ》に注《そそ》ぎ、あればユズを一切《き》れ浮《う》かせる。

注意《ちゅうい》　ピーナッツバターは、香《こう》ばしく炒《い》ったラッカセイをなめらかになるまで、すりつぶして作《つく》る。白《しろ》ゴマを代用《だいよう》してもよい。（滝沢）

図90　「料理と栄養」「家の光」1959年（昭和34年）９月号付録、家の光協会

ができあがりました。

このピーナッツバターを使った玉子酒と同じように「ピーナッツクリーム」を使った玉子酒もあります。酒や砂糖の分量に違いがありますが、基本的には同じものです。

生姜リキュール

「局方飲用アルコール」は今日では簡単に売ってもらえません。アルコール濃度が九九パーセントもある強烈なお酒……じゃなくて薬品です。主に消毒や食品加工時の添加に使います。かつては薬局ですんなりと買えておりましたから、ご家庭でのリキュール作りにも使われていました。なにせアルコール度数が一〇〇パーセントに近いものですから、生姜や薬草などの成分を抽出するのには適しておりまｓす。生姜十五グラムを漬け込んだ「局方」二十五グラムに、「局方」八十グラムを加え、そこに水六百グラムを足すわけですから、このリキュールのアルコール度数は一五度く

らい（日本酒並み）になるんじゃないでしょうか。

図91のレシピには「琥珀散」と書かれておりますが、これはホタテやハマグリに含まれるウマミの一種で、日本酒のウマミを構成する物質の一つでもありますので、これを入れることで「局方飲用アルコール」をリキュール＝酒に近づけようとしたんでしょうね。

13 風味《ふうみ》爽快《さうくわい》な生姜《しやうが》リキユウル

これは、夏期《かき》の飲料《いんれう》として非常《ひじやう》に爽快《さうくわい》な味《あぢ》を持《も》つて居《を》ります。その作《つく》り方《かた》は、

局方飲用《きよくはういんよう》アルコール一〇〇瓦《グラム》（二十錢《せん》）
白砂糖《しろざたう》二〇〇瓦《グラム》
生姜《しやうが》一五瓦《グラム》
琥珀散《こはくさん》〇・五瓦《グラム》（二錢《せん》）
カラメル少量《せうりやう》（一錢《せん》）

の割合《わりあひ》に用意《ようい》して、先《ま》づ生姜《しやうが》を薄《うす》く刻《きざ》んでアルコール二五瓦《グラム》の中《なか》に入《い》れ、壜《びん》に入《い》れてしつかり栓《せん》をし、毎《まい》日《にち》二三回位《くわいぐらゐ》づつ振《ふ》りながら二週間貯藏《しうかんちよざう》します。それから清潔《せいけつ》な布《ぬの》で生姜《しやうが》を搾《しぼ》り漉《こ》し、その液《えき》のなかへ殘《のこ》りのアルコール八〇瓦《グラム》を加《くは》へ、更《さら》に水《みづ》六〇〇瓦《グラム》（約《やく》三合《がふ》三勺《しやく》）に砂《さ》糖《たう》二〇〇瓦《グラム》をよく溶《とか》したものを加《くは》へ、少量《せうりやう》のカラメルを入《い》れて、黄金色《こがねいろ》になる位《くらゐ》に色付《いろづけ》をします。これに少量《せうりやう》の水《みづ》に溶《とか》した琥珀散《こはくさん》を加《くは》へると、風味《ふうみ》が一段《だん》とよくなります。

これで出來《でき》たのですが、更《さら》に七、八週《しう》間《かん》の間《あひだ》、しつかりと密栓《みつせん》出來《で》る瓶《びん》に貯藏《ちよぞう》して、きれいに澄《す》んでから飲用《いんよう》します。

図91　「家庭製法百種」「婦人倶楽部」1931年（昭和6年）8月号付録、大日本雄弁会講談社

今日調味料として販売されている「ホタテだしのもと」みたいなパウダーが代用できそうです。まぁこのような「ウマミ調味料」を入れるのは、「局方アルコール」ってまったくの「無味無臭」であるからなんですね。

一九七五年（昭和五十年）十月某日、大学の研究室にあった局方飲用アルコールをこそ〜っと拝借してきたボクは、水で薄めて「ニセウイスキー」の製作にいそしんだのでありますが、これがアナタ、酔いこそはすれ味というものがありません。まったくの無味無臭とはこのことでしたので、あきらめの悪いボクはカンロ飴やキャラメルなどを駆使してみましたが、ウマミ付けは難しかった（詳しくは拙著『明るい食品偽装入門』（サンガ、二〇〇八年）を参照）。

今日、局方飲用アルコールを使うことはまずありませんから、現実的には「紫蘇酒」のように焼酎に漬けるのがよろしいでしょうが、昔の方々はご家庭で科学者みたいなことをやっていたんですね。

珍味柿酒

このレシピ（図92）のままですと、まず干し柿の甘味がうまく焼酎に溶け出しません。それに軟らかくなりにくいので、「ごく薄く切った干し柿を一週間くらい焼酎に漬けておいてから」軟らかく煮て裏漉しにかけるのがいいようでした。

また「軟かく煮て」というのも、約半量になるくらいまで煮詰めてとろ〜りとしたシロップ状にすると使いやすいし傷みにくいようです。二五度の焼酎で半量くらいにまで煮詰めればそのアルコール度数はほぼゼロパーセントと見ていいと思いますから、飲んでもホワ〜ンとなるくらいで酔っぱらう心配はありません。しかし「二日酔のとき、迎え酒の代りに飲むと、奇妙に酔がさめる」というのはどうかなと思います。それはただ単に「酔いが戻ってきた」だけの話ではないでしょうか。

珍《ちん》味《み》柿《かき》酒《しゅ》

二日酔《ふつかよい》のとき、迎《むか》え酒《さけ》の代《かわ》りに飲《の》むと、奇妙《きみょう》に酔《よい》がさめるなどゝいつて、そのおいしさは甘党《あまとう》にも辛党《からとう》にも好《す》かれます。

干柿《ほしがき》を薄《うす》く切《き》り、焼酎《しょうちゅう》をひたく〳〵かぶるくらいに加《くわ》え、軟《やわら》かく煮《に》て裏漉《うらごし》にかけておきます。（保存《ほぞん》のきくものですから、たくさん作《つく》つてもよい）これを大《おお》さじ一杯半《いっぱいはん》に熱《ねっ》湯《とう》一合《ごう》を加《くわ》え、好《この》みに砂糖《さとう》を加《くわ》えていたゞきます。

図92　「お惣菜料理集」「主婦之友」1952年（昭和27年）1月号付録、主婦之友社

黒豆コーヒー

完璧！　としか言いようがない黒豆コーヒーのレシピでありましょう（図93）。コーヒー豆か黒豆かの違いだけで、ここに書かれた焙煎方法も豆を挽く方法も、香りや味を引き出す最高の方法ではないかと思われます。

「噛んでみて苦い位」は適切だし、「焙烙《ほうろく》

で炒る」のは今日では贅沢すぎるくらいの焙煎法でしょう。しかも焙煎した豆を「擂鉢で摺りつぶす」わけですから電動ミルで挽くよりも香りが飛びませんね。

「大匙二杯の粉を百八十CCの湯で煎じ出し珈琲漉でこす」とありますが、ここは確かにコーヒー豆のように粉をそのままペーパーフィルターで入れるのではだめでした。黒豆粉と湯を入れた鍋を二分から五分ばかり火にかけて煮出してからフィルターで漉さなければなりません。そのあたりが「煎じ出し……」ということなんでしょう。

そしてもう一つ「さすが！」とうならせてくれたのが、冷やしコーヒーの作り方であります。アイスコーヒーにする場合には黒豆粉の分量を多くして「濃く煎じ出し」、飲むときに冷水で薄めるようにすれば「冷す時に場所を取らぬ」というところにまで気配りが行き届いております。

このレシピを見ていますと、戦時下の「代用コーヒー」みたいな湿っぽさが感じられません。今日、健康志向の方がよく飲んでいる黒豆コーヒーの原点みたいなものではないでしょうか。最近のオーガニックショップで買ってくる黒豆コーヒーと比べますと、話にならんくらいに味も香りもすばらしい。黒豆アイスコーヒーは夏の麦茶みたいなもんであります。

ただし、昨今のガスレンジでは焙烙で豆を煎っていますと自動安全装置だか何だかが働きまして火が消えることがありますので、オススメは電気コンロに蓋付きのフラ

25 病人《びやうにん》や子供《こども》によい

黒豆《くろまめ》コーヒー

これは、默《だま》つて侑《すゝ》められると、本物《ほんもの》の珈琲《コーヒー》の意《つもり》で飲《の》んでしまふほどよく出來《でき》ます。しかも、本物《ほんもの》の珈琲《コーヒー》のやうに昂奮性《こうふんせい》がないから、年寄《としより》や子供《こども》にも、また病人《びやうにん》にもよく、材料費《ざいれうひ》は普通《ふつう》の約《やく》五分《ぶ》の一で足《た》りますから非常《ひじやう》に經濟《けいざい》でもあります。

先《ま》づ、黒大豆《くろだいづ》をさつと洗《あら》ひ上《あ》げ、これを、噛《か》んでみて苦《にが》い位《くらゐ》に焙烙《ほうろく》で炒《い》り、擂《すり》鉢《ばち》で摺《す》りつぶして粉《こな》にし、罐《くわん》か壜《びん》に入《い》れて保存《ほぞん》し、必《ひつ》要《えう》に應《おう》じて用《もち》ひます。

一合《がふ》の湯《ゆ》に對《たい》してこの粉《こな》を大匙《おほさじ》二杯《はい》の割《わり》で煎《せん》じ出《だ》し珈琲濾《コーヒーごし》でこしたものに砂《さ》糖《たう》大匙《おほさじ》一杯《はい》を入《い》れて頂《いたゞ》きます。なほこれに牛乳《ぎうにう》を加《くは》へると一層《そう》美味《おい》しい飲《の》み物《もの》になります。

若《も》し冷《ひや》し珈琲《コーヒー》がお望《のぞ》みでしたら、一合《がふ》の湯《ゆ》に對《たい》して大匙《おほさじ》五杯《はい》の割合《わりあひ》で濃《こ》く煎《せん》じ出《だ》し、これを前《まへ》と同《おな》じく珈琲濾《コーヒーごし》でこして壜《びん》につめ、井戸水《ゐどみづ》か冷藏庫《れいざうこ》で冷《ひや》しておき、頂《いたゞ》くときに冷《つめた》い水《みづ》で二倍《ばい》にうすめ砂糖《さたう》か砂糖蜜《さたうみつ》で味《あぢ》を付《つ》けます。

濃《こ》く煎《せん》じ出《だ》す理由《りいう》は、冷《ひや》す時《とき》に場所《ばしよ》を取《と》らぬためと、手輕《てがる》にするためです。

（小林　完）

図93　「家庭製法百種」「婦人倶楽部」1931年（昭和６年）８月号付録、大日本雄弁会講談社

◈代用《だいよう》コーヒー

黒豆《くろまめ》に干《ほ》した甘藷《さつまいも》を入《い》れて出《だ》した香しい代用《だいよう》コーヒーです。〔口絵色刷寫眞三頁（6）參照〕

黒豆《くろまめ》は空炒《からい》りして細《こま》かく砕《くだ》き、甘藷《さつまいも》はいゝいゝみぢんに切《き》つてから〳〵になるまで天日《てんぴ》に干《ほ》したものを、やはりさつと空炒《からい》りします。

これを半々《はん〳〵》の割《わり》に合《あは》せて適宜《てきぎ》に湯《ゆ》を加《くは》へて煮出《にだ》しますと、自然《しぜん》に甘味《あまみ》が出《で》て砂糖《さたう》は少《すこ》しですみます。なほ炒《い》り麥《むぎ》を少《すこ》し加《くは》へて煮出《にだ》しますと、一そう風味《ふうみ》を増《ま》しませう。（井村文子《いむらふみこ》氏）

『黒豆コーヒーの作り方』

図94　「夏の健康料理と飲物の作方」「主婦之友」1940年（昭和15年）7月号付録、主婦之友社

イパンといった組み合わせでしょうね。煎った後のすり鉢でするのが面倒な御方は「黄な粉」をフライパンで黒くなるまで煎ってから煎じてくださいまし。味も香りも劣りはしますが一応香ばしさだけは味わえると思います。

図94のイラストも黒豆コーヒーの作り方なんですが、こちらは煎った黒豆を金づちで砕いております。一九四〇年（昭和十五年）ともなりますと砂糖などの食糧物資が不足していたらしく、砂糖の代わりに「干した甘藷」を使っております。

この甘藷ですが、生の甘藷をみじん切りにしてカラカラに干したものを黒豆同様空煎りしたものです。甘藷と黒豆一対一を湯に入れて煮出しますと甘藷の甘味が出ますので、「砂糖は少しですみます」だそうです。

とは言いましても、このレシピどおりに作りますと、いくら品種改良されて甘くなった今日の「甘藷」を使っても甘くはなりません。はっきり言って「黒豆コーヒーのブラック」であります。ましてや一九四〇年（昭和十五年）当時の甘藷でしたら、みじん切りにして干して空煎りしてもコーヒーに甘味を付けるなんてことはできなかったでしょう。

このあたりのレシピがまさに「国策レシピ」そのものでして、生活者感覚のない政策者感覚レシピなんでしょね。

紫蘇コーヒーは熱中症対策か？

紫蘇の葉を使った飲み物はほかにもありまして、紫蘇の葉にわずかに含まれる「甘味」を利用するものでありましたが、いかんせんこの「甘味」っていうのがわずかばかりのものですのであまり役に立たないし、甘さのほかに苦みも含まれますので一般的には普及しなかったようです。しかしここで紹介されているのは、いわゆる「青紫蘇」ではなく「赤紫蘇」であり、しかも「二年以上梅漬の中に漬けてあつた紫蘇」を

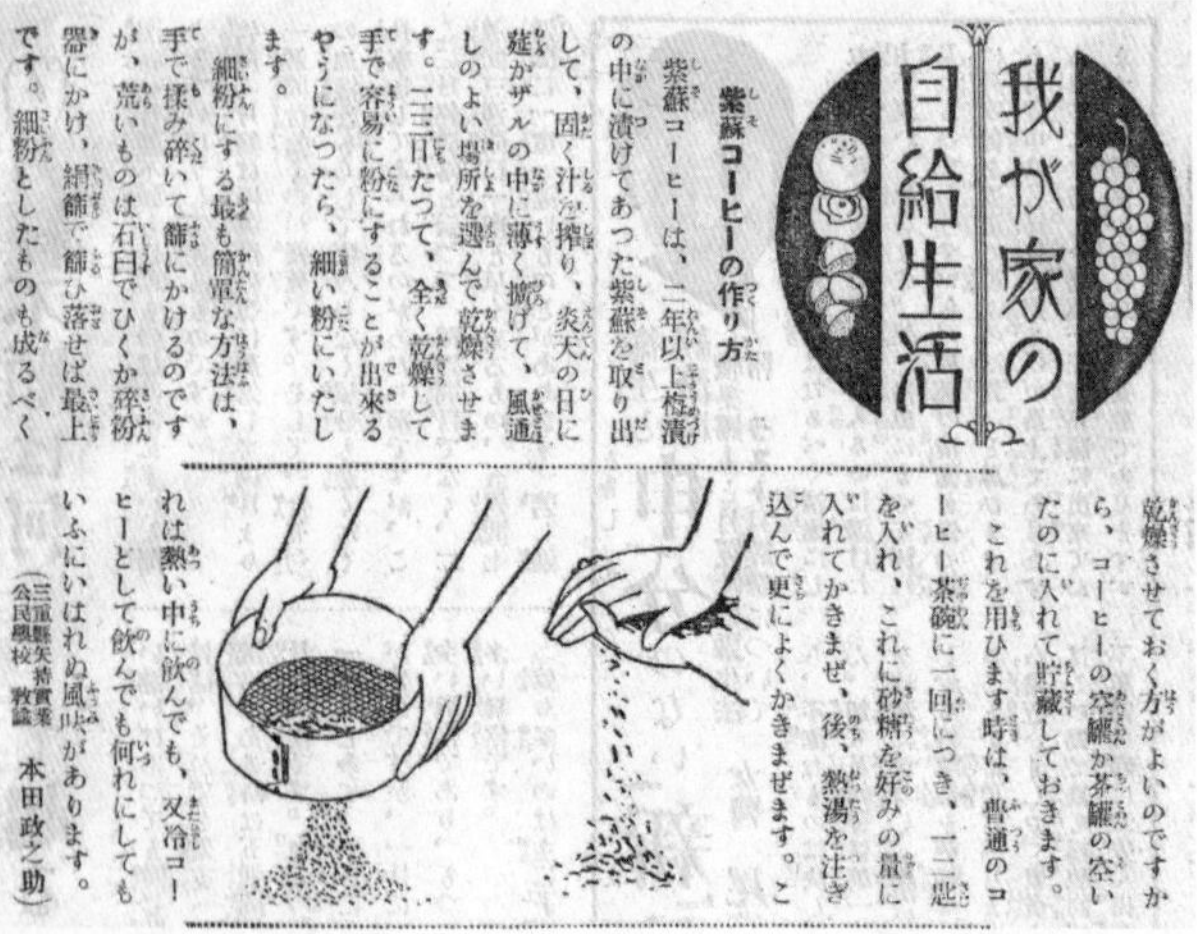

我が家の自給生活

紫蘇《しそ》コーヒーの作り方《かた》

紫蘇《しそ》コーヒーは、二年以上梅漬《うめづけ》の中に漬けてあつた紫蘇《しそ》を取り出《だ》して、固《かた》く汁《しる》を搾《しぼ》り、炎天《えんてん》の日《ひ》に筵《むしろ》かザルの中《なか》に薄《うす》く擴《ひろ》げて、風通《かぜとほ》しのよい場所《ばしよ》を選《えら》んで乾燥《かんさう》させます。二三日《にち》たつて、全《まつた》く乾燥《かんさう》して手《て》で容易《ようい》に粉《こな》にすることが出来《でき》るやうになつたら、細《こま》い粉《こな》にいたします。

細粉《さいふん》にする最《もつと》も簡單《かんたん》な方法《はうはふ》は、手《て》で揉《も》み砕《くだ》いて篩《ふるひ》にかけるのですが、荒《あら》いものは石臼《いしうす》でひくか碎粉《さいふん》器《き》にかけ、絹篩《きぬぶるひ》で篩《ふる》ひ落《おと》せば最上《さいじやう》です。細粉《さいふん》としたものも成《な》るべく乾燥《かんさう》させておく方《はう》がよいのですから、コーヒーの空罐《あきかん》か茶罐《ちやかん》の空《あ》いたのに入《い》れて貯藏《ちよざう》しておきます。

これを用《もち》ひます時《とき》は、普通《ふつう》のコーヒー茶碗《ぢやわん》に一回《くわい》につき、一二匙《さじ》を入《い》れ、これに砂糖《さたう》を好《この》みの量《りやう》に入《い》れてかきまぜ、後《のち》、熱湯《ねつたう》を注《そそ》ぎ込《こ》んで更《さら》によくかきまぜます。これは熱《あつ》い中《うち》に飲《の》んでも、又冷《またひや》しコーヒーとして飲《の》んでも何《いづ》れにしてもいふにいはれぬ風味《ふうみ》があります。

（三重縣矢持實業公民學校 教諭　本田政之助）

図95　「我が家の自給生活」
（出典：「家の光」1931年〔昭和６年〕９月号、産業組合中央会）

使ってコーヒーを作ろう！　という何とも不思議なレシピでありますの（図95）。

梅と一緒に二年以上漬けておいた赤紫蘇を固く絞って天日干しにする→細かい粉にする→茶碗一杯に茶匙一、二杯と砂糖を入れて熱湯を注ぐ……かいつまんで言うと、これが「紫蘇コーヒー」の作り方であるようです。

ここで述べられている「二年以上梅干しと漬けていた赤紫蘇を干して粉にしたもの」と言えば、そりゃぁ「ゆかり」でございましょう。あのおにぎりにまぶしたりお弁当のご飯にふりかけたりする「ゆかり」のことです。これを煎じて飲み物にしようとすると相当細かな「微粒粉」にしなければなりません。それこそこのレシピに書いてるように、「絹篩《きぬぶるい》」にでもかけなければ粉というか粒のようなものが口に残ってしまいます。

ここでは「石臼でひく」と書いてますが、石臼を持っていない私はすり鉢ですってみました。だめです、この程度ではまだ粒が残ってイケマセン。「バーミックス」の料理用ハンドドミキサーを借りてきて二分間挽いてみますとかなりの微粉末になりましたが、それでも熱湯を注ぐときはコーヒー用のペーパーフィルターを使いました。で、その結果は……。

色は鮮やかなピンク色で、ローズ何とかティーみたいであります。香りはさわやかな酸味を帯びております。で、お口に運びますとこれが「しょっぱくてすっぱい」のでありました。コーヒー茶碗に一、二杯も入れますと、砂糖を二、三杯入れても追いつかないくらいに塩味と酸味が強い。ま、考えてみれば当然でしょう。そのうえこのレシピが書かれた一九三一年(昭和六年)頃の梅干しと言えば塩分二〇パーセントくらいが普通でしたから、そこに二年以上漬け込んだ紫蘇を乾燥させたら水分が抜けて相当しょっぱくなりましょう。その相当しょっぱい「粉」を茶匙一、二杯も入れたところにカップ一杯の熱湯ですから、これは「塩湯」に近いものであります。しかも色はと言えば薄いピンク色ですから、どう贔屓目に見ましても「コーヒー」と呼ぶにふさわしいとは思えませんでした。

当時の日本人にとって緑茶や麦茶のようななじみがある飲み物以外の「新飲料」で「コーヒー茶碗」に注がれたものを○○コーヒーと呼んでいたんではないだろうか？とさえ思ってしまいました。

しかしこのレシピの最後に書かれているように、「冷コーヒーとして飲んでも何れにしてもいふにいはれぬ風味があります」には納得いたしました。砂糖や蜂蜜などの糖分を加えて冷たくしますと、三五度を超えるような猛暑日が続くときの熱中症対策飲料には向いているようです。このレシピどおりに作った紫蘇コーヒーを五、六倍に薄めますと塩分も糖分もほどほどになりまして、猛暑日にはいいかもしれませんね。ま、今日の減塩梅干しでしたらこのレシピどおりに作っても「しょっぱい」と感じるほどにはなりますまい。なかには塩分ゼロの梅干しまであるようですから、そうなるとこの紫蘇コーヒーはその名前を「梅サワーの素」に変えなければならないかもしれません。

大麦コーヒーは発芽飲料だった

ここでは「大麦コーヒー」という名前で紹介されております。「大麦」ですからコーヒー豆を使うのではなく、小麦とか大麦という「麦」を使ったコーヒー（のような）飲料なのですが、先に紹介した「黒豆コーヒー」とか「大豆コーヒー」とは根本的に違っております。そもそも本家本元のコーヒーはカフェインという興奮剤的な作用を持った飲み物ですね。そして黒豆コーヒーや大豆コーヒーはその興奮剤的作用がないけどコーヒーのような苦みや香ばしさや色合いを持った飲み物でした。だからこの「大麦コーヒー」もそのたぐいの（ような）コーヒーか……と思ってしまいますが、レシピを読んでみますとこれが大違いだったんです。

レシピのしょっぱなにはこのように書かれております。

「普通のコーヒーの様に神経を興奮させることなく滋養に富み、風味もよく、衛生上最も良い飲料です」

まずもって「興奮剤ではない」ことを強調しており、滋養に富んでいて衛生的である――とくれば、まるで当時評判だったグリコや森永のキャラメルの広告を連想させますね。大人にとってはコーヒー様の飲み物でありますが、お子ちゃま方にはほんのり甘くって、体に優しい滋養栄養ドリンクなんですよ～をアピールしているようです。

その先のレシピをよーく読んでみますと、これが「発芽大麦飲料」であることが一目瞭然でありますね。

大麦を水に漬けておく→麦が膨張して発芽する→温かく保温して芽を伸ばしたら天

図96 「家の光」1931年（昭和6年）7月号、産業組合中央会

「先づ大麦を清水で洗つて、一昼夜二三回かへつゝ、夏ならば一二昼夜、冬ならば三四昼夜位清水に浸しておきます。すると麦が膨れ上つて発芽しそうになつて来ます。この時笊にあげ、水を切つて後、麦を藁に包むか又は蓆にひろげて藁などで被ひ、時々かきまはせば温度は次第に上つて、白い芽が伸びて麦の長さの約一倍半、又は二倍位になつたならば、発芽を止め薄く広げて、やゝ乾燥した後日光にあてゝ乾かします。これを乾燥発芽といひます。若し発芽の具合をよくし、同じ様にしようと思ふならば、二つの藁束を角形に作つて囲をします。そして麦を二寸か三寸の厚さにおき、時々かきまぜて内と外とをよく混合します。若し冬で発芽の具合の悪い時には、百二十度位の湯の中に五六分間浸して温め、直に蓆の中に包み込む様にするか、又は湯タンポを使用します。かうして出来たのは新鮮麦芽といつて、糖化力は乾燥麦芽に比べて強いのです。

コーヒーを作るには、麦芽を鉄板の上か鉄鍋、焙烙の様なもので黒褐色になるまで炒つて、臼や製粉機で粉にします。大麦の粉だけでは良いコーヒーが出来ませんから大豆を麦のように黒褐色に炒つて粉にしたものを三分、大麦の粉を七分の割に混合しますと、立派な自家製のコーヒーになります。

湯一合に大麦コーヒーを二匙程入れてかきまはし、湯濾で漉し、砂糖と牛乳を適当に入れて客に勧めます。色といひ、味や匂いといひ、本物のコーヒーそつくりです」

日乾燥させる→煎って粉にして大豆コーヒー粉とブレンドする→コーヒー同様にいれ、砂糖と牛乳を加える。

このレシピをかいつまんで言うとこのようになりますので、これは大麦を使った「麦芽糖」と「大豆コーヒー」のブレンドコーヒー（のようなもの）ということになりますね。麦芽糖は、これと同じように発芽させた大麦を煎って煮詰めたものにでんぷん（ご飯や茹でたイモ）などを混ぜてでんぷんを糖分に変化させて作りますので、このコーヒーの作り方はその一部分といったところでしょうか。

実際に大麦を発芽させてこれを作ってみましたら、ほんのりとではありますが「甘味」が感じられました。けれども、その程度の甘さなんて大豆コーヒーの苦みにかかってはひとたまりもありません。今日で言えば缶コーヒーのブラック以下の甘さでしょうから、「コーヒーはブラックだぜっ」のハードボイルド系、「お砂糖なしで」のダイエット系の方々にはよろしいかもしれません。

滋養農村コーヒーのこしらえ方

これも大麦を発芽させておりますから先ほどの「大麦コーヒー」に似ておりますが、こちらは煎った大豆とのブレンドではないので、コーヒーのような苦みや香ばしさは

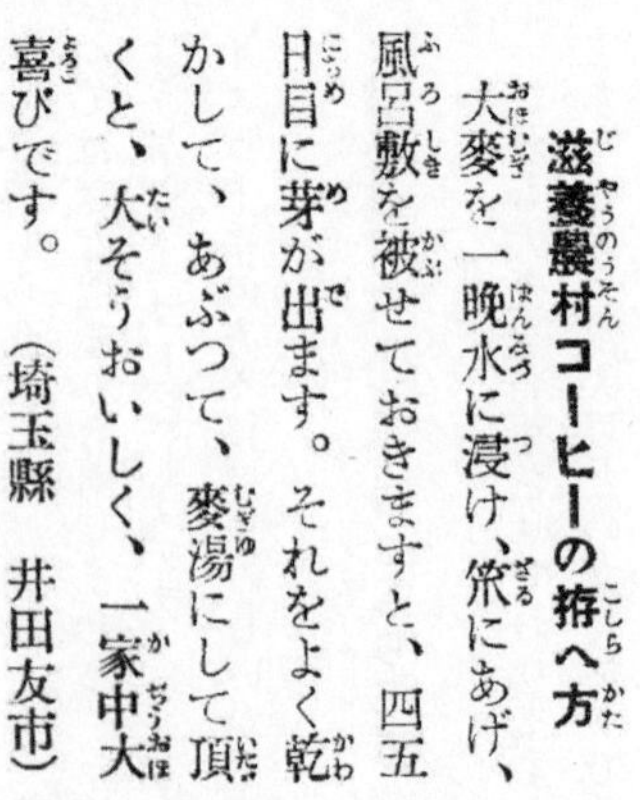
滋養農村《じやうのうそん》コーヒーの拵《こしら》へ方《かた》

大麥《おほむぎ》を一晩水《はんみづ》に浸《つ》け、笊《ざる》にあげ、風呂敷《ふろしき》を被《かぶ》せておきますと、四五日目《にちめ》に芽《め》が出《で》ます。それをよく乾《かわ》かして、あぶつて、麥湯《むぎゆ》にして頂《いただ》くと、大《たい》そうおいしく、一家《か》中大《ちうおほ》喜《よろこ》びです。（埼玉縣　井田友市）

図97 「家の光」1937年（昭和12年）7月号、産業組合中央会

ありません（図97）。それだけに、大麦だけで「大そうおいしく」飲めるような飲み物にしようと思ったら、かなりの量の発芽大麦を用意しなければなりませんでした。また、発芽大麦を「乾かして、あぶつて」だけでは味が出にくいので、やっぱり「すり鉢で粉にして」が必要かと思われます。

二十一世紀の今日では「発芽玄米」とか「発芽大麦」などが健康食としてもてはやされておりますが、田んぼのあぜ道で大豆を作り、稲作の裏作で麦を作っていた時代では、これらのいわゆる健康食が代用コーヒーだったり麦茶がわりだったんですね。戦後、大豆や麦はアメリカなどからの輸入品に取って代わられて国内生産が消滅寸前となり、田んぼのあぜ道からの贈り物だった大豆、冬の原風景木枯らし麦踏みの産物であった大麦小麦は失われてしまいました。

一九七〇年代、テレビのコマーシャルで「緑の大地から駆けてきたっ！　強い子のミロ」ってのがありました。これ、一応麦芽飲料と呼ばれていて現在も販売されてお

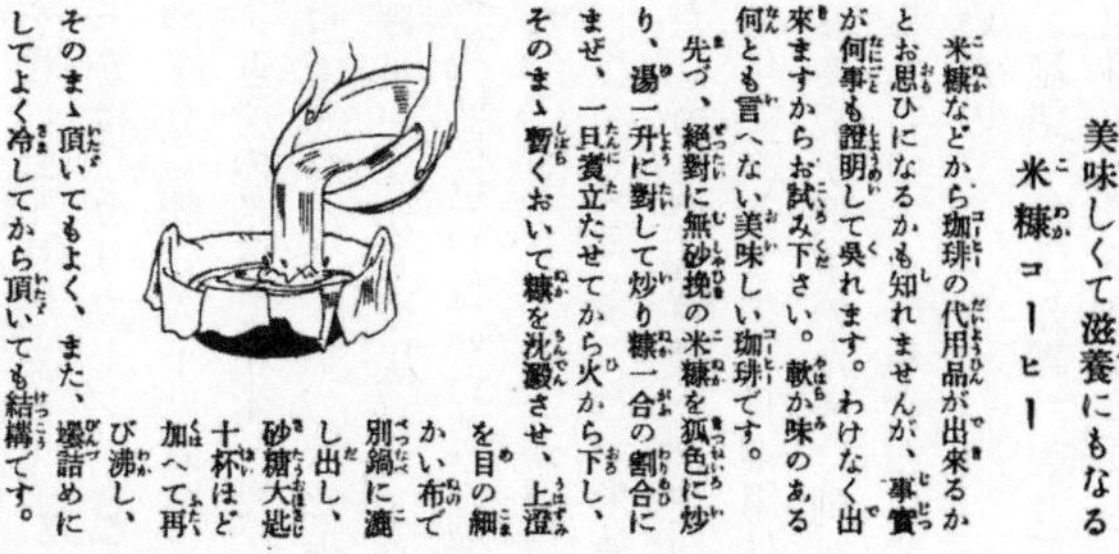
美味《おい》しくて滋養《じやう》にもなる
米糠《こぬか》コーヒー
米糠《こぬか》などから珈琲《コーヒー》の代用品《だいようひん》が出来《でき》るかとお思《おも》ひになるかも知《し》れませんが、事實《じじつ》が何事《なにごと》も證明《しようめい》して呉《く》れます。わけなく出來《で》ますからお試《こゝろ》み下《くだ》さい。軟《やはら》か味《み》のある何《なん》とも言《い》へない美味《おい》しい珈琲《コーヒー》です。
先《ま》づ、絶對《ぜつたい》に無砂挽《むしやひき》の米糠《こぬか》を狐色《きつねいろ》に炒《い》り、湯《ゆ》一升《しよう》に對《たい》して炒《い》り糠《ぬか》一合《およ》の割合《わりあひ》にまぜ、一旦《たん》煮《に》立《た》たせてから火《ひ》から下《お》し、そのまゝ暫《しばら》くおいて糠《ぬか》を沈澱《ちんでん》させ、上澄《うはずみ》を目《め》の細《こま》かい布《ぬの》で別鍋《べつなべ》に漉《こ》し出《だ》し、砂《さ》糖《たう》大匙《おほさじ》十杯《はい》ほど加《くは》へて再《ふたゝ》び沸《わか》し、そのまゝ頂《いたゞ》いてもよく、また、壜詰《びんづ》めにしてよく冷《さま》してから頂《いたゞ》いても結構《けつこう》です。
（小林　完）

図98　「家庭製法百種」「婦人倶楽部」1931年（昭和6年）8月号付録、大日本雄弁会講談社

ります。この「ミロ」と市販の「黒豆コーヒー」のブレンドでいにしへの大麦コーヒー再現をもくろみましたが、似て非なるものでありました。

米糠コーヒー、米糠油

このイラストを見るかぎり、とてもコーヒーをいれているようには見えませんが、一九三一年（昭和六年）当時の日本の家庭でできる「米糠コーヒー」ですから、鍋と布巾と陶器製の大鉢でコーヒーをいれる――というのも自然なのでしょう（図98）。

レシピには「わけなく出来ますから」「軟か味のある何とも言へない美味しい珈琲」と謳われておりますので、ついその気になってやってしまうんですね。本当に簡単、レシピのとおりですから……作るまではネ。

問題はその後の「何とも言へない美味しさ」であ

りまして、おいしいとかまずいというのは個人の主観の問題でありますから、レシピを書いた小林完さんにとっての「おいしい」が他の人の「おいしい」と一致するかどうかはワカリマセン。きっと私の場合、小林さんとは「おいしい」が一致しなかった、つまり「味覚の不一致」というものだったんでしょう。

近所の米屋で精米したて、できたての米糠を分けてもらってきてレシピどおりに作ってみたんですが、糠を煎ってるときの香りはいいものの、コーヒーにしてみると焦げ臭いばかりで黒豆コーヒーのようなウマミというものがありません。言うならば「焦げた色が付いた苦い砂糖水」でありまして、この時代に紹介されていたいろいろな○○コーヒーのなかでは最も飲みにくいものではないかと思われます。

なんでこうまでして米糠を食用にしたのでしょ。この米糠コーヒーが紹介されていた「家庭製法百種」が出版された一九三一年（昭和六年）と言えば満州事変が起こった年であります。日本軍は大陸で戦線を拡張しておりましたから、食糧を含むあらゆる物資が戦争のために動員され、「質素・倹約」が呼びかけられ始めた頃です。だからあらゆるものを食糧にすべく、「米糠」さえも何とか食糧として開発しようとしていたのでしょう。

雑誌「科学知識」一九二八年（昭和三年）五月号（科学知識普及会）に、次のような記事が掲載されておりました。

これは同年三月に急逝した東京帝国大学名誉教授稲垣乙丙氏の遺稿だそうですが、このなかで稲垣氏は米糠食のすばらしさを五ページにわたって述べています。

なぜいま米糠食なのか？
1：栄養物質が豊富である
2：いまの日本の食糧難に有効である
3：白米食で衰えた日本人の健康回復に有効である

これらの理由から米糠食を大いに進めるべきであると考えた稲垣氏は自ら試してみたおススメの米糠調理法を八カ条書き示しておりました。

1：味噌汁に入れる
2：醤油に混ぜて使う
3：砂糖を加えて黄粉の様に使う
4：小麦粉に加えてパンや煎餅にする
5：小麦粉に加えてうどんにする
6：強飯に混ぜて餅に搗く

7：小麦粉に混ぜて天麩羅の衣にする

8：重湯に使う

以上が稲垣先生が提案する米糠調理法ですが、さすがに嗜好品であるコーヒーは出てまいりません。

このあとも一九四五年（昭和二十年）の敗戦に至るまで、米糠を食用にする「代用食」レシピはいろいろと見られますが、「米糠コーヒー」にはお目にかかることができませんでした。

タンポポの根っこを煎じた「タンポポコーヒー」や大豆、黒豆などのコーヒーはたくさん紹介されておりまして、この手の代用コーヒーはドイツをはじめとするヨーロッパ各国でも作られていたようです。「糧友」一九四一年（昭和十六年）八月号掲載の「独逸農民と切符制」という記事によりますと、主食用に栽培されたライ麦などから一定量だけは「穀物コーヒー製造用」として使うことが許されていたとか（図99）。

だからコーヒー豆が不足した場合には、その代用になったのは豆類や穀物類が中心でしたが、その穀物の糠だけのコーヒーはあまり歓迎されなかったと思われます。米糠コーヒーがおいしくない理由はたぶん、糠には脂肪分が多く含まれているからではないでしょうか。米糠に含まれる脂肪分は約二〇パーセントと言われております。その糠が付いたままの玄米をそのまま炊いて食べるのであれば、米のでんぷんやタンパク質とのバランスがとれておいしく食べられましょうが、これが「糠だけ」になってしまいますとでんぷんによる甘味も粘りもなく、タンパク質のウマミもなくなってしまいます。おまけに脂肪分が二〇パーセントも残された糠を加熱して煎じるんですから、酸化した脂肪分の焦げ臭さが前面に出てきますわな。こりゃあやっぱりコーヒーには向いていなかったんではないでしょうか。

穀物コーヒー

農家《のうか》でライ麥《むぎ》や大麥《おほむぎ》を自作《じさく》してゐる時《とき》にはその貯藏量《ちよざうりやう》中から、一定量《ていりやう》だけを穀《こく》物《もつ》コーヒー製造用《せいざうよう》として消費《せうひ》することが許《ゆる》されてゐる。が、これも無制限《むせいげん》といふ譯《わけ》ではなく、切符《きつぷ》發行所《はつかうじよ》に所要量《しよえうりやう》を申請《しんせい》して許可《きよか》を受《う》けることにされてゐる。

農民《のうみん》は原則《げんそく》として、パン、肉《にく》、脂肪《しばう》、牛乳《ぎうにう》、鶏卵《けいらん》の自給者《じきふしや》と見做《みな》されてゐる。從《したが》つてパン、肉《にく》、脂肪《しばう》、牛乳切符《ぎうにうきつぷ》の交付《うけつけ》を受《う》けない。然《しか》し上記《じやうき》の品物《しなもの》を自給《じきふ》し得《え》ぬ場合《はあひ》には所轄切符發行所《しよくわつきつぷはつかうじよ》に申出《まをしい》でれば相當切符《さうたうきつぷ》の下付《かふ》を受《う》けることが出來《でき》る。

図99　「糧友」1941年（昭和16年）８月号、食糧協会

この頃、国内では米糠から搾油する「搾油機」が作られていました。一九四〇年前後から五〇年前後（昭和十年代から二十年代）にかけては米糠から搾油する方法もいろいろと研究され、歩留まりのいい効率的な搾油方法や搾油機が紹介されておりましたから、米糠をコーヒーにして飲もう！……なんてことは長続きしなかったんじゃないでしょうか。

第8章　玉子チーズ

夏の西洋料理
主婦之友八月号附録

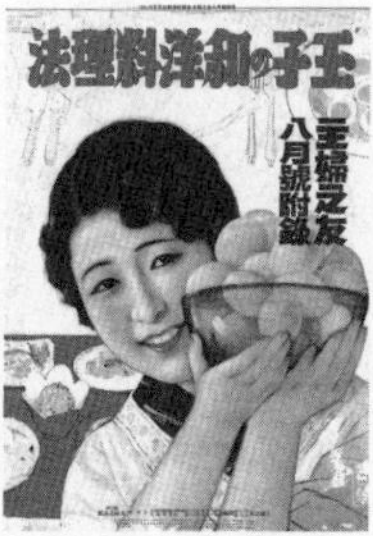
玉子の和洋料理法
主婦之友
八月號附錄

家庭で出來る食料品の作方三百種
主婦之友
八月號附錄

質問：玉子からすみって、何ですか？

（問）鶏卵でチーズを製造してみたいと思っております。その製法についてお知らせください。（横浜市・飯島桂男）

「卵でチーズを作りたいんだけど、作り方を教えてね」ということなんですね。これ、ふざけてるんでも、ちゃかしてるんでもありませんの。一九四九年（昭和二十四年）発行の月刊誌「農業朝日」（朝日新聞社）に載っていた読者からの質問だったんです。

時は戦後四年目、食糧事情はまだまだよろしくはない頃です。とはいえ戦後は進駐軍がアメリカからステーキやチーズ、バターなど、よだれが出そうなご馳走を持ち込み、これ見よがしに食べてたもんですからそりゃあニッポン人だって食べたくもなりますわな。

しかしいまだ食うや食わずでしたから、食糧生産もまずは「腹がふくれる」イモ類、穀物類が重要視されてました。餌を喰わせて二年もかけて育てなければならない畜産業はどうしても後回しになるのでした。ステーキはおろか、牛乳、バター、チーズなどの生産も後回しにされておったんですから、庭先で飼える鶏の卵でチーズもどきを……の気持ちはわかるような気がいたします。質問者はたぶん養鶏業の方で、採れた卵に付加価値を付けるべく「鶏卵チーズ」を製造したかったんでしょう。

この質問に対して懇切丁寧に答えているのが「農林省畜試」（たぶん畜産試験場だと思う）の方でした。

まず、濃い塩水を作って沸騰させてから冷ましておく。そこに生卵をそのまま入れておくと最初は浮いているもののそのうち食塩が卵の殻から内部に染み込んでいき、重くなって沈んでしまう。と、ここで卵を取り出して殻をむくと、食塩が染み込んだ卵黄は水分が抜けてネットリとしているのでこれをスノコに並べる。五〇度前後で五時間から八時間乾燥すれば壊れない程度に乾燥するので、これに砂糖、ジルタミン酸（たぶんグルタミン酸）、香辛料、脱脂粉乳などを加えて十分に練る。練ったものを型箱に詰め込んで形成し、固まったら短時間冷燻する。

この製法、やれないことはありませんが、おすすめできるものではありません。というのも、卵に塩水を浸透させるのにえらく時間がかかってしようがない。もうこれ以上塩は溶けまっせん状態の塩水であっても、その塩分が染み込んで浮いてる卵が沈むようになるまでには数日を要します。はっきり言いまして、この「過飽和食塩水方式」はおすすめできかねます。卵の殻を通して塩分を黄身にまで到達させるのは時間がかかりすぎるし、その間に卵が傷みかねません。そこでこの質問に対する「答」の後半部分に書かれていたもう一つの方法をご紹介いたしましょう。

殻を取つて卵黄のみを一個ずつ型をくずさないように、焼食塩に布を敷いたものの上にならべて、低温乾燥する方法がある。食塩の浸透と乾燥が、同時にできるから便利であるが、この方法は特許（兵庫県伊丹市大阪栄養研究所）となつている。

こちらの方法はいたって簡単であり、まず失敗がありません。まず布を敷き、その上に焼き塩を敷き詰める。「焼き塩」を使う――というのはいまの人にはわからないかもしれませんが、当時の塩は海水を乾燥させて作られた天然塩ですから、当然にがりなどもたっぷり含まれており、ちょっと湿度が高くなればベトベトになったものだから、卵の黄身から水分を抜くためには「焼き塩」にしてよく乾燥させてから使うことが必要だったんです――その焼き塩の上に卵黄をそっと乗せておくというこれだけのことなんですね。これですと六時間から十時間で卵黄は箸でつまんでも潰れないくらいに硬くなるのでした。これに先の調味料を加えて練り上げれば「玉子チーズ」が完成！　ということになるのであります。

玉子チーズは「特許品」ですと？

さて、この「農業朝日」に載っていた「質問」と「回答」に気になることがありました。「回答」のいちばん最後に「この方法は特許（兵庫県伊丹市大阪栄養研究所）となっている」とあります。布に塩を撒いて卵黄を並べることが「特許」だった……のか、それとも卵をチーズに変えてしまうことが「特許」なのか、よくわかりませんが、大阪栄養研究所という何だかたいそうな名称の機関が特許を持ってるということは、国家機密とか軍事関連なのか勘繰ってしまいます。

この大阪栄養研究所なる機関は食文化や料理の資料調べをしていたときに見たことがありましたので戦前・戦中の資料をひっくり返しておりましたら、出てまいりました！　この「大阪栄養研究所」が雑誌に玉子チーズの広告を出しておったんです。

まず、名前は「ヨークチーズ」となっております。葉巻のような、細い魚肉ソーセージのような形状で、「鶏卵加工栄養食品」とか「ビタミン食」とかと書いてますね。キャッチコピーは「濃縮せる卵黄」であったかと思うと、一方ではグーンと軟らかく「ビールに…酒に…山に野に…」と謳っております。

この大阪栄養研究所の広告はいずれも一九三九年（昭和十四年）頃から四一年（昭和十六年）頃の雑誌「糧友」に掲載されたものですので、やはり軍隊の食料として開

図100　玉子チーズの広告
（出典：「糧友」1939–41年〔昭和14–16年〕頃、食糧協会）

発されたものでもあったのでしょう。

「でもあったのでしょう」……という歯切れの悪い言い回しには訳があるんですね〜。と言いますのも、この玉子チーズもしくは玉子チーズに酷似したものが戦前の料理雑誌にはよく登場していたんですもん。それも「軍」とは関係のない、一般家庭でも作ることができる「玉子からすみ」などの名前で。

玉子チーズの前身は玉子からすみだった

「高価な鯔《ボラ》の卵巣《こ》のからすみを（略）比較にならぬくらゐお安い、玉子（鶏卵）のからすみです」で始まるのが、「玉子のからすみの作り方」なのです。写真を見ますとセロハンで巻いたハバナの葉巻みたいですが、これは実際に販売されていたものだそうです（図101）。

ここでは大阪栄養研究所の尾佐竹堅さんが「お酒の肴にも喜ばれる美味しい栄養食品の作り方公開」と称して、作り方を詳しく伝授なさっております。

基本的な作り方はイラストを見れば一目瞭然ですね。卵の水分が落ちてきてもいいようにバットや丼の上に金網とガーゼを乗せ、塩を平らに敷き、卵黄を間を空けて並べておく。十二時間たてば五二パーセントあった水分が二二パーセントにまでなるん

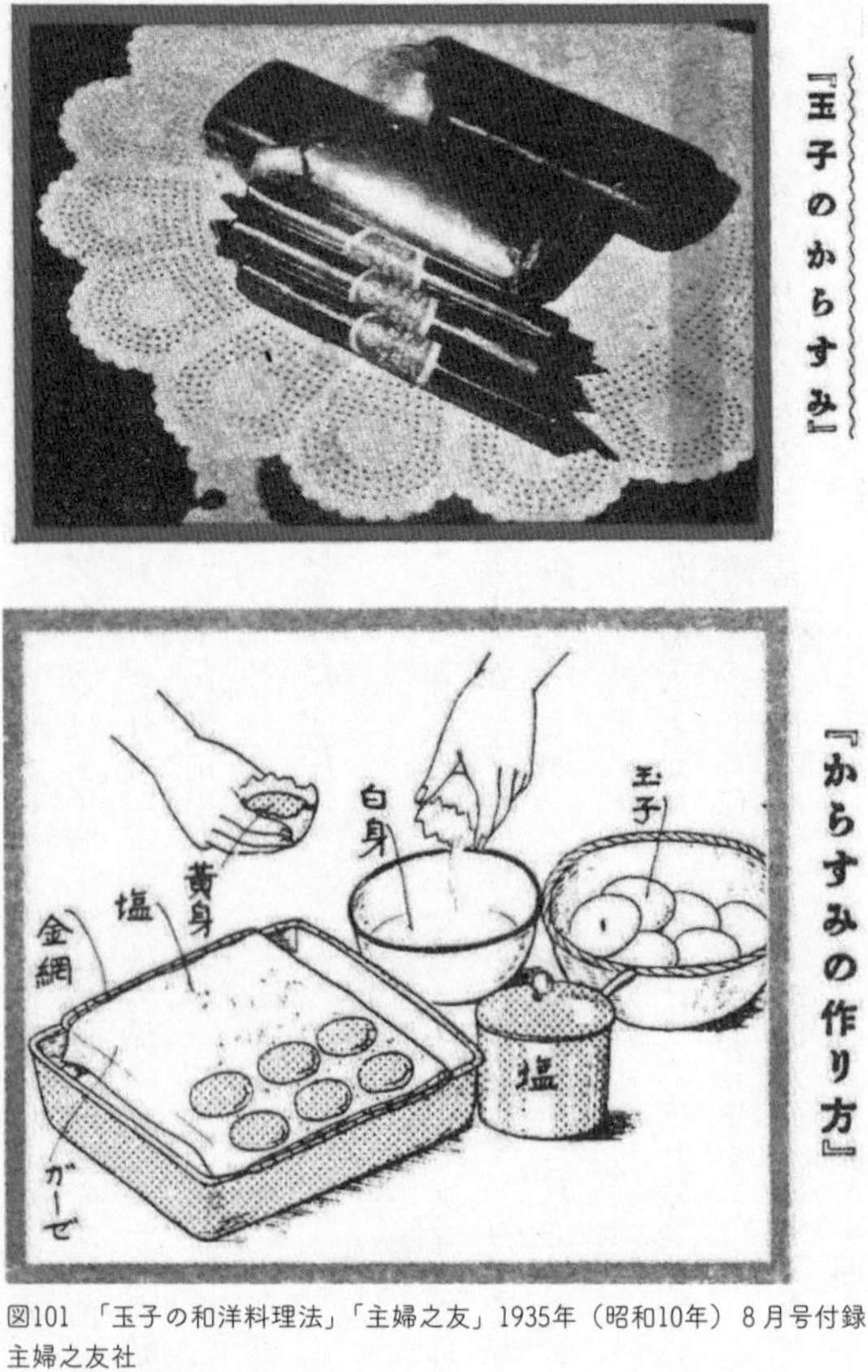

図101　「玉子の和洋料理法」「主婦之友」1935年（昭和10年）8月号付録、主婦之友社

ですね。こうなると卵黄とて箸でつまめるように硬くなってるので、これを甕や瓶で貯蔵しておき、蓋さえ取らなければいつまでも持ちますから——と、何とも頼もしいことが書かれています。

この後、うまみ調味料を加えて卵特有の臭みをとり、肉挽き器で何度も引くときめ細かになる。このネットリしたものをからすみ状にしても棒状にしてもかまわんのでしょう、成形しておくとやがてカラカラになる。これで玉子からすみの完成となるのです。

保存性重視であるならばカラカラに乾かしたほうがいいでしょうが、薄く切って食べるのでしたら塩で十二時間漬けた後、三、四日で練り練りしてからすみ型に形成し、一週間ほどで食べるのがいいと思います。

カラカラにまで乾燥させた場合はレシピに書いてあったのですが、①すりおろして和えものに使う、②薄切りにしてパンに挟んだりスープに入れる、③小刀で削って鰹節やでんぶの代わりに使う——のがいいでしょう。

このレシピの最後に「栄養からすみといひ、燻製の精製品」という記述があるのですが、燻製にしてみると非常においしくなりました。

厚手の鍋の底にスモークチップを五グラムほど敷き、その上に玉子からすみを乗せた万能蒸し器をセットして鍋に蓋をしてから火にかける。約五分間のスモークで立派な「温燻」ができるんですな。これは今日でも十分商品になりますので、金儲けしたい方はぜひ大阪栄養研究所に特許の使用願いを出しませう。

しかし先ほどの広告にはヨークチーズと書いてありましたし、一九四九年（昭和二十四年）の「農業朝日」に掲載された「質問」も玉子チーズであって玉子からすみではありませんでした。チーズとからすみ……どこでどうしてどうなったんだか？ この疑問の答えが、これまた「主婦之友」と同時期の雑誌「家の光」にあったんでした。

チーズとからすみはおんなじだった

「家庭で出来る食料品」と謳っているこの付録本（図102）ですが、からすみとかチーズが「家庭で出来る」範疇に入っていたんですね。先の「玉子からすみ」が掲載された付録本の一年後に発行されたのがこちらなんですが、こちらではほぼ同じ作り方で「玉子のチーズ」とされております。また、こちらでは「デパートや食料品店で売ってゐるヨークチーズを」と表記していました。でもそのレシピは前年に出た付録本とまったく同じといっていいような内容であります。

ま、ここではレシピの二度使いがどうのこうのが問題ではございません。卵黄の水分を塩で抜いてねっとりとさせ、そうすることでおいしくなり、保存性もよくなると

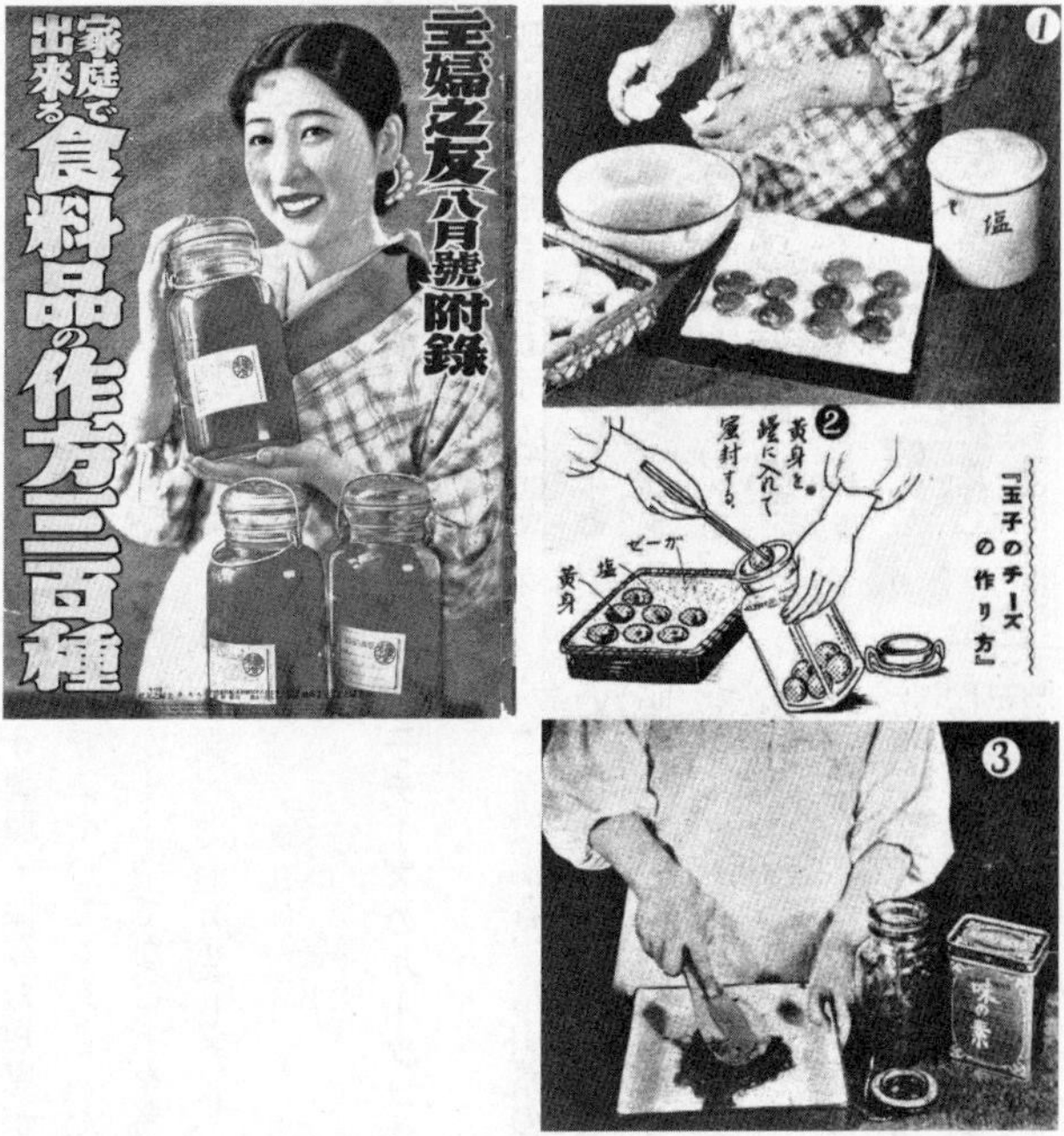

図102　「家庭で出来る食料品の作方三百種」「主婦之友」1936年（昭和11年）8月号付録、主婦之友社

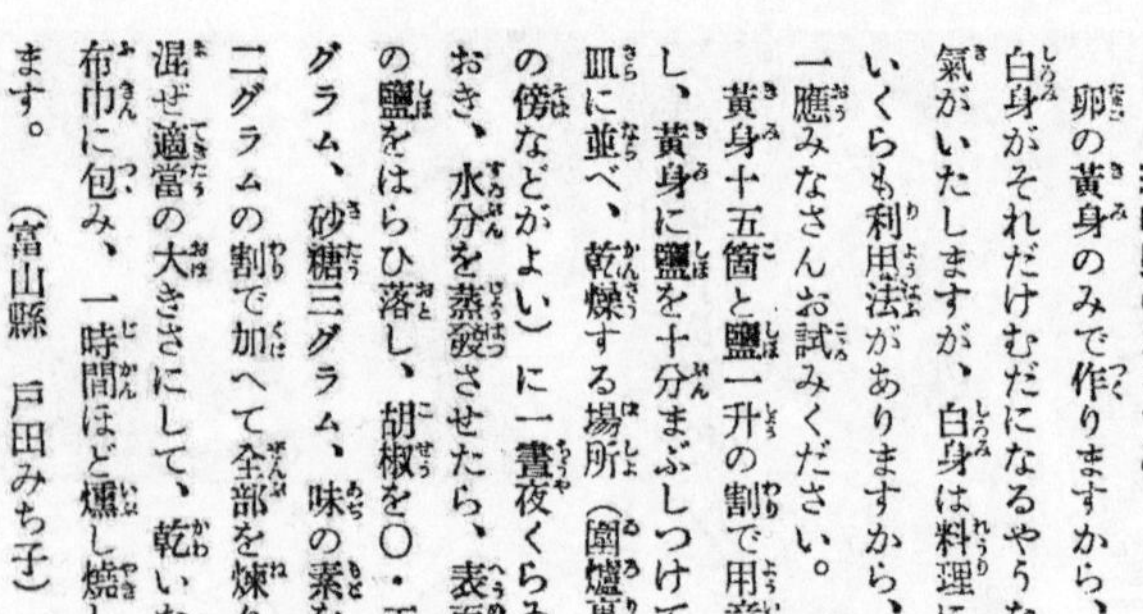

珍味《ちんみ》卵《たまご》のからすみ

卵《たまご》の黄身《きみ》のみで作《つく》りますから、白身《しろみ》がそれだけむだになるやうな氣《き》がいたしますが、白身《しろみ》は料理《れうり》にいくらも利用法《りようはふ》がありますから、一應《おう》みなさんお試《こゝろ》みください。

黄身《きみ》十五箇《こ》と鹽《しほ》一升《しよう》の割《わり》で用意《ようい》し、黄身《きみ》に鹽《しほ》を十分《ぶん》まぶしつけて皿《さら》に並《なら》べ、乾燥《かんさう》する場所《ばしよ》（圍爐裏《ゐろり》の傍《そば》などがよい）に一晝夜《ちうや》くらゐおき、水分《すゐぶん》を蒸發《じようはつ》させたら、表面《へうめん》の鹽《しほ》をはらひ落《おと》し、胡椒《こせう》を〇・五グラム、砂糖《さたう》三グラム、味《あぢ》の素《もと》を二グラムの割《わり》で加《くは》へて全部《ぜんぶ》を煉《ね》り混《ま》ぜ適當《てきたう》の大《おほ》きさにして、乾《かわ》いた布巾《ふきん》に包《つゝ》み、一時間《じかん》ほど熅《いぶ》し燒《やき》します。（富山縣　戸田みち子）

図103　「家の光」1936年（昭和11年）5月号、産業組合中央会

いう調理・保存の知恵が当時求められてもいたし、すでにやってる人もいたということではないだろうか……ってなことを考えて、その頃の生活雑誌を調べておりましたら、あったんですね〜コレが！

玉子チーズのルーツは味噌漬けだった

この投稿者、富山県の戸田みち子さんが書いている作り方はかなり贅沢な作り方であります（図103）。コショウ、砂糖、うまみ調味料をこの割合で入れますと、それはそれは「ウマミの満員電車」みたいなくどいくらいのウマミになりまして、まさに「ご馳走」の領域です。きっとこの方、研究熱心で、大阪栄養研究所が出していたヨークチーズや玉子からすみなども研究なさっていたと思われますが、このような「卵黄塩分脱水法」は古

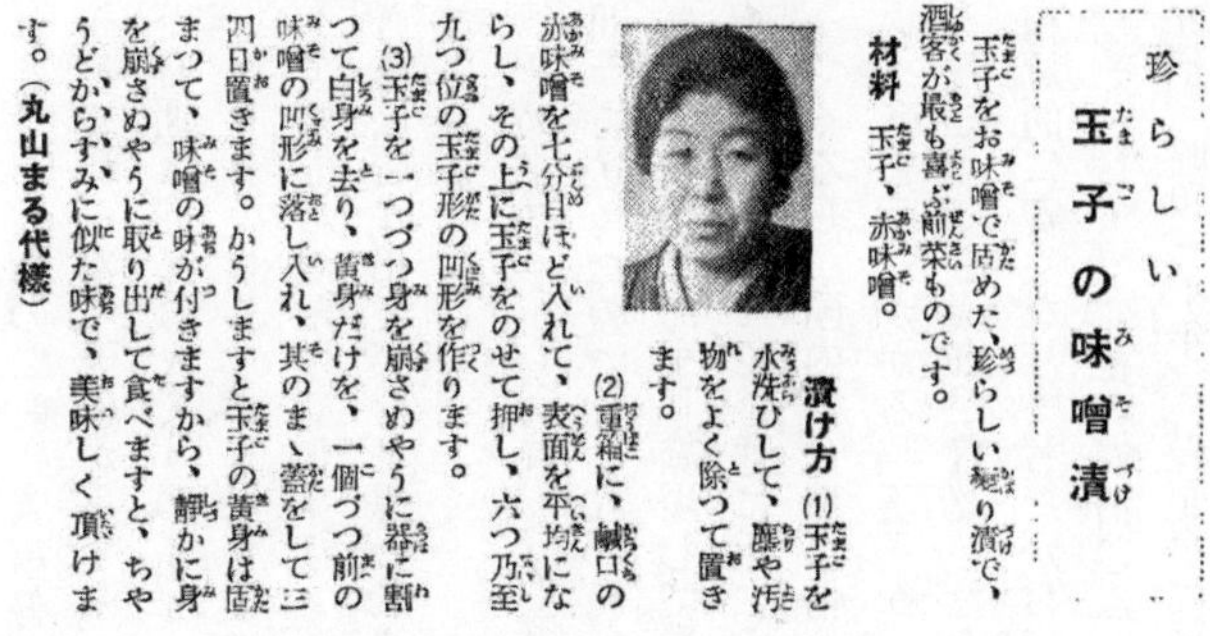

珍らしい玉子《たまご》の味《み》噌《そ》漬《づけ》

玉子《たまご》をお味噌《みそ》で固《かた》めた、珍《めづ》らしい變《かは》り漬《づけ》で、酒客《しゆかく》が最《もつと》も喜《よろこ》ぶ前菜《ぜんさい》ものです。

材料 玉子《たまご》、赤味噌《あかみそ》。

漬け方 (1)玉子《たまご》を水洗《みづあら》ひして、臓《わた》や汚《きた》れ物をよく除《と》つて置《お》きます。

(2)重箱《ぢゆうばこ》に、鹹口《からくち》の赤味噌《あかみそ》を七分目《ぶんめ》ほど入《い》れて、表面《へうめん》を平均《へいきん》にならし、その上《うへ》に玉子《たまご》をのせて押《お》し、六つ乃至《ないし》九つ位《ぐらゐ》の玉子形の凹形《くぼみ》を作《つく》ります。

(3)玉子《たまご》を一つづつ身《み》を崩《くづ》さぬやうに器《うつは》に割《わ》つて白身《しろみ》を去《と》り、黄身《きみ》だけを、一個《こ》づつ前《まへ》の味噌《みそ》の凹形《くぼみ》に落《おと》し入《い》れ、其《そ》のまゝ蓋《ふた》をして三四日《か》置《お》きます。かうしますと玉子《たまご》の黄身《きみ》は固《かた》まつて、味噌《みそ》の味《あぢ》が付《つ》きますから、静《しづ》かに身《み》を崩《くづ》さぬやうに取《と》り出《だ》して食《た》べますと、ちやうどからすみに似《に》た味《あぢ》で、美味《おい》しく頂《いただ》けます。**（丸山まる代樣）**

図104　「温くて美味しい冬の家庭料理」「婦人倶楽部」1934年（昭和９年）12月号付録、大日本雄弁会講談社

くからあった調理法の一つだったんですね。

例えば、昭和初期以前の料理本を見ていますと「玉子の味噌漬け」などによく出くわすのです。

重箱に味噌を敷いてその味噌に玉子型のくぼみをつける。そのくぼみに卵黄を落とし入れて三、四日置いておく……と、ただこれだけのものなんですが、このやり方は江戸時代にもみられる伝統的な玉子料理なんですね。

ここで紹介してくださっている丸山まる代さんのレシピはその伝統的手法ですが、先の戸田さんや大阪栄養研究所になると、新しい時代の手法を取り入れた伝統食とでもいうものになっております。

もともと昔から作られていた「味噌漬け玉子」が、「玉子からすみ」や「玉子チーズ」に変化していく時代が昭和の初期だったのかもし

れません。あの二・二六事件が起きたのが一九三六年（昭和十一年）ですから、ちょうどこれらの「玉子からすみ」や「玉子チーズ」が料理雑誌に掲載されるようになった時期と同じなんですね。

よりおいしく、より保存性に長け、より運搬しやすく進化させるのが軍部からのリクエストだったのでしょう。だから軍部の機関誌的役割をしていた雑誌「糧友」に大きな広告が出ていたと思われます。きっと軍の携行食糧として戦場に持っていったんでしょうね。

その玉子チーズを戦後の養鶏農家が副業的に作ろうとして、「農業朝日」に「質問」を送ったのでしょう。しかしこのような「玉子からすみ」「玉子チーズ」は戦後の料理本にはあまり登場してきません。戦後の十年間はともかく、その後の日本ではチーズだってごく普通に手に入るようになってきたし、外国から変わった食べ物も入ってくるし、国内の食糧事情とてあふれんばかりの豊かさになっていきましたもん、いまさら手がかかる「玉子からすみ」なんぞ作るまでもなくなったんでしょうね。

卵だって冷蔵庫が普及したから腐る心配もなくなったし、だいいち、鶏卵の価格が相対的に安くなりましたから、無理して保存食を作る必要はなくなったんでしょう。

そ・し・て、花森安治さんが編集していた雑誌「暮しの手帖」第三十一号（一九五五年〈昭和三十年〉）の記事には、「しゃれたお酒の肴」として取り上げられるように

カラスミのような

しゃれたお酒の肴に、食のすすまぬ朝のごはんに、お客料理の一品にとつてもおいしく、ちよつとみたところカラスミかチーズみたいで、何だかちよつとわからない、といつたもの、さあ何でしよう。

　卵の黄味が材料です。おミソに少ししよう油をたらして、少しベト〳〵になるくらいにしてかきまぜます。小さな流し箱かお弁当箱ぐらいの深いものに、このミソを一寸五分（5センチ）くらいの深さに平らにしきつめます。その上にガーゼをしき、五分（2センチ）ぐらいの間隔に、たまごでへこまして、黄味の入る穴をあけるのです。

　この穴の中に卵の黄味だけを、こわさないようにソオットおとします。その上に、またガーゼをしき、そつとうすくミソをのせ、一晩そのままにしておきます。すると黄味の水気がなくなり、しよう油とミソの香りと味が黄味にしみこむのです。夕方いただくのだつたら、朝のうちに用意します。こわさないように小皿にとり出します。

　このままお酒のさかなに。たきたてのご飯の上に一つのつけていただくおいしさ。きうりのセン切りと小丼にもり合せ。うどのセン切り、三つ葉、さらしねぎなどとも合います。大根をカツラにむいて細切りに、ちようどおさしみのつまのようにこしらえて、小丼に巣のように盛り、一つか二つこの黄味を入れて巣ごもり卵のようにしてもいいでしよう。

図105　「エプロンメモ」「暮しの手帖」第31号、暮しの手帖社、1955年（昭和30年）

なったんでした。さすが戦後も十年たちますと一九三五年（昭和十年）頃とは隔世の感あり……ですね。

味噌と醬油とのブレンド床にガーゼを敷いて卵黄を落とす。「夕方いただくのだったら、朝のうちに用意します」。そうです、何日も寝かして保存性をよくしよう！なんて必要ない。「たきたてのご飯の上に一つのつけて」食べたり、刺身のつまのような大根を「小丼に巣のように盛り、一つか二つこの黄味を入れて巣ごもり卵のように」して食べられる時代になっていたんです。

おわりに

子どもの頃、うちの近くに魚の行商をするおばさんが住んどりました。がっしりした木の箱をリヤカーに載せて路地裏の長屋などに魚を売って回っておったとです。木箱の内側にはブリキが貼ってあり、そこに小魚と氷が入っとりまして、お呼びがかかるとそこのおうちの台所や井戸端で魚をさばく。このおばちゃんのリヤカーを押してあげたりすると「おおきに〜」言うて扇雀飴なんかをくれよりました。おばちゃんが住む長屋までついていくと、おばちゃんが売れ残りの小魚をさばいて干物作りをするのが見られるとです。鯵や鰯を開きにして塩やみりん、ときにはソースなんかを塗って一夜干しにしちょる。そうかと思うと昼間売ってさばいた鯖のアラをチャチャッと煮つけたりするとです。自分ちの台所仕事とはぜんぜんちごうた調理を見るんが面白うていつまでも眺めておりました。

そのおばちゃんの家には小さな仏壇があって、小さな位牌がぽつんと立てられとりました。「おばちゃんにも子どもがおってな、生きとったらもうじき二十歳にな……」。やさしい顔して言うもんやから「病気で死んでしもうたんやろか？」と勝手に思い込んでおったんですが、実はそうやなかったとです。

「なぁんも罪のない小さい子どもがなぁ、ひもじいまんま、死んでしもうてなぁ、おばちゃん、そりゃもうつろうて、毎日泣きよったとよ。こげん早よ死ぬるんやったらもっと腹いっぱい食べさしてやりたかったぁ、思うてなぁ、すまんかったぁ、すまんかったぁ、言うて泣きよったと。けどなぁ、人間、あさましいもんじゃぁ。飯がのどを通らん言うのはうそじゃ！　どげんつろうても悲しゅうても、腹は減るとよ。腹が減ったらしぜ〜んに何かこさえて食べちょると。子どもをひもじいまんまで死なせといて、己の腹が減ったら何かこさえて食べて、腹いっぱいになって、ホッとしちょる。おばちゃん、そげな己が情けのうて、あさましゅうてのぅ……」

　たった一度だけ、十歳のボクに見せたおばちゃんの涙やったとです。空襲で死んだのか？　食糧難で死んだのか？　聞けなかったけど、一九四五年（昭和二十年）前後にわが子を失った後は魚の行商をしながら一人で生きとったんでしょう。

一九六〇年前後（昭和三十年代）、ボクの街北九州市は製鉄の街でしたから、高度経済成長で好景気に沸き返っとった。生まれた家が大正時代から続く料理屋でしたけ、羽振りのいいお客さんからの注文がぎょうさんあったらしく、いつも「鯛が十匹」くらいあるのが普通やったとです。子どもの七五三のお祝いに高い仕出し料理を注文するのを自慢するような街にも、おばちゃんのような人がおったとです。

どげんつろうても悲しゅうても、腹が減ると人はご飯を食べる。そのために手に入る食べ物を少しでもおいしくたくさん食べられるように調理するのが台所に立つ人の仕事なんじゃなぁと子供心にも感じたですよ。

明治以降、外国の食文化が日本になだれ込んできましたが、先輩方はそれらを喜んで受け入れるばかりか日本の気候・風土や嗜好に合うように作り替えて今日の和食＝日本食を作り出した。

サンドイッチ？　こりゃ、西洋寿司じゃな！……みたいに。だからと言って食文化が占領されたとは思えません。日本に入ってきたモンはすべて日本に同化させちゃるけんネ……の底ヂカラがあったとです。関東大震災から戦後の大阪万国博覧会までの食文化の変遷は激変としか言いようがない。その激変を見せるために使った資料は古本屋さんが集めてくれた古本ですが、ここに掲載できたのはごく一部でしかありません。カレーは？　ラーメンは？　ビールは？などまだまだ食鑑識家の仕事は続きます。

どげん粗末な食材でもわしらに合う味に料理して食べちゃるけんね、と今日も台所に立っとります。あさましくなりとうないけん……ネ。

解説　裏通り勝手口語りの台所文芸

湯澤規子

魚柄さんにはたぶん今から三〇年前、私が大学生の頃に出会っていた。それは母の本棚で、あるいは図書館で、そしていつも立ち寄る街の本屋で。

小学生の頃から台所という場所と料理本がめっぽう好きだった私は、図書館に行っても、本屋に行っても、とにかくまずは料理本の棚の前に立つ。そして、なめるように背表紙を見る。そうすると、「うおつか流」や「魚柄仁之助」というカッコイイ名前を冠した本が目に入るのである。色とりどりのたくさんの写真や細かいレシピが満載の料理本が多い中、それとは違う佇まいの魚柄さんの本は、普通の料理本とは一線を画した文芸作品のような内容だなと感じていた。しかし、少し大人になって、「そうか、料理って哲学なんだ、生き方なんだ」と分かってから、飾り気のない、そして一本筋が通った魚柄さんの本がなぜ多くの人を惹きつけ、読まれてきたのか、しっくりと腑に落ちたのである。

戦後復興期を経て到来した高度経済成長期の変化は、「社会」や「経済」という大文字の世界だけでなく、目の前の食卓や台所という日常世界の中にも遠慮なく押し寄せてきた。たくさんのモノを買い、新しいモノを欲しがり、珍しいモノを食べたがる世の中の高揚感が日々の食事の中にも表れていた。魚柄さんが本を発表し始めた頃は、バブル経済の絶頂期から、その崩壊の足音が聞こえてこようかという時代の転換期である。物質的な豊かさに酔いしれる世間を少し離れたところで冷静に眺めながら、時代の変化の中で、魚柄さんは日々粛々と台所に立ってきた。そこで食べものと話し、包丁を握り、実際に作って、食べて、味わい、哲学して、語る。

その語り口がまた何とも魅力的なのである。故郷のことば（博多弁）と自分のことば（魚柄弁と私は密かに呼んでいる）を交える個性的な筆致なので、本を読むと読者には「魚柄さんにまた会えた」という実感と親しみがわく。それは、男言葉ではなく、女言葉でもなく、言ってみれば、裏通りの勝手口からひょいと顔を出して話しかけられたような風情をまとう「台所ことば」なのである。「うおつか流」という説明はきっとそれを含意しており、魚柄さんの本が誰よりも「台所に立つ」多くの人に親しまれてきたのは、こうした実践と表現が比類ないものだったからにちがいない。

まだリサイクルという考え方が浸透していない時代に「古道具屋」を営み、使い込まれたモノにこそ価値を見出していた魚柄さんは、そこに集まって来る主婦雑誌や料理本と出会い、宝の山としてかき集めていく。歴史研究をしていると、「史料が人を選ぶ」と感じることがあるが、まさに、関東大震災から敗戦後二〇年間の料理本たちは、「面白い！」と自分たちの価値を分かってくれる魚柄さんを選んで集まってきたのだろう。このたび文庫版として装いを新たに私たちに届けられた本書は、この料理本たちと、それを丹念にめくり、料理して、時代を追体験しながら鑑識する魚柄さんとの共同作業の記録である。何といっても、料理本と再現された料理から、肉声を伴う時代の証言が次々と披露されていく痛快な読み心地が魅力である。

読んでいくと、タイトルに掲げられた「台所に敗戦はなかった」という発見は、できるかぎり時代に忠実に、一九三〇年代半ばから一九五五年の間の料理を実際に再現したからこそ得られた結論であるとわかる。魚柄さんはこんな風に言っている。

この戦争による食糧難の時代というものをこれまでは「すいとんやサツマイモばかりで……」とひとくくりにして語られていたように思います。（中略）それらの話の「主」は男性だったんですね。男が敗戦に打ちひしがれているとき、家庭のかあさんたちは「この子に何とか食べさせなきゃ！」の一念で食事作りに立ち向かっていました。家庭の料理作りはほとんど女性が担っていましたから、彼女たちは立ち止まってなんぞいられなかった。日本が戦争に負けようがＧＨＱ（連合国軍総司

令部）が進駐してこようが、ご飯は作らにゃナラン。（5〜6頁）

では、何をどうやって作って食べ続けたのか。それを先入観抜きに当時のレシピで実証、鑑識していく腕は、さすが鮮やかとしか言いようがない。日々を何とか乗り越えていこうとする台所での極限の工夫や発想の中にはユーモアが宿る。それは逞しくて、頼もしくて、時に切ない。魚柄さんは「食を賄う人の生活力・生命力って果てしないものなんですね、粛々と……。（86頁）」と表現し、そこに生活者と食の「底ぢから」を見る。一方、戦中戦後の台所に立つがゆえに、「家庭経済のやりくり」としての「工夫」が、時に「国家経済のやりくり」の「押し付け」にすり替わってしまったことなどについても、随所でシビアに言及している。

私が文庫本になる以前の単行本として本書を初めて読んだ時に感じたのは、そうした料理の背後に潜む政治性を睨みつつも、それでもなお、日々食べ続けるために台所に立ち続けた市井の人びとへの慈愛のようなものが文章の端々に感じられるのはなぜなのだろうということだった。料理家、食生活研究家としてだけでなく、書き手として尊敬するようになってからは、いつも作品に一本筋が通っているのはなぜなのだろう、とも思っていた。

これらの疑問は、二〇二一年に開催された魚柄さんの新刊出版イベントの司会に招いていただいた時に直接お話しする機会を得たことで、霧が晴れるように解けていった（三〇年前の私が想像だにしていなかった、何という幸運！）。とても印象深い話だったので、ここに書き留めておきたい。

本書の「はじめに」に書かれているように、魚柄さんは一九一八年（大正七年）創業の料理屋に生まれた。そもそも料理本に興味を持ったのは、祖父や父が生きた時代と料理文化を知るためでもあった。それに加えて私が直接聞いたのは、次のような「勝手口」に関するエピソードである。

料理屋には玄関口と勝手口がある。実家の料理屋の表である玄関口は、懐石料理、精進料理など上品で華やかな料理の世界が展開する。その一方、裏である勝手口では、例えば刺身をとった後のアラなどを大鍋で煮て、立ち寄った人がいつでも誰でも食べられるようになっていた。魚柄さんが生まれ育った戸畑市（現在の北九州市）は、製鉄業が盛んな労働者の街でもあったから、その鍋には方々から集まる労働者たちが立ち寄っては胃袋を満たしていったのだろう。実家の料理屋に出入りしてそのような風景を目の当たりにしていた魚柄少年は、玄関口よりも勝手口の世界になぜかとても魅力を感じ、興味を持ったのだという。つまり、魚柄さんは子ども時代に、戦後復興から高度経済成長へと続く激動の時代を、裏通りに面した勝手口から見つめていたということになる。

そこから街場へ出たところで、魚の行商をするおばさんに出会い、戦中戦後を生き抜いてきた人のくらしと人生を目の当たりにする（本書の「おわりに」にその詳細が書かれている）。おばさんは魚の商売を通して戦後の食卓と胃袋を支えた一人にほかならない。しかし、彼女は戦時中に十分に食べさせることができずに子どもを失った後悔と無念を抱きながら、それでも食べ続け、生き続ける自分のことを「情けのうて、あさましゅうてのぅ……」と責める。魚柄少年は、リヤカーを引くおばさんの頼もしい背中に、そして小さな位牌の前に立つ、彼女の寄る辺ない背中に何を見たのだろうか。きっとそのおばさんの背中と言葉が、魚柄さんの一本筋の通った生き方と世の中に対する見方の原点の一つになったんだ。そう気づいた時、イベントの司会という役目をしばし忘れ、私は胸を突かれて言葉を失ってしまったのである。

ユーモアあふれる裏通り勝手口語りの本書が時にずしんと胸に響くのは、その文章の向こう側に、戦中戦後を台所に立ち続けて生き抜いてきた人びとの生きざまが垣間見えるからなのだろう。そうした人びとへの限りない信頼と慈愛が「台所文芸」へと昇華した本書だからこそ、これからも長く、多くの読者の手に届くことを願ってやまない。

（ゆざわ・のりこ　歴史地理学者）

本書は、二〇一五年八月に青弓社より刊行された『台所に敗戦はなかった　戦前・戦後をつなぐ日本食』を、文庫化にあたり加筆修正したものです。

ちくま文庫

台所《だいどころ》に敗戦《はいせん》はなかった

二〇二四年七月十日　第一刷発行

著　者　魚柄仁之助（うおつか・じんのすけ）

発行者　喜入冬子

発行所　株式会社　筑摩書房

東京都台東区蔵前二―五―三　〒一一一―八七五五

電話番号　〇三―五六八七―二六〇一（代表）

装幀者　安野光雅

印刷所　三松堂印刷株式会社

製本所　三松堂印刷株式会社

ISBN978-4-480-43964-2　C0136